POST GROWTH
LIFE AFTER CAPITALISM

后增长

人类社会未来发展的新模式

［英］蒂姆·杰克逊 — 著
（Tim Jackson）

张美霞　陆　远　李煦平 — 译

中国出版集团
中译出版社

图书在版编目（CIP）数据

后增长 /（英）蒂姆·杰克逊 (Tim Jackson) 著；张美霞，陆远，李煦平译. — 北京：中译出版社，2022.1

书名原文：Post Growth

ISBN 978-7-5001-6727-3

Ⅰ.①后⋯ Ⅱ.①蒂⋯ ②张⋯ ③陆⋯ ④李⋯ Ⅲ.①经济增长—研究 Ⅳ.①F061.2

中国版本图书馆CIP数据核字（2021）第161969号

北京市版权局著作权合同登记号

图字：01-2021-4362

Copyright© Tim Jackson 2021

First published in 2021 by Polity Press

This edition is published by arrangement with Polity Press Ltd., Cambridge

出版发行	中译出版社
地　　址	北京市西城区新街口外大街28号普天德胜大厦主楼4层
电　　话	010-68359719
邮　　编	100044
电子邮箱	book@ctph.com.cn
网　　址	www.ctph.com.cn

策划编辑：	刘香玲　张　旭
责任编辑：	张　旭
文字编辑：	张程程　王秋璎
特约编辑：	谭　啸
营销编辑：	顾　问　毕竞方
版权支持：	马燕琦　王立萌
封面设计：	万　聪
排　　版：	浩文博学

印　　刷：	中煤（北京）印务有限公司
经　　销：	新华书店
规　　格：	710毫米×1000毫米 1/16
印　　张：	19.5
字　　数：	200千
版　　次：	2022年1月第1版
印　　次：	2022年1月第1次

ISBN 978-7-5001-6727-3　定价：89.00元

版权所有　侵权必究

中译出版社

推荐语

蒂姆·杰克逊以其敏锐的洞察力向我们展示了增长之后的生活：那是一种更丰富、更人道的生活方式。本书融合了科学、历史和传记细节，不仅阅读过程十分享受，还发人深思。

斯文·布林克曼（Svend Brinkmann）

《错过的乐趣》（*The Joy of Missing Out*）的作者

通过我们大流行封锁的窗口，杰克逊既看到了资本主义的罪恶，也看到了复兴的希望，着实是一本既有教育意义又有启发性的读物！

赫尔曼·戴利（Herman Daly）

《稳态经济学》（*Steady State Economics*）的作者

蒂姆·杰克逊所称的后增长愿景令人信服，直击当今最大的生存挑战和人类困境的核心：我们要么继续宣传助长资本主义增长范式，其充斥着不平等现象以及气候和健康危机，要么围绕能够提供真正有意义的整体系统，以此来构建我们的生活。

桑德琳·迪克森-德克勒夫（Sandrine Dixson-Declève）

罗马俱乐部联合主席

这本书论证了，改变当前的经济模式并非一个疯狂的梦想，而是一种切实的、必要的、也很可能发生的事。为了我们所有人，现在，如果可以的话，让世界走上我们需要的可持续发展之路是一场终将发生的革命。

恩里科·乔瓦尼尼（Enrico Giovannini）
经合组织前首席统计官

后增长是21世纪最重要的理念之一，而蒂姆·杰克逊是该理念最有力的支持者之一。不要错过这本精彩的新书。

杰森·希克尔（Jason Hickel）
《简饰》（*Less is More*）的作者

《后增长》是一本立场坚定、见解清晰的书，它挑战一直以来误导读者的经济神话中令人欣慰的确定性。杰克逊将我父亲罗伯特·肯尼迪（Robert Kennedy）的话编织成对我们核心经济基础的全面升华，并提出关于增长的假设：增长不是自然规律，而是作为有缺陷的戒律，不可避免地发生冲突。《后增长》部分是宏大的历史叙事，部分是哲学论述，全篇都在启发读者探索怎样才能更深层次地创造一个公正、充实和可持续的社会。

克里·肯尼迪（Kerry Kennedy）
罗伯特·F.肯尼迪人权组织主席

蒂姆·杰克逊将精辟的经济分析与诗意的想象力结合在一起，实属罕见。他出色地揭露了我们沉迷于增长的经济体的缺陷，并揭示了这一深刻的真相必然存在于资本主义之后的生活。这是一次通往后增长世界的激动人心的知识之旅。

罗曼·克尔兹纳里奇（Roman Krznaric）
《前辈》（*The Good Ancestor*）的作者

有人称，蒂姆·杰克逊关于资本主义缺陷的观点是挑衅的，并提出了补救措施。在做了20年成功的资本家（或者说这是别人对我的称呼）后，我一点也不觉得这有什么挑衅性，这更是一种事关生存的迫切需要。

杰里米·莱格特（Jeremy Leggett），

太阳能世纪公司（Solarcentury）和慈善团体Solaraid的创始人

令人信服的是，它批评资本主义对"更多"的痴迷，它分析了增长神话对人类繁荣昌盛和地球福祉的破坏，它唤起对可能的更美好、更充实、更愉快的生活的愿景。后增长是一场要求彻底变革的迫切且意味深长的请求。

卡洛琳·卢卡斯（Caroline Lucas）

绿党议员

《后增长》篇幅较短，因此可以在短时间内快速重读这本书，从而收获新的思考。蒂姆·杰克逊没有对痴迷于增长的资本主义的致命缺陷进行恶意的抨击；他试图解释为什么即使是现在，在一个正在我们眼前濒临崩溃的星球上，这么多人仍被增长的神话以及更多增长这一咒语所俘虏。这是一部精心杰作，一波三折却极具穿透力，同时也是一部关于愤怒的节制与爱的杰作。

乔纳森·波利特（Jonathon Porritt）

《地狱中的希望》（Hope in Hell）的作者

《后增长》是一本超凡脱俗、力量强大、文笔优美的书，让人爱不释手。杰克逊说出了新冠病毒肺炎危机展现出的问题，并及时为人类做出了深刻的贡献,是一本杰作!

曼费拉·兰费尔(Mamphela Ramphele)

罗马俱乐部联合主席

经济智慧被融汇在诗歌中,只有蒂姆·杰克逊能够做到,一本精彩的读物。

凯特·拉沃斯(Kate Raworth)

《甜甜圈经济学》(*Doughnut Economics*)的作者

对于经济增长,我赞同相对不可知论,因此我用批判的眼光看待蒂姆·杰克逊的《后增长》一书。但他敏锐的分析能力和强大的叙事能力让我更加相信,传统增长永无止境的神话正在瓦解。如果你想衡量生活和经济的真正价值,这就是你的指南。

约翰·罗克斯特伦(Johan Rockström)

德国波茨坦气候影响研究所所长

蒂姆·杰克逊以标志性的方式,通过一系列不平凡的人物的生活,展示了心理学、哲学和经济学,这些人物的生活可以引导我们度过资本主义崩溃,为提升进步而奋斗。这是一部包罗万象、精彩纷呈又振奋人心的作品,将改变对话的方向,强烈推荐。

朱丽叶·舒尔(Juliet Schor)

《硝烟散尽》(*After the Gig*)的作者

杰克逊是一位伟大的经济学讲述者,他讲述了经济可以是什么样子以及应该是什么样子。在这本书中,他引用了古今思想家的故事，以表明后增长这种超越资本主义的未来不仅对我们所处的星球十分必要，同时对维持我们的人类精神也是必要的。

茱莉亚·斯坦伯格（Julia Steinberger）

洛桑大学教授

这是一本重要而迫切需要的书。蒂姆·杰克逊揭露了对增长的狂热崇拜正带领我们走上一条人类苦难和自然世界毁灭之路。这是一本交织着故事和哲学的问题之书：我们共同的挑战就是提交答卷。

乔·斯温森（Jo Swinson）

新经济合作伙伴总监

蒂姆·杰克逊为我们呈现了一本既基于实际又给人希望的书。它温和地通过更像诗歌而不是政治散文的写作方式来传达信息。这本书有丰富的意象，同时以实例和清晰的分析来解释我们的经济迫切需要重新校准的原因，这是一本能让子孙后代受益匪浅的书。

凯瑟琳·特雷贝克（Katherine Trebeck）

《到达经济学》（*The Economics of Arrival*）的作者

越来越难以否认的是，我们这些"发达"世界集体都被一种令人上瘾的错觉、不断增长的经济增长的神话所俘虏。在这本简短却有分量的书中，蒂姆·杰克逊毫不含糊地揭露了这一神话，并提出问题，我们是否能够抓住当前全球危机引发的艰难自我反省的机会。

罗恩·威廉姆斯（Rowan Williams）

坎特伯雷第104任大主教

在寡头们努力为自己的灭绝性行为进行漂绿的同时,杰克逊的这本哀伤却不失力量的新书向他们宣告了真正的战斗,优雅却不失力量:若想在一个有生命的星球上蓬勃发展,人类必须为资本主义之后的生活做好规划,这不仅是一本必读的书,而且是一本非常有趣的书!

雅尼斯·瓦鲁法克斯(Yanis Varoufakis)
《另一个现在》(*Another Now*)的作者

译序

作为一名发展经济学家，蒂姆·杰克逊（Tim Jackson）对于经济与社会和环境有着深入的研究。他在《无增长的繁荣》（Prosperity without Growth）一书中探讨了经济增长、社会繁荣和人类幸福之间的关系，本书则秉承了他一贯的思想和理念。

该书的背景主要是基于新型冠状病毒肺炎的全球暴发，并成书于疫情隔离期间。半个多世纪以来，追求经济增长一直是政府的主要政策导向，下推到微观实体，亦必将更多和更快作为追逐的经营目标，故而资本的利益总是置于最高的地位，由此导致了社会不平等、生态破坏、疫病、贫穷等一系列环境和社会问题。经济增长是否必然导致社会繁荣？蒂姆·杰克逊认为，一个国家的繁荣应该用幸福感而不是用国内生产总值（GDP）来衡量。尤其是在疫情暴发、经济增长放缓时，环境得以休养生息，人们的生活和工作方式也发生了改变，似乎在某种程度上破除了增长的神话，提供了关于幸福和繁荣的答案。不可否认的是，新冠肺炎疫情并不是所有问题的根本原因，资本主义的痼疾是日积月累形成的。对于资本主义之后的"后增长"时代，作者并没有给出明确的界定，更多的是深入的思考。诚如本书所言："它指向了一个未知的领域，一个未经探索的领域。在那里，富足不用金钱来衡量，成就也不是由物质财富的持续积累所驱动的。"

本书从20世纪60年代罗伯特·肯尼迪（Robert Kennedy）的

竞选演讲及其关于经济增长的观点开始谈起，从波特海姆桥和艾伦·麦克阿瑟（Ellen MacArthur）谈到地球和人类的极限性，从肯尼亚的希望之树冠谈到资本在全球的投资，从疫情隔离期间威尼斯游弋的海豚谈到人与自然的关系，探讨了增长的神话、繁荣的本质、制度变革等问题，探索了爱、美德与幸福等主题。书中引用了大量的历史事件和人物，这里有政治家、哲学家、禅师、诗人，也有经济学家，全书娓娓道来，浅入深出，妙趣横生又发人深思，充满了哲学的思考和诗意的浪漫。译者水平有限，难以确切深达其意，甚为遗憾。译文有不当之处，敬请读者不吝赐教。

厉佳琦、圣雅雯、苏四安、杨雷欢、赵文秀、朱祎薇也参与了本书的翻译工作，一并表示感谢！

张美霞

陆　远

李煦平

2021年8月

序一

必须认真了解和正确面对后增长时代的挑战

正如本书作者蒂姆·杰克逊所深刻剖析的那样，资本主义及其所追求的经济增长，并没有让我们的生活变得更加幸福，也没有让世界变得更加美好。突然暴发的新冠肺炎疫情，让这些隐藏的问题尖锐地暴露出来——为何疫情的影响会如此深远？因为工业文明时代的发展模式，已让社会处于不健康状态。

本书让我们更加深刻地认识到"人类的处境"：越来越多的疾病、越发严重的洪涝和山火、"有记录以来"的极端灾害……这些正在频繁发生，并不断夺取更多人的生命和健康。这是地球向我们发出的警告，人类社会的发展已经偏离了正确的方向。

还会有可持续的未来吗？人们心里充满了疑惑。也常有人问我对未来的看法是乐观还是悲观，我说都不是。我对未来的看法，是积极的。在有幸阅读此书后，这种积极的心态，让我和作者产生了深切的共鸣，也让我对身体力行地去改变当前工业文明下的诸多弊端越发充满信心。

当然，毫无疑问，这是一项艰巨的工作和了不起的挑战。

工业文明并不会迅速消亡，在我有生之年，我想它会一直存在。在工业文明的主导下，将短期利益置于长期福利之上的资本主义，仍在试图以不停歇的增长，继续打造属于它的神话体系，虽然资本主义正在努力追求"绿色增长",以求在保护环境的同时实现经济增长,并以此来解决可持续发展危机,并试图让人类相信,只要保持经济增长,我们的生活就会变得越来越好。但事实让美梦破灭。在工业文明的背景下,这一追求从本质上来讲,依然是资本主义对自身发展的修饰——为其本质需求披了件绿色外衣。这与生态文明所提倡的绿色发展理念有着很大区别。因此,人类面临着更加巨大且具有隐匿性的危机:生物多样性在快速消失、气候变化加剧、公共卫生安全不断破防,这三大危机已经影响了我们的正常生活。

工业文明与生态文明的博弈,亦在这方面深刻地体现出来:地球所赋予的自然资源是有限的,虽然人类的智力、创造力与想象力让有限的资源看起来更加充足,但资本驱动下的对增长的孜孜追求,依然是建立在消耗、排放和不断追求效率的基础之上。与此同时,气候变化、土壤破坏、海洋污染……并没有停止,甚至连联合国千年计划所规划的让生物多样性丧失速度放缓的目标,都没有达到。

解铃还须系铃人。修复被破坏的地球生态环境,让人类社会的发展回到正确的轨道上来,我们需要从自身的调整与改变做起。为此,我提出了"基于人本的解决方案"(Human-based Solution,HbS)。资本推动物质种类和数量极大丰富以至富余、催动产品不断更新迭代,为了消纳这些,节约和耐用变得"不合潮流",大量非必需、不必要的消费被鼓动起来——最终,消费端和应用端不断为资本的利润追求买单。与此相伴而生的,是垃圾围城、环境恶化和资源枯竭。需要有更多的人认识到这一点,从自身的改变做起,践行循环利用,选择低碳生活方式。此即HbS——通过每个人在行动上的改变,来倒推企业及其背后的资本做出改变。

"碳平等"理念亦是如此。化石能源支撑下的工业文明让我们面临严峻的碳危机,这种危机正在以全球平均气温不断升高的方式作用于地球上的每个生命。为应对这一危机,中国提出了2060年实现"碳中和"的目标。如何实现?我的"碳平等"理念也由此提出:在有限的碳资源和碳排放权下,每个人都应该来承担这个责任——平等的碳排放权和共同的减碳责任——在地球上生活的每一个人、每一个族群、每一个民族、每一个国家,都拥有相同的碳排放权。比如非洲人均碳排放要远低于欧洲、美洲和亚洲,但他们为气候变化所付出的代价却并不比其他地区少,甚至更多,这是一种不平等的表现;再如某地利用丰富的煤炭资源为其他地区提供电力资源,那么作为购买消费电力资源的一方,也应承担碳排放责任。通过"碳平等",加强消费端的碳管理和减碳驱动,让既得利益方充分地履行碳排放责任,是解决气候危机的重要方向。

如作者所述,疫情的隔离让人类经济活动消减,生态环境开始出现了一些向好的转变。但这种改变更多的还是"迫不得已",流于表面。我们需要更深层次的剖析和改变。就像我们应对云南15头亚洲象离开家园的北上行动一样,不仅要给予科学引导,更要清楚地认识到其所折射的生物多样性危机。现实也确实如此:茶园、橡胶等经济作物的种植以及人类施工活动也确实在压缩、割裂着它们的栖息地,适宜它们采食的植物种类和数量在减少。栖息地的破坏,必然带来物种的丧失。这种情况在全球各地都在不断地发生着,就像悄无声息地消失的湿地和不断被蚕食的热带雨林。

有人认为这其中存在着"不可调和"却又"有情可原"的矛盾:一方面是当地居民对经济水平提升的诉求——这一点无法否认,特别是对贫困和落后地区,发展经济是保障和提升其生活水平的重要途径；另一方面是不断被挤压的其他物种的生存空间和被打破的自然平衡。虽然后者会带来更深远的不利影响，但现实情况是，短期利益往往会压倒人类对长期福利的考量。然而这些矛盾真的不可调和吗？我并不这样认为。人类积极的探索和推动不会停止，就像为自由和平等而奋斗一样。我们需要的是"邻里生物多样性保护（Biodiversity Conservation in Our Neighborhoods，BCON）"，人类在进行生存活动时，要适当地为野生生命提供生存空间与条件。正如作者所言，美好的生活不一定要以消耗地球和其他生命为代价。

"万物并育而不相害，道并行而不相悖。"认识到问题的存在，并不断地做出改变，是当前人类所迫切需要做出的举动。行动决定未来。我们急切地希望更多的人能认识到这一严峻形势，但显然，就像资本主义不会迅速消亡一样，文明的交替不会一蹴而就，其博弈也将持续很长时间。但思想的转变必将引导行为的改变。对未来，我愿和所有热爱本书的人，一起拭目以待。

最后，我想引用蒂姆在本书结尾的一句话来结束我的序言：挑战是巨大的，回报亦是如此。

周晋峰博士
中国生物多样性保护与绿色发展基金会副理事长兼秘书长
九届、十届、十一届全国政协委员
北京大学习近平新时代中国特色社会主义思想研究院
生态文明研究中心联合主任
2021年9月

序二

从《无增长的繁荣》到《后增长》

很荣幸受中译出版社邀请,为英国著名的可持续发展研究者杰克逊教授的新书《后增长》中译本(2021)写序。10多年前读到他的《无增长的繁荣》(2009)一书,向同行和非同行推荐时说这是近年来可持续发展研究的新经典。现在看到杰克逊在新冠肺炎疫情期间写出新书,前后两本书讨论同样的话题,我当然想看看杰克逊想讲点什么样的新东西。读下来,觉得有三个方面的新鲜感和思想冲击。

第一,前本书比较学术化,与之不同的是,这一次杰克逊是要用故事化和文学化的方式叙说后增长的思想和原理,想让更广泛的社会了解增长与后增长的故事。进行可持续发展研究的人研究"后增长",是因为"二战"以来,以GDP为导向的增长主义思潮,越来越难以回答两大方面的挑战。一方面是如何认识和应对经济增长带来的生态环境危机,另一方面是经济增长是否真正带来了社会福祉和幸福感的增加。对于这样两个致命的挑战,存在着绿色增长和后增长两种完全不同的回答。主流的新古典经济学是绿色增长的观点,他们当然认为经济增长带来持续的福祉增加和社会繁荣,同时强调可以用绿色增长消除经济增长带来的环境影响。但是,像杰克逊这样的可持续发展研究者不会这样看,他们认为绿色增长微观上的效率改进和局部改进，带来了更多的和更大的宏观环境影响；他们认为研究经济增长对于物质贫乏的社会来说是有一定意义的，但是超过一定的门槛，经济增长与福祉增加就开始脱钩。因此无止境的经济增长既没有充分的可能性（相对于地球资源环境而言），也没有充分的必要性（相对于人类社会福祉而言）。他们提出了后增长的发展观，强调美好的生活不一定要以消耗地球为代价，强调社会的繁荣不一定要持续的经济增长。这本书是杰克逊对后增长理论进行通俗化的精心之作，书中用许多故事阐述后增长如何不同于老增长和绿色增长，读起来不会有太多的晦涩感。

第二，大多数有关增长与后增长的故事是从1972年罗马俱乐部出版《增长的极限》一书开始讲起，杰克逊的书却把思想的潮头追溯到了1968年的两个代表性人物。一个是美国政治家肯尼迪，1968年他在总统竞选演讲中第一次指出了GDP的种种不是。可惜他发表演讲后不久就被暗杀，也无法去实践那些超越时代的后增长政治畅想。杰克逊在书中叹息，现在很少听得到政治家能像肯尼迪那样酣畅淋漓地批评增长主义的危害了。另一个是生态经济学家戴利，他于1968年发表的第一篇学术论文指出，在资源有限的地球上，无限的经济增长是不可能的，开始了与主流的新古典经济学的论战。我参加国际生态经济学等学术活动，曾经多次看到研究可持续发展的学者联名提名戴利应该获得诺贝尔经济学奖。杰克逊在书中引人入胜地讲了两大事件各自独立的来龙去脉以及对后来的长时期影响，全文是围绕决策者对增长问题如何看、学术界对增长问题如何看、决策者与学者对增长与后增长思想的互动与冲突展开的。研究可持续发展，我读过许多有关增长和后增长的书，但是杰克逊在本书中提到的那些趣事甚至糗事，却是第一次读到。读完后，觉得研究增长和后增长的思想及其演化，不仅是有用和有理的，而且是有趣和有内容的。

第三，最有意思的是，杰克逊认为，2019年以来世界各国遭遇新冠肺炎疫情，实际上是一次突如其来的后增长试验，从中可以看到突然减少了人类干扰和经济增长的自然变化和社会状况会是怎么样，可以看到世界各国在不得不宅在家里减增长的情况下如何发力去处理原来不是放在第一位的民生问题。在经济与环境关系方面，杰克逊提到疫情降低了经济增长的速度和规模，地球环境受到人类的影响开始减少了。他举例说，威尼斯的河道里出现了以前看不到的海豚，一群大象溜达进了中国云南的一个村庄，地球上的温室气体排放速度出现了减缓，等等。在经济与社会关系方面，杰克逊提到，在紧急状态下政府对经济增长的关注瞬间减少了，对民生福利的关注大大加强了。他还举例说，政府为保护社会和生命安全制定了以前无法想象的财政政策，原先认为对经济增长率没有贡献的医疗、食品、外卖、社区、垃圾收集等社会工作得到了高度重视，全世界目睹了非资本主义国家所进行的那些有关民生的非凡尝试，等等。杰克逊当然不会认为疫情下的减增长是正常的，但是这场突如其来的地球大试验使他认识到了后增长社会可以有什么和不可以有什么。同样讨论后疫情议程，许多人是增长范式下的旧思维，各种花里胡哨但是枝节性改进的政策改革建议和设想背后，仍然是要回到保增长的老路上去。相对而言，杰克逊在书中阐述的思想却具有系统性、彻底性和革命性，他的目的是要通过反思新冠肺炎疫情下被动无奈的不增长，摧毁根植于增长范式中的那些陈旧命题，建立后增长社会基本原理的新范式，号召人们更主动地迎接后增长社会的新繁荣。阅读杰克逊的这本书，我们的思想收获应该是：后增长社会看起来一点也不像增长社会见过的任何东西。在那里，富足不是用金钱来衡量，成就也不是由物质财富的持续积累所驱动，从个人到国家到社会追求的目标不是更多，而应该是更好。

诸大建

同济大学特聘教授

同济大学可持续发展与管理研究所所长

2021 年 9 月

中文版序

欢迎阅读《后增长：人类社会未来发展的新模式》的首版中文译本，我由衷地感到高兴。对我而言，向中国读者准确地介绍这部作品着实不易。这本书的写作到问世，让我非常有成就感。我想让这本书既有政治意义，又富含诗意，既科学、客观，又充满创造性。总的来说，想要概括我的写作动机或者由此产生的结果，几乎不可能。我希望读者能够通过本书理解我的想法。当然，如果读者读完没有收获，序言写得再多也是徒劳。

顾名思义，通过这本书的书名，便能获得很多关于此书的信息，但关于本书写作形式和风格，并不能获取太多信息。因此，值得一提的是，这本书在一定程度上讲述了在我的职业生涯和个人生活中给了我灵感的作家们的生活和工作。例如，在本书中，你会发现来自许多拥有不同文化背景的人物和故事。美国政治家、参议员罗伯特·肯尼迪、非洲活动家旺加里·马塔伊、德国哲学家汉娜·阿伦特、中国的圣贤老子等。我希望通过这些"演员"来演绎自己的故事。他们的故事是这本书的一部分。他们的见解是我在创作中不可或缺的一部分。

这些人物所处的文化背景相去甚远，他们有的最近才开始写作，有的在几个世纪甚至几千年前就开始写作了。但在某种程度上，他们都参与了几个我在本书中尝试解释的问题——我们应该如何生活？我们向往的美好生活是什么样的？在一个环境和社会条件被限制的世界里，幸福意味着什么？

这个问题由来已久。大约2500年前，希腊哲学家梭伦说："人未盖棺，勿谓有福。"以现代人的角度来看，这个说法非常奇怪——成功就是物质财富的同义词，价值是以财富来衡量的，繁荣为收入兑现，我们拥有多少比我们是谁更重要，我们今天的价值远比回顾我们的生活更重要。

"我们的生活作为一个整体，可能比我们的收入、我们的财产甚至我们的知名度更重要"，这种说法完全有悖于我们的社会组织方式，特别是西方社会的组织方式。现代经济学将幸福等同于金钱，传统上，人们认为财富越多越好。这个令人欣慰的魔咒一直存在并证明了我们这个时代定义的神话：对经济增长的无尽追求。人们认为，拥有的财产越多，就会过得越好。正是基于此，六十多年来，全世界的政治家们都以国内生产总值（GDP）作为衡量社会进步的唯一指标。

如果这一论断成立，人类社会进步的前景将暗淡无光。持续的经济增长会消耗更多的物质资源。而对资源的渴求程度越高，地球遭受的破坏就越大。我们将发现自己身处这样一个世界：少数人的繁荣建立在多数人的牺牲之上，现在的繁荣以透支后代的幸福为代价。如果不反抗命运的恶意，我们将陷入一场因争夺日益减少的资源而爆发的权力斗争，并最终沦为野蛮人。

但这一论断无法成立。只需要进行一个简短的反思，你就能发现其基本前提是错误的。更多的并不总是更好的。拿最常见的商品举例，假设你已经几个星期没有吃东西了，而庄稼又一次歉收，即使是一把粮食也能决定人的生死。但是，当美式双开门冰箱里塞满了各种各样的食物时，对更多食物的不断追求并不会带来健康，而是会带来疾病。如今，全世界死于肥胖、糖尿病和心脏病的人数比死于营养不良的人数还要多。

"富贵病"滋生于一个困扰社会的根本性错误。对人类来说，像营养这样最基本的物质也并非越多越好，在其他领域也是如此。对物质财富的无休止追求打破了人类幸福所立足的平衡感。从长远来看，这只会导致更多的不幸。简言之，作为现代经济学核心，这种对社会进步的认知不仅不可持续，而且自相矛盾。

诚然，这一认知主要与西方的消费资本主义有关。乍一看，向中国读者展示这本书似乎有些奇怪，因为这是一本由英国作家撰写的关于经济意识形态的书，而这种意识形态在中国以外的西方国家势力最为强大。但实际上，这本书面临的困难更为广泛。资本主义尤其与物质欲望的不断扩张紧密相连。但无论是社会主义还是共产主义，都认为经济增长势在必行。所以，这本书的主题与中国的关系如同其与美国或英国的关系一样密切。

我们有理由相信，中国读者会像西方读者一样在这本书中找到乐趣。也许通过介绍我的专业背景可以帮助读者更好地理解本书的写作背景。

我职业生涯的一多半都在试图理解和解决现代社会面临的"增长困境"。12年前，作为可持续发展委员会的经济专员，我为英国政府撰写了一份关于经济繁荣与可持续的关系报告。这份报告发表于全球经济的关键时刻（2009年初）。事实上，G7领导人在伦敦开会，决定如何在2008年金融危机后"重启"全球经济，同一周里，这份报告得以发表，这是命运的安排。也许正因为这个原因，当时政府不太欢迎这份报告。相反，他们尽最大努力忽视这份"碍眼"的报告。该报告发表后不久，委员会就被解散了。

但是，在报告发布的几周后，发生了一件令我惊讶的事。我突然发现自己沉浸在一场充满活力的对话中，不是与"常备嫌疑犯"——长期以来一直强调野蛮过度发展的危险的环境运动者——而是与来自世界各地的人，我甚至从未怀疑过他们的存在。这些人不仅来自西方国家，也来自亚洲、非洲和拉丁美洲。也许政府首脑们并不认同这份报告中的一些内容。但是，《无增长的繁荣》的核心问题却被证明对许多普通人很有吸引力。

有了这段经历，我认为《后增长：人类社会未来发展的新模式》并不是为政府而写，也不是为经济学家、统计学家、研究人员或政府首脑而写。这本书写给当初没有读过《无增长的繁荣》的人，而我或许早就该为他们写这本书。令人不安的早期工作启动后的几天，情况发生了戏剧性的转变，数十万人开始从委员会的网站上下载那份报告。十多年来，他们不断邀请我去银行和会场，去乡村会堂和社区中心，去剧院和图书馆，因为他们渴望与我讨论我之前撰写的、政府决心忽视的内容。

《后增长：人类社会未来发展的新模式》不仅仅是《无增长的繁荣》的续集，在某些方面，它更像是"前传"。它回归了关于美好生活的本质的哲学问题的探讨。它是以解决社会性、心理性、经济性或政治性问题为出发点。我特意用通俗易懂的语言来创作本书，没有图表，只有一些统计数据，没有行话和晦涩的术语，没有简单化的政策和行动计划。《后增长：人类社会未来发展的新模式》敢于设想一个关系和意义优先于利润和权力的世界。在某种意义上，它宣告了某种系统变革。但它也是对重新点燃关于人类本质的更深层次的对话的邀请。

这项任务本质上是创造性的，要求我们跨文化、跨时代寻找智慧。它要求我们从梭伦的好奇中深入思考，发现生活的本质；它呼吁我们在老子身上认识到知足常乐的智慧；它邀请我们拥抱问题而不是逃避问题；它要求我们接受消费主义的力量并同时有所保留。我们承认我们的贪得无厌，但也深究其背后的本质，以理解困扰我们所有人的对意义和目的的渴望。

毫无疑问，完成这项任务刻不容缓。同样显而易见的是，这项任务具有普适性，它对中国人和美国人同样重要。如果我们要成功地让人类社会实现持久而有意义的未来，需要从文化世界中汲取最深刻的智慧。

最后，向负责翻译此书的张美霞、陆远、李煦平表示深切的感谢。还有我在萨里大学的同事刘力溶博士，她承担了为我校对中文稿件的责任。翻译始终是一门艺术，同时也是一门科学。翻译人员不仅关注到了这本书的逻辑，也关注到了这本书的诗意，更重要的是，我很高兴通过此次翻译，这本书将接触到新的意想不到的读者。我希望这能激发一些本来不可能发生的对话，而这些对话将使我们的世界更美好。

蒂姆·杰克逊
2021 年 9 月

前言

> 历史,虽然有时会令人痛苦,令人揪心,
> 但我们必须去经历;
> 如果我们选择勇敢面对,便无须再活一次。
> 玛雅·安吉罗,1993年[1]

> 凡是过往,皆为序章,
> 所有将来,皆为可盼。
> 威廉·莎士比亚,1610年[2]

"整个世界开始变得不安宁了。"社会学家彼得·伯格(Peter Berger)写道。当人们还在对他的这番话感到费解的时候,2020年发生的事实不可否认地见证了这一切。当我们还在持续不断地怀疑事实的真相时,这个世界却突然转过身来,狠狠地给了我们一记耳光。一切都变得很艰难。即使到了今天,这个世界仍然让人感到动荡不安,这一点也不足为奇。[3]

原本一切都很顺利。2020年1月的第三个星期,第50届世界经济论坛(World Economic Forum)即将在瑞士达沃斯开幕。清晨,太阳从欧洲海拔最高的小镇上空冉冉升起,在阿尔卑斯山蔚蓝的天空下闪耀着金色的光芒。阳光洒在白雪皑皑的山上,将山衬托得熠熠生辉,大自然是如此绚丽多彩,为这场一年一度的盛会构建了完

美的背景。就在这里，首相和亿万富翁云集，豪华轿车和直升机随处可见。

会议开幕的前一天深夜，主办方接待人员到小火车站接我，并带我去了临时住所。一路上，他向我透露："这是一场狂欢。"临时公寓是花钱从城里租借来的，可以俯瞰群山。"这里简直是危险地带。"他的同伴说。我们都会心地笑了。

与会的领导人都熟悉这场游戏的规则。他们心知肚明，这场盛会豪华阔绰，恰似一场选美游行，赌注很高。聚光灯必须照射在他们笔挺的西装和光滑的发际线上；所乘坐的车一定要豪华气派，体现出优越感；辞令言语也必须符合当天的讨论议题。阳光普照之下，一切当尽现公平合理。即使是装腔作势，也不容一点质疑。群山巍巍，各种私下交易将永远尘封在历史中：多者得到更多，权力滋生权力，增长引致增长。那些拥有之人，将得到更多。

五十多年来，无论阴晴雨雪，这些领导人都会乘着飞机来到这个宜人的度假胜地，信誓旦旦地保证实现"增长"（growth）这个伟大的目标。他们的目标一直非常明确：为弱者提供帮助，为弱者带来勇气；扼杀怀疑之龙，无论它们在何处出现。经济增长只是一个骗局。但只要我们相信它，它就会发生。一切都会好的，一切都会好的，一切都会好起来的。[4]

怀疑之声总是有很多，2020年也并无不同。欧洲担心民粹主义的兴起，澳大利亚对整个漫长的"黑色夏天"中不停肆虐的大火感到焦虑，美国担忧与中国的贸易战。而突然之间，几乎每个人都开始担心起碳排放来，气候变化竟出乎意料地成了这次大会的关注焦点。2019年出现的学校罢课事件，导致世界经济论坛最终将碳排放和气候变化排到了影响增长的长期风险因素清单的首位。

这是第一次这么做。尽管困难重重，意见也不完全一致，但达沃斯论坛仍然达成了一个广泛的共识：必须采取一些措施来制止洪水和森林大火，或者对那些偶尔会阻挠豪华轿车进出达沃斯城镇的激进分子采取一些措施——以免经济脱离正常的轨道。

大会上，一些年轻活动家展现出惊人的领导力，以旁观者的身份对当政者清晰地说出真相。他们自信地置身于一群成年人中间，用简单的信息把一群积极的年轻人吸引到一个他们原本几乎一无所知的战场上。这群年轻人带着蔑视和敬畏的神情打量着周围的情况。这时人们发现，德国总理默克尔的眼睛湿润了，而她并不是在场的唯一的一位眼含热泪的老人。[5]

并不是每个人都会被感动。"这人到底是谁？真让人无法理解。"美国财政部长史蒂文·姆努钦（Stephen Mnuchin）开了一句玩笑。话一出口，他肯定马上就后悔了。"还是先去大学学习经济学后，再回来向我们解释所发生的一切吧。"如果有个洞，史蒂文肯定想钻进去。哎，请别这样挖苦人了！[6]

当然，这些人不会善罢甘休。美国总统唐纳德·特朗普决心要东拉西扯地继续辩论不休。他宣称，"要拥抱明天的各种可能性，我们必须拒绝那些宿命先知，以及他们对世界末日的预言。这些人是以前那些愚蠢的算命先生的继承人。"瞧瞧我们这位英雄的目光，透过那一张仰起的脸庞，去凝视着远方的地平线，那里仿佛存在着无尽的机遇。我想象得到，有位自以为是的总统演讲稿撰写人正在某处得意洋洋地微笑着。瞧，这就是生活，简直就像一部好莱坞B级电影。

美好的家园就是一片等待开拓的土地，等待着燃烧、翻挖、建造。整个进展过程就像是一处建筑工地，今天看起来可能很脏很乱，但明天一幢幢崛起的购物中心和公寓大楼将成为一道美丽的风景。让那些对这一愿景持怀疑态度的人闭嘴吧。学校的孩子，为气候变化而罢工的人，灭绝反叛组织的成员：让他们都去下地狱吧，不用理睬他们。昨天那些愚蠢的算命先生的继承人也真是可恶。当前，我们要做的就是务必保持乐观的心情。显而易见，有些东西从权力话语中逐渐消失了。

达沃斯的雪一年比一年薄，阿尔卑斯山区的滑雪季也比克劳斯·施瓦布（Klaus Schwab）1971年首次创立世界经济论坛时缩短了一个多月。气候在变化，冰雪在消融，一百多万个物种濒临灭绝，人类正在以完全不可预料的方式改变着生态的平衡。尽管有时候，这些方式是灾难性的。在人类进步口号的诱惑下，人类活动的规模和范围也越来越大，逐渐改变了被我们称之为家园的这个资源有限的星球，有些改变或许永不可逆转。但请不要让我们注意到这些现实情况，我们工作得如此努力，甚至没有意识到这些情况的发生。[7]

在这次达沃斯论坛上还有一个非常重要的时刻，就是奥地利新当选的总理，33岁的塞巴斯蒂安·库尔茨（Sebastian Kurz）利用上台发言的机会，呼吁欧洲应该变得更具创新性、前瞻性和活力。库尔茨不久前再度当选为奥地利总理，他也是多年以来世界上最年轻的政府首脑。他批评了欧洲旧经济的"悲观主义"，赞扬了年轻的"饥饿型"经济的活力。与前沿论调一脉相承，他呼吁恢复乐观主义精神，实现更多的创新和更快的增长。其实这些内容一点也不新奇。

在后来的讨论中，库尔茨承认，确实发生了一些不同寻常的事情。他对听众说："我最近参加了关于各种哲学思想的讨论，内容主要是有关后增长社会的。有人告诉我们,一个国家不增长或许是件好事,衡量幸福感比衡量经济增长更好。"他的演讲把人们吸引住了。这个年轻的国家领导人的嘴角露出了淡淡的微笑。那一刹那,你禁不住相信,一代更明智的政治家终于出现了。然而情况即刻又发生了变化。他说:"这一切听起来既美妙又浪漫,"他故意眨了眨眼睛,"但幸福并不能支付养老金!"[8]

库尔茨引用后增长社会的概念,无非是为了再次摒弃它,就像抛弃一个模模糊糊的不切实际的念头,因为它毫无现实根据。但没出几个星期,这种轻易的否认似乎就成了昨日的明智之举。在这个有史以来最温暖的1月份的月末,人们即将经受一场严峻的考验。即使在达沃斯那些享有高度机密信息的特权阶层中,也很少有人意识到这一点。有些过度焦虑的人可能私下心存疑虑。还有一些肆无忌惮的政客已经利用所拥有的内幕消息去转移个人的财富,以免遭受金融崩溃的危险。但大多数人对即将发生的事情要么是一无所知,要么就是矢口否认。没有人能够预测这个毫无戒备的世界即将遭受的经济和社会冲击的深刻程度。而就在特朗普发表他的前沿颂词的时候,一种新的、毒性惊人的新型冠状病毒暴发了。此后,这场大流行病在不断恶化,死亡的人数也不断升级,呈现惊人的指数曲线。[9]

仅仅几个星期内,全球经济就陷入了一场生存危机。否认会引起混乱,混乱会导致权宜之计,权宜之计则会颠覆一切。一夜之间,正常状态或多或少地都消失了。企业、家庭、社区、整个国家都进入了封锁状态。在紧急状态下,首先要做的是保护人民的生命安全,因而对增长的关注瞬间就相对减少了。这一事件在尴尬地提醒我们关注生活中最重要的东西。同时,也给我们上了一堂历史课：当经济增长完全消失时，经济学会是什么样子？有件事很快就弄清楚了：它看起来一点也不像现代社会以前见过的任何东西。

最终我们会找到一个更好的词汇来描述我们所生活的世界。这一词汇应与它要表述的对象密切相关。幸福感也许能够用于支付未来的养老金，也许不能够。届时我们的视野将被重新调整。我们的愿景将被重新规划。我们将有能力清楚地阐述未来，彼时的经济将会摆脱阻碍创造力的、不合时宜的教条语言的束缚。

但当今，后增长仍不可避免地存在于人们的思想世界中。即使在向这个方向变革的过程中，我们仍然痴迷于增长。后增长是对于增长的迷恋结束后，可能会发生的各种情况进行的思考。它使我们得以探索社会进步涉及的新领域。它指向了一个未知的领域，一个未经探索的领域。在那里，富足不用金钱来衡量，成就也不是由物质财富的持续积累所驱动的。

我们鼓励读者把当前流行的经济模式想象成为暂时性的、一种旧生活方式的残余，而不是自以为的永恒不变的真理。在写作本书的最初几个月，在付出越来越多的努力去拯救生命和挽救正常生活状态方面，资本主义国家正逐渐地发生分化。2020年，全世界都目睹了非资本主义国家所进行的非凡尝试，确实令我们难以想象。我们现在已经知道，此类尝试不仅是可能的，在某些情况下还是必要的。本书的写作目的就是阐明在这个尚未为大家所知的领域中存在的机会。[10]

后增长时代鼓励我们认真学习历史。这也是把我们从过去失败的信条中解放出来的机会。正如本序言开头的诗歌中，诗人和民权活动家玛雅·安吉罗（Maya Angelou）鼓励美国人民去勇敢面对历史那样。当务之急是帮助我们真诚地反思所处的境况，更深层次的任务则是将我们的目光从被污染的经济基础上移开，用一种全新的方式去审视人类进步的意义。很快这些也不需要了。当今的影响力在于让我们不再纠结于昨日的咒语，而是能够用更清晰的语言去阐述一个与今天完全不同的明天。

目 录

推荐语 / i
译序 / I
序一　必须认真了解和正确面对后增长时代的挑战 / III
序二　从《无增长的繁荣》到《后增长》 / VII
中文版序 / XI
前言 / XVII

|1| 增长的神话

神话很重要 / 4　　　　一点宏观经济学 / 7
背景故事 / 9　　　　　"一切并不好" / 12
稳定状态 / 14　　　　本书的线索 / 16
"太多太久" / 18

|2| 谁杀死了资本主义

经济增长是幻觉吗 / 23　　"犯罪现场"调查 / 25
法尔戈经济学 / 27　　　　一大笔钱 / 30
大而不倒 / 31　　　　　　摩西和先知 / 34
多一点宏观经济学 / 37　　到达即死 / 39

|3| 有限与无限

通往都柏林之路 / 43　　绝望的预言家 / 44

镜中奇遇 / 46　　莱瑟姆的百货商店 / 49

自由爱之链 / 51　　南大洋 / 53

"射击大桥" / 56　　极限的富足 / 58

|4| 繁荣的本质

幸福"演算法" / 63　　当今谁是幸福的呢 / 65

理性主义的极限 / 68　　美好的生活 / 71

保持健康 / 73　　繁荣即健康 / 75

曳着荣耀之云 / 78　　残存的往昔 / 80

|5| 爱与熵

计算卡路里 / 85　　失衡 / 87

夺回控制权 / 90　　混乱中的秩序 / 92

"微小的薄雾" / 94　　留在游戏中 / 96

买不到我的爱 / 97　　退出游戏 / 99

|6| 经济学是讲故事的

隐喻的力量 / 103
竞争的极限 / 111
关于美德的隐喻 / 115
内心的博弈 / 121
写诗的人 / 125

闪闪发光的奖品 / 108
盖亚是个坚强的女人 / 114
熊的必要性 / 118
良性的心流 / 123

|7| 回归工作

前线的生活 / 132
爱与圣·奥古斯丁 / 136
垃圾工作 / 142
艺术作品 / 148

失去了对劳动的爱 / 134
心流的回报 / 139
机器人来了 / 145
心智人生 / 151

|8| 希望的树冠

美德之母 / 158
没有文凭的植树人 / 162
赌场经济 / 166
千禧年庆典 / 171

核心之虫 / 160
投资是一种承诺 / 164
回归审慎 / 168

|9| 权力的艺术

制度变革 / 176　　权力的意志 / 179
慈悲之莲 / 181　　反抗的种子 / 183
噩梦般壮观 / 186　　致命的自负 / 188
不竭的渴望 / 190　　回家之路 / 194

|10| 威尼斯的海豚

长着羽毛的东西 / 197　　埋藏的宝藏 / 200
隔离之狂 / 202　　难以忘却的苦痛 / 205
让自由之声响起 / 207　　镜子里的鬼魂 / 209
足矣 / 212

注释 / 215
参考文献 / 249
致谢 / 271

1
增长的神话

> 大地给予所有人的是物质的精华,而最后,它从人们那里得到的回赠却是这些物质的垃圾。
>
> 沃尔特·惠特曼,1855年

> 长久以来,我们似乎过分关注纯粹的物质积累,而放弃了个人卓越和社会价值。
>
> 罗伯特·肯尼迪,1968年3月[1]

1968年3月17日，圣帕特里克节。这是一个星期天的晚上，天气异常暖和。夜空中弥漫着早春的气息，参议员罗伯特·F.肯尼迪（Robert F. Kennedy）就在这个夜晚从纽约抵达了堪萨斯州。他这天刚刚宣布参加1968年的总统竞选。在竞选中，他将与现任总统林登·B.约翰逊（Lyndon B. Johnson）进行对抗。参议员对总统，民主党对民主党。这将是一场势均力敌的、艰难的角逐，肯尼迪看起来一点胜算也没有。²

但当肯尼迪走下飞机踏上堪萨斯城的停机坪时，数千名支持者围住了他和妻子埃塞尔。这些支持者们冲破了警察的警戒线，穿过了飞机跑道，高喊着"加油，鲍比，加油！"并要求他发表演讲。可是他没有做任何准备，（现场）也没有扩音器。伫立在风中，他即兴讲了几句话，随后便意识到人们几乎无法听清。"刚才是我的第一次竞选演说，"他说，"现在我们一起来鼓掌吧。"他随即拍着手，观众也拍起手来，众人都大笑起来。这一切对于之后的总统竞选活动而言，似乎是一个好的开端。

第二天早上,当肯尼迪抵达堪萨斯州立大学(KSU),发表第一次正式的竞选演讲时,仍然能明显感觉到他的紧张。他的演讲稿撰写人亚当·沃林斯基(Adam Walinsky)为他的这次竞选活动精心准备了演讲稿。第一印象至关重要,而竞选团队中,没有人能够精准预测它的影响力。堪萨斯州堪称美国最保守的州之一,它效忠于当权派和美国国旗。罗伯特·肯尼迪的反战思想在这里也许最不可能赢得民众的支持。

演讲开始时,肯尼迪巧妙地引用了堪萨斯州一家报纸的前任编辑威廉·艾伦·怀特(William Allen White)的话作为开场白。他说:"如果我们的学校没有培养出实干、有叛逆精神、充满活力、能用青春前沿的眼光去抨击现实生活的学生,那么我们的大学就有问题了。大学校园里有叛逆想法的学生越多,明天的世界就越美好。"他坦率呼吁这一代人,把反对越南战争的抗议运动带出贫民区,带到全美国的自由派和中产阶级大学校园里。学生们对此非常喜欢,肯尼迪的开场白博得了听众的齐声喝彩。[3]

大厅里,学生的兴奋之情也显而易见。有的学生攀在橡子上为罗伯特·肯尼迪演讲中涉及的观点,如对越南战争的全面攻击、对约翰逊政府的蔑视,以及对当代美国国内外政策的道德机制的愤慨而疯狂欢呼。对于一场总统竞选活动来说,这种开场其实不够谨慎,存在很大的安全隐患,但此次演讲产生的反响还是超出了所有人的预期。亲历者描述了这样的场景:一名记者——*Look*杂志的摄影师斯坦利·特特里克(Stanley Tettrack)发现自己被困在一群学生中间。他试图突出重围,于是他一边试着在混乱中站直身体,一边向四周大声喊道:"这是堪萨斯,他妈的堪萨斯!他将所向披靡!"[4]

可惜罗伯特·肯尼迪并没有像历史本该记载的那样"一路向

前"。只不过在那场富有决定性意义的总统竞选首日,无人知晓这一点。当时整个团队都欣喜若狂,竞选大幕也已经拉开。记者们得到了他们想要的故事,媒体报道也没有得罪他们的候选人。当团队一行前往堪萨斯州立大学的体育劲敌学校——堪萨斯大学(University of Kansas)参加当天的第二场演讲时,大家都如释重负。

沃林斯基充分利用途中短暂的时间,重新修改了他之前为第二次活动准备的演讲稿。这次演讲的最初计划是安排一场更平和、更深思熟虑的讲座,以展示肯尼迪更善于反思和更知性的一面。演讲也包括一个特别的部分,涉及对国内生产总值这一经济增长的主要指标的使用和滥用。就竞选演说而言,这个话题比较少见,稍显不可思议,它充分证明了肯尼迪政治观念中的激进主义思想。

得知听众们对上午的演讲反响非常热烈,肯尼迪非常惊喜,他希望下午的演讲能更胜一筹。因此,他指示他的演讲稿撰写人摒弃那些沉闷的内容,适当添加一些上午的元素。于是就出现了一种可能被亲切地称为"混搭"的东西:它把早期演讲(包括KSU演讲)中的趣闻与轶事和偶尔恰到好处的玩笑合适宜地穿插在一起,但关于国内生产总值的部分内容仍然保留着。这一命运的巧合将与本书有着巨大的关联——事实上也将与作者的生活息息相关,当年发生这一切的时候,他还是个孩子。[5]

神话很重要

每一种文化,每一个社会,都坚守着一个它赖以生存的神话,我们的神话就是增长(growth)的神话。只要经济持续发展,我们就确信生活会越来越好。我们相信，我们正在进步——不仅仅是个人，而是整个社会都在进步。我们说服自己，明天的世界对孩子们来说，都将是一个更光明、更闪亮的地方。可是当相反的事情发生时，一切幻灭也随之而来。崩溃威胁着我们的稳定，黑暗在地平线上忽隐忽现。而这些恶魔——处在一个完全依赖增长的经济体中，是有可能真实存在的——由于对我们的核心故事失去信心而变得更加强大。这就是增长的神话。

我在此使用"神话"一词，是取其最善意的含义。神话很重要。故事支撑着我们。它们塑造了我们的思想世界，打造了我们的社交对话技能，使政治权力合法化，并为社会契约提供担保。向一个神话宣誓效忠的行为本身并没有错，我们都是以某种隐形的或显性的形式这样做的，但承认神话的力量并不意味着总是纵容它。有时神话对我们有用，有时神话对我们不利。

增长的神话为我们所用自有其原因。经济增长带来了非凡的财富。它使数百万人摆脱了贫困。对于那些足够富有和足够幸运的人来说，它使生活变得令人难以置信的舒适、多样化和奢侈。它带来了我们祖先完全无法想象的机会。它促进了社会进步梦想的实现，比如营养、医疗、住房、流动性、飞行、互联、娱乐等，这些都是经济增长带来的多种成果。

但是，经济活动大规模爆发，也会对自然世界造成空前的破坏。我们正在经历着物种的濒临灭绝，物种消失的速度比人类历史上任何时候都快。森林被砍伐，遭到毁灭。栖息地也消失了。农业用地受到经济扩张的威胁，气候不稳定正在威胁我们的安全，大火吞噬了大片土地，海平面上升，海洋酸化。事实上，我们向往的富裕生活是用难以承担的代价买来的。支撑我们赖以生存的神话正在一步步地毁灭我们。

我的目的不是重申这些影响或记录它们造成的损害。对此，有很多极其详细的报告可查。支持这些观点的确凿证据在众多的广为流传的著作中都能找到。[6]

相反，我打算接受更深层次的挑战。在"经济增长的童话故事"之外，还有一个需要我们关注的复杂世界。这些童话故事被编入了现代经济的指导手册，已经存在了几十年。它们继续误导着我们去真正理解社会的进步，阻碍着我们更深入地思考人类的境况。

本书的主要论点是，美好的生活不一定要以消耗地球为代价。物质生活的进步改变了我们的生活——在许多方面都变得更好。但是，拥有财富的负担会掩盖归属感带来的喜悦。对生产的痴迷会扭曲制造的满足感。消耗的压力会破坏存在的简单轻松。恢复繁荣，与其说是否定，不如说是机遇。

这本书论述了使我们兴旺发达的条件。它发掘了我们的潜力，让我们过上更充实、令人满意、可持续的好生活。增长的终结并不是社会进步的终结。对物质扩张的取缔并不意味着放弃人类的繁荣。创造另一种（更好的）世界大有可能，至少从堪萨斯州开始，这一点就非常明确了。

当肯尼迪抵达堪萨斯大学篮球队的主场福格·艾伦·菲尔德豪斯（"Phog" Allen Fieldhouse）球场时，现场的气氛非常热烈。两万多人挤进了竞技场，学生和工作人员，记者和评论员，纷纷涌向黄色球场，现场水泄不通，只留下了可容纳一个木制讲台的一小圈空间，肯尼迪就站在这个木制讲台上，讲台上堆满了麦克风。

肯尼迪以一个几乎算是即兴表演的笑话开场。"我真的不是来演讲的，"他打趣道，"我来这里是因为我刚从堪萨斯州立大学过来，堪萨斯州立大学想让我把满满的爱带来送给你们所有人。他们确实是那样想的。在那里，谈论的话题总是他们有多么爱你们。"堪萨斯的这两所顶尖大学之间的竞争堪称传奇。自1907年以来，这两个学校的篮球队之间的"向日葵决战"一直非常激烈。这时，竞技场的听众们爆发出阵阵笑声。很显然，他们已经爱上肯尼迪了。这些喜爱足够让肯尼迪给他们带来一点宏观经济学的知识了。[7]

一点宏观经济学

用最简单的话来说，GDP是衡量一个国家经济规模的指标：整个国家共生产了多少、获得了多少、支出了多少。不用说，它是以货币价值计算的，如美元、欧元、人民币和日元等。它是复杂的国民经济核算体系中的主要指标，自1953年以来，国民经济核算体系为衡量一个国家的经济表现提供了国际标准。这些账户是在第二次世界大战期间发展起来的，部分原因是各国政府需要确定能够负担多少战争开支。[8]

到1968年，GDP规模几乎已经普遍成为衡量政治成败的一项指标。20世纪70年代初七国集团（G7）和20世纪90年代二十国集团（G20）的成立巩固了它的影响力。GDP成为全球最重要的唯一的政策指标。半个多世纪以来，它一直是衡量社会进步的首屈一指的指标。因此，在总统竞选活动的首日出现了对它的批评，这是非同寻常的。

沃林斯基告诉我，当肯尼迪开始谈论经济学时，人群安静了一些，人们开始关注其内容和措辞。这个论点本身极其简单。我们如此相信的统计数字只不过是算错了对象。它包含了太多有损我们生活质量的"坏处",排除了太多对我们真正重要的"好处"。肯尼迪对堪萨斯大学的听众说,GDP"把空气污染和香烟广告,以及高速公路上为交通事故而奔忙的救护车都包括在内了"。

它包括了我们装在门上的特种锁和关押那些破门而入的行窃撬锁人的监狱;包括了对红杉的破坏和因为城市的无序蔓延而失去的自然奇迹;它还包括了凝固汽油弹、核弹头和警察用来应付城市骚乱的装甲车;包括了惠特曼的步枪和斯派克的刀;包括那些为了向我们的孩子们推销玩具而美化暴力的电视节目。[9]

即使GDP错误地把所有这些东西都列为对我们有益的东西,它的统计数据中还是遗漏了我们生活的众多方面,它不包括社会的不平等、未取得报酬者的贡献,以及在家照顾年幼孩童和老年人的劳动付出;不包括"我们孩子的健康、他们受教育的质量或他们玩耍的快乐";也不包括"我们诗歌的美丽、我们公众辩论中的智慧和我们官员的正直"。

今天很少有政治家用这样的措辞讲话。我们越来越相信关于增长的言语。我们的政治已经越来越远离体面、正直和公共价值。我们对GDP的痴迷应为此承担部分责任。这个数字本身,"既不能包括我们的智慧,也无法包括我们的勇气;既不能包括我们的才智,也不能包括我们的学识;既不能包括我们的同情心,也不能包括我们对于国家的热爱与奉献。"肯尼迪总结道,"简言之,它衡量一切,却把那些使生活有价值的东西排除在外。"在他的抨击即将结束时,他停顿了片刻,观众开始鼓掌。沃林斯基回忆说,与早些时候欢呼的狂热场景不同。"现在他们的掌声是严肃的、经过深思熟虑的。"他说,"但这似乎会持续一整天。"

我们很难用言语去形容,肯尼迪那天的演讲的影响力究竟有多大。20世纪60年代末,美国经济以每年5%左右的速度增长。据推测,这一增长水平还将无限期地持续下去。而经济学本身就是建立在这样的一个假设之上的:增长水平将永远持续。然而,有这样一位政治家,他不是一位普通的政治家,而是一位很有抱负,有志成为世界上最大经济体的总统的政治家,他对资本主义最神圣的信条,无休止的积累财富提出了强烈的质疑。[10]

如果把经济的"繁忙程度"称为衡量进步的标准,那么无论过去还是将来,这都永远不会是实现经济持久繁荣的途径。罗伯特·肯尼迪在对堪萨斯大学的学生的这次演讲中,用更直观的信息去描述了真实的经济情况。它注定会成为批评GDP的标志性演讲,而它的影响力一直持续至今。[11]

背景故事

大约20年前,肯尼迪在堪萨斯大学演讲的一段现场录音资料在一个地下室被发现。当时的这场仍处于边缘化的辩论,引发了历史性的震撼。我一直对他在堪萨斯州度过的那一天,非常着迷,以至于在此后的几年里,我开始认为它的存在是理所当然的。罗伯特·肯尼迪的演讲中提到的部分常用词语,也被人们用来批评经济增长,或被用来衡量经济增长的工具的人所使用。

不过,我发现自己越来越好奇,非常想知道他这些想法是怎么产生的。在那个时候,那个地方,对后增长的批评是如何出现在总统竞选演讲中的?是什么原因促使那个人在那一刻采取这样一种反文化的立场?这一场辩论在当时一定充满了神秘的色彩,也许在调查寻找答案的过程中,我会开始明白这些想法在经历了半个多世纪之后才得到些许关注的原因，以及这些想法在大多数情况下仍然被忽视的原因。

在一次纪念该演讲发表五十周年的活动中，我碰巧和肯尼迪人权基金会的创始人、罗伯特·肯尼迪的女儿克里·肯尼迪（Kerry Kennedy）共享一个会议发言平台。我很想知道她是否比我更了解她父亲肯尼迪的关于经济增长的想法是怎么产生的，但结果却不尽如人意。当年她父亲在堪萨斯发表演讲时，她还是个孩子。尽管她毕生的工作都在致力于延续他父亲的愿景，在为人权而战，但鉴于国内生产总值的特殊性，这对她而言还是一个陌生的领域。她告诉我，直到我们在一起参加纪念活动时，她才知道那次演讲的意义。

至关重要的是，在与亚当·沃林斯基的谈话中得到了佐证。对于我迫切了解更多信息的愿望，他立刻答应，并同意提供具体的信息。他非常确定演讲稿中的那些看法不代表他自己的观点。演讲内容都是肯尼迪自己想出来的。他说，"我只是负责遣词造句，把它们写出来。所有例子都是由肯尼迪挑选的，这些议题是我们进入参议院后一直在讨论的。"因此，整个演讲主题真的就是关于他希望能当选总统后来领导我们生活的国家。这就是他关于美国的愿景，以及我们梦寐以求的样子。

通过进一步的调查，发现了罗伯特·肯尼迪睿智思想背后的两个关键点：一个是20世纪中叶的美国自由主义，它开始探索对建立在消费主义基础上的社会的不满情绪；另一个是雷切尔·卡森（Rachel Carson）1962年出版的《寂静的春天》（*Silent Spring*）所产生的惊人影响。长期以来，这本书一直被认为是单枪匹马地开启了现代环保运动。这本书当然也影响了肯尼迪家族。罗伯特·肯尼迪的哥哥约翰·F.肯尼迪总统（John F. Kennedy）在这本书的整个写作过程中一直在支持卡森，并在这本书首次公开面世时顶住业界的强烈反对，公开支持这部作品的出版发行。

肯尼迪政府推行的"新兴环保主义"是由他的一位亲密顾问、最高法院大法官威廉·O. 道格拉斯（William O. Douglas）在1960年竞选成功后的一次讲话中确立起来的。罗伯特·肯尼迪和道格拉斯从20世纪50年代起就是朋友。他们一起在荒野徒步旅行。肯尼迪对大自然的热爱，至少在一定程度上是因为他对大自然的熟悉。在建立一个更加生态的政治体系的斗争中，道格拉斯心甘情愿做一个盟友。他在旧金山举行的一次荒野会议上宣称："保存技术将摧毁的价值观……这确实是一个新的前沿。"[12]

这种观念得到了美国自由主义者的响应。在新出现的辩论中，有两位高级知识分子，其中的一位确实很高：经济学家约翰·肯尼思·加尔布雷斯（John Kenneth Galbraith）身高2.05米。加尔布雷斯曾经以尖锐的文字批判消费主义回报的不确定性。在他的畅销书《富足社会》（*The Affluent Society*）（1958年）中，有一段话广为流传：

> 一家人开着淡紫深紫相间、带空调、动力转向、动力刹车的汽车外出旅游，他们经过的城市道路坑坑洼洼，垃圾、破旧的建筑物、广告牌，以及早就应该埋在地下的电线杆，使城市丑陋不堪。[13]

他的哈佛同事、曾经的邻居阿瑟·施莱辛格（Arthur Schlesinger）也曾以一种非常相似的方式写过一篇文章，描述了在日益肮脏的公众环境中，显赫的财富与生活环境的不协调性。在1956年写的一篇名为《自由主义的未来》（*The Future of Liberalism*）的短文中，他抱怨道：

> 我们听到的尽是关于日益创新且奢华的消费品的声音，但我们

的学校变得更加拥挤和破旧,教师更加疲倦且工资过低,操场更加拥挤,我们的城市更加肮脏,道路更加拥挤和污秽,国家公园愈加凌乱不堪,我们的执法部门越发不堪重负且更显不足。[14]

在肯尼迪执政期间,这两个人都是肯尼迪家族的顾问。当时有两次重要的文化对话奠定了批评GDP的基础,这两次对话都批评了美国,一个是出于社会原因,另一个是出于环境原因。但归根结底,罗伯特·肯尼迪在堪萨斯大学的演讲灵感仍然是源自个人经验、洞察力和感悟力。也许这不需要多加解释了。

"一切并不好"

如果说堪萨斯州演说的背景故事不寻常,那么肯尼迪留下的永恒遗产也令人好奇,有很多是直接与热点话题相关的,其中许多内容涉及对人类进步的本质进行更深入、更具哲学意义的探寻。但在随后的几十年里,演讲中那些没有哲学意义,却更具技术实用性的内容得以持续下来。华丽的语言之外,存在着一个确切可见的计量问题。政府使用的衡量经济成功的主要指标是有缺陷的。

衡量是一个关乎技术的问题。使用的衡量方式是否符合目的?它的局限性重要吗?限制因素能消除吗?我们如何调整,才能使之更有效地发挥作用?这里有一种比我们对增长本身的焦虑更容易调整的东西。这里是足够安全的空间,即使是谨慎胆小的人也不必面对罗伯特·肯尼迪的种种见解带来的更深层挑战,甚至可以开玩笑地调侃他的见解,不得不承认,他的见解真正被接受需要一点时间,但这些意想不到的客人最终还是登场了。

2007年欧盟委员会(European Commission)的超越GDP计划

和2014年经济合作与发展组织（OECD）的经济绩效和社会进步衡量高级别小组（High-level Group on Measurement of Economic Performance and Social Progress）都证明了我们对衡量技术细节的兴趣，甚至就连世界经济论坛也能以积极的态度谈论可替代GDP的备选指标。在这个过程中，不知何故，肯尼迪的话就成了一种标志并被一次又一次地引用——不仅仅是被"疯子、理想主义者和革命者"引用，甚至偶尔也会被后来的总统候选人和保守党首相们引用。[15]

关于衡量尺度的讨论构成了一个真正政策创新的空间，而这场辩论仍在努力摆脱经济增长的意识形态的外衣。不丹、新西兰、芬兰和苏格兰等不同的国家或地区已经开始（只是在大多数情况下是最近才开始）开发衡量社会进步的新方法。其中的一些举措有时被称为"卫星账户"，从未对国内生产总值的支配地位构成挑战。另外一些举措则是真正在尝试将替代性办法纳入经济政策和预算决策中。[16]

这些会谈具有重大影响。测量方式至关重要。经济合作与发展组织的主席之一、诺贝尔经济学奖获得者约瑟夫·斯蒂格利茨（Joseph Stiglitz）说："如果我们测量的事情是错误的，我们要做的事情就也是错误的。"他最近又谈道，"如果事实并不好，而我们测算的结果告诉我们一切都很好，我们就会自满。而应该清楚的是，尽管GDP有所增长，尽管2008年的危机已经远去，但一切并不好。"[17]

然而，对增长本身的批评，对贯穿于肯尼迪演讲真正的主题——后增长观点的议论，今天几乎听不到了。几十年来，它几乎被主流政治所忽视。借助于年轻人的积极行动主义的帮助，它获得了更大的知名度。但即便是现在,它也因与主流话语明显相悖而被视为一种奇怪的反常现象。库兹在达沃斯的微笑充分说明了这一点。首先,他们不理你。然后,他们嘲笑你。直到突然之间,我们需要被迫去面对现实。

稳定状态

就在肯尼迪在堪萨斯发表演讲的时候,一位名叫赫尔曼·戴利(Herman Daly)的年轻农业经济学家即将发表他的第一篇主流论文。他从1965年就开始研究这个问题。《经济学是一门生命科学》(*Economics as a Life Science*)一文的主要论点是,经济学和生物学最终都致力于研究一件相同的事情,即生命过程本身。

这是本书中的核心观点。我在此呼吁经济学家理解,经济学不是自然世界中一个单独的,甚至可割裂的部分,而是环境的一个"全资子公司"。戴利向著名的《政治经济学杂志》(*Journal of Political Economy*)提交这篇论文时,他正在巴西,无法使用先进的办公设备。所以,手稿只是粗略潦草的复印件,上面有手写的更正印记。令他吃惊的是,论文立即被接受了。1968年5月,在肯尼迪对GDP提出批评的几个月之后,他的论文得以发表。[18]

这个时间点是如此奇怪的巧合,以至于我不禁想知道戴利是否知道肯尼迪的演讲或与之有任何联系。戴利告诉我,他只是很久以后才意识到这一点。但他是对于影响肯尼迪的两个方面:卡森的《寂静的春天》和美国自由主义者的作品,他当然很熟悉。特别是加尔布雷斯的《富足社会》,在他还是一名年轻的经济学本科生时,就对他产生了深远的影响。[19]

在《经济学是一门生命科学》发表后的几年里，戴利开始越来越多地研究这门被称为生态经济学的科学。他调查的核心是规模问题。若地球的规模是有限的且不可逆转，人类的经济怎么能继续增长呢？最终，戴利认为，这是不可能的。20世纪70年代初，他发表了一些基础性论文，开始称之为"稳定状态"经济。"稳定状态"经济即资本存量不变、人口数量不变的经济。最关键的是，这一恒定资本存量的规模必须足够小，以使维持这一存量所需的物质和能量流动保持在地球的承载能力之内，否则它最终会崩溃。他在1974年写道，这是"人口统计学家的固定人口模型的延伸，包括了实物的数量"。同样的基本观点"可以在（经济学家）约翰·斯图尔特·密尔（John Stuart Mill）关于古典经济学稳定状态的讨论中找到"。[20]

在这里，我们接触到了文化神话中最令人好奇的一个方面。每种文化都对自己的神话性质视而不见。我们被置于泡沫中。就像吉姆·凯瑞（Jim Carrey）在彼得·威尔（Peter Weir）的电影《楚门的世界》（*The Truman Show*）中扮演的楚门·伯班克（Truman Burbank）一样，一切看起来都是真实的。我们的生活秩序和世界边界似乎是不变的。从泡沫内部看，增长是不可或缺的标准，而静止状态的概念看起来则像一个疯狂的反常现象。画面缩小一秒，角色就完全颠倒了。经济学的开山鼻祖之一在两个半世纪前就写过关于后增长经济的文章。

约翰·斯图尔特·密尔（John Stuart Mill）公开表示，他非常不喜欢工业革命鼎盛时期，在他周围兴起的那个社会的样子。他在1848年出版的《政治经济原则》（*Principles of Political Economy*）一书中写道，"有人认为，人类的正常状态是奋力向上，认为构成现存社会生活类型的践踏、挤压、推挤、相互倾轧是人类最向往的命运,我不喜欢这些人所提出的生活理想。"关于静止状态本身,他承认:"我不能以老派政治经济学家普遍表现出来的那种无动于衷的厌恶看待它。"相反,他说:"我倾向于相信,总的来说,这将是对我们目前状况的一个非常大的改善。"[21]

换句话说,伟大的古典经济学家是这样认为的:于我们大家而言,一个后增长的世界可能是一个更富裕,而不是一个更贫穷的地方。正是这种对一个更富裕、更公平、更充实的世界的憧憬——一个由密尔所认识的、肯尼迪所呼吁的、戴利所逐步阐明的世界——为本书的论点提供了灵感。

本书的线索

我们对社会进步的普遍看法严重地依赖于一个错误的承诺:每个人的所得将越来越多。在资本主义的熔炉中锻造出来的这个备受关注的神话,已经彻底瓦解了。对永恒增长的不懈追求造成了生态破坏、金融脆弱和社会不稳定。

这个神话是否与目的真的相符合?这一点还不完全清楚。它致命的误区就在于认为"更多"总是"更好"。在仍然存在不足的地方,这种断言不一定完全可信,但至少是有条件的可信。而在已经存在过度剩余的地方,它则绝对不可信。资本主义核心有两个关键缺陷:一是它无法知道这一点在哪里,另一个缺陷是不知道我们到达那一点后该如何停止。

这些缺陷已经根深蒂固,要摆脱它们并不简单。如果不彻底动摇我们自己文化信仰的基础,就没有什么方便的魔术可以把我们从陷阱中解救出来。这本书的目的就是参与进行这项工作。通过摧毁根植于资本主义的假设和重构基本命题,我的目标是重建一个后增长故事的叙事的基本原理。

这一过程本身还在与思想的历史相纠缠。这一历史是由一些非凡的人物所创造的。他们的生活和奋斗提供了一种将理论基础建立在故事中的方法。我们充满敬意地聆听这些故事,使他们成为我们的向导。在本章,不用多说,我们的主要向导就是罗伯特·肯尼迪,这位前美国司法部长、1968年总统竞选中志向远大的候选人。随着本书的展开,人物开始增多。

我不完全确定是我选择了这些人物,还是这些人物选择了我。我也不能断言我能安排他们的故事的走向。在我写作的时候,他们的声音不停地揶揄我,使我远离最初的、更简单化的目标,迫使我陷入原本没有打算处理的复杂局面。这些女士和男士成了我的知性伙伴。我在他们的生活和奋斗中一次又一次地迷失了自我。我希望,不要迷失太多,但足够让你偶尔到达那个阈限空间,那里会发生一些意想不到的事情。很多时候都是这样。

但我也非常清楚,在这段特殊的表演中,可能有数千名演员。显而易见,我本可以选择其他人。有些声音的缺失是不可避免的。这本书并不是要提供最终的答案,而是为了要提出问题,其中也不乏一些试探性的建议。择日再写的另一本书,可能人物完全不同,尽管如此,但我敢想象其到达的目的地仍然类似。

我们被困在消费主义的铁笼里,但笼子是我们自己铸造的。我们被锁进增长的神话中,但钥匙由我们的思想来锻造。我们的存在受身体和物质的限制,但是,我们的灵魂中有一种创造力,它可以让我们自由自在地过有意义的生活,并实现共同繁荣。这些都是我与我的知识导师进行了无数次的交流而产生的主要见解。对于不同的读者，可能引发不同的思考。若如此，我会认为我的工作是成功的。

"太多太久"

肯尼迪在堪萨斯州的演讲中，只有短短几分钟是涉及GDP的计量问题的。其中有些话语是对战争言论的本能反应。他说："我不想成为那样的政府的一分子，我不想成为那样的美国的一部分，我不想成为那样的美国人民的一部分，让人们像记录罗马那样记录我们说，'他们制造了一片沙漠，然后称之为和平。'"

罗伯特·肯尼迪政治愿景的核心是对社会正义的强烈关注。他动情地讲述了他身边所见的，侵蚀了美国的心脏的极度贫困，他谈到了密西西比州那些肚子肿胀的孩子们，谈到了黑人聚居区令人沮丧的学校教育，谈到了阿巴拉契亚前矿业社区的长期失业、土著居民不断升高的自杀率。他宣称，"我认为这是不可以接受的，我认为美利坚合众国——我认为美国人民，我认为我们可以做得更多、更好。因此，我竞选总统"。

遗憾的是，这是他永远无法完成的一次竞选。1968年6月4日午夜前不久，也就是加州初选当天，肯尼迪在洛杉矶大使酒店的大使馆宴会厅发表了他的最后一次演讲。这漫长的一天要结束了，这一天中，他终于超过了他的对手，取得了决定性的领先优势。他感谢支持者的帮助，心情是轻松愉快的。结果几乎是肯定的，他确保会获得民主党的提名。但当他穿过厨房，前往酒店另一侧的记者招待会时，他在近距离内被击中了三枪。

他立刻倒在地上。一位刚刚和他握过手的17岁的酒店服务员跪下来抱住了肯尼迪的头，不让他碰到冰冷的水泥地板。肯尼迪仍然清醒，问道："大家都好吗？""好，每个人都很好。"男孩回答。年轻的侍者从口袋里掏出了一串念珠，把它缠在肯尼迪的右手上。但是，祈祷已无济于事，其中一颗子弹射入了他右耳后面的头骨，子弹碎片对他的大脑造成了无法弥补的伤害。一天后，他在古德·撒玛利亚医院去世。[22]

在这场悲剧发生前的短短几周，肯尼迪曾经对堪萨斯州的听众说，"我们关注纯粹的物质积累，而放弃了个人卓越和社会价值已经太多太久了。"

再过四十年，这种对增长神话的公开批判才能在政治上获得真正的认可。奇怪的是，导致这种形势转变的原因既与经济有关，也与环境和社会对经济增长的限制有关。正如我们将在下一章看到的那样，经济增长神话的破灭，既与资本主义的失败有关，也与我们这个有限星球的局限性有关。

2 谁杀死了资本主义

作为资本家,我认为是时候大声说出我们都知道的真相了:我们了解的资本主义,它已经死了。

马克·贝尼奥夫,2019年[1]

可耻卑鄙、沾满鲜血、污秽不堪,这就是资本主义社会。

罗莎·卢森堡,1915年[2]

2016年,英国脱欧公投事件前夕,发生过一件奇怪的事,在一次公开会议上,一位英国学者试图劝服大家相信,一旦脱欧,英国将面临种种危险。该学者告诉公众,相较脱欧对国内生产总值(GDP)的影响,英国节约的欧盟会费支出可能会相形见绌。"那是你该死的GDP!"一位女士在观众席上愤怒地高喊,"不是我们的!"[3]

这声怒吼的背后是许多令人不容忽视的事实。金融危机爆发后近十年,经济仍未能恢复到危机前的增长趋势。连年的经济紧缩使最贫穷的人们生活更加艰难。民众对于经济学家和政治家的专业能力的信任开始下滑。统计数据成了维护少数精英阶层利益的利器。在"后真相"时代,数字本身不再作为不可改变的事实而具有权威性。[4]

但最重要的是,这声怒吼也暴露出人们的一种强烈的、不可否认的失落感,即他们已经对增长的神话彻底失去了信心。在人们的记忆中,经济的持续增长——一般指GDP的增长——一直被认为是社会进步的同义词。但是对于世界上较发达的经济体之一的英国而言，这种既有的看法早已不能反映普通民众日常生活的真实情况。除了民众的失落愤怒之外，文化的神话也开始明显地分崩离析，发出隆隆的轰鸣声。

奇怪的是，这种信心的缺失并不仅限于被经济体系抛弃、孤立无援的那些人，它出现在一些最不可能出现的地方，如大型组织中心。所以后增长社会中无足轻重的一些事情，并不能成为达沃斯情况正在发生变化的唯一证据。全球最大的银行之一，以"经济增长是幻觉吗？"为主题，选择在2020年达沃斯的世界经济论坛，举办了为期一周的系列讨论[5]。

经济增长是幻觉吗

对于德意志银行来说，这一年颇为不顺（实际上这十年来都很艰难）。因为与特朗普帝国之间的金融交易引起诸多争议和受到冲击，该银行尚未从金融危机前的诉讼案件的影响中恢复过来。在达沃斯论坛前夕，虽然该银行已连续两个季度出现了巨额亏损，但2020年，其仍以1.4万亿美元的资产总额位列全球第17大银行。在金融危机前，该银行的资产总额最高峰值曾达3.6万亿美元，相较而言，资产已是大幅度下降。对于这个处境艰难的巨型企业来说，增长简直就是一种幻觉。[6]

对于整个发达经济体来说，增长则越来越难以实现。1968年，美国5%的经济增长率堪称典范，然而这一增长率如今早已一去不复返。到2020年年初，甚至在新型冠状病毒肺炎疫情暴发之前，经济合作与发展组织成员国的平均经济增长率也仅为2%。经济学家认为，人均增长率这个指标能更好地衡量生活水平，如果我们比较这段时间的人均增长率，就会发现增长率的下降更加明显。如果我们以经济活动中每工作一小时的平均产出来衡量劳动生产率，那么情况看起来就更糟了。[7]

英国，作为最老牌的发达经济体，这种情况尤其突出。1968年，其劳动生产率的增长率达到峰值的4%左右，而2008年金融危机前，已经降到不足1%，此后，一直呈现下降的势头。由此可见，其经济增长举步维艰。实际上，在新冠肺炎疫情暴发之前的几年里，劳动生产率几乎没有任何增长。最让人震惊的是，疫情中劳动生产率的增长竟然一度出现了逆转。但整体经济的劳动生产率的绝对值还是有所下降。[8]

这些趋势非常重要。只有通过增加工作时间，才有可能在劳动生产率稳定或下降的经济体中挤压出GDP的增长。要么必须有更多工人工作，要么延长工人的工作时间。然而这两件事都不符合资本主义对我们的承诺。事实上，一旦劳动生产率的增长出现逆转，我们就已经生活在后增长的世界里了。在这样的情况下，我们姑且不谈世界的繁荣昌盛，弄清楚怎样能在这个世界生存下来，都不再是一件容易的事情了。

在大多数情况下，经济学家们不会去做任何尝试。他们要么否认这些趋势的真实性，要么以为我们能以某种方式扭转局面，回到过去的好日子。他们的否认中弥漫着一种焦虑感。达沃斯会议就充满了这种焦虑的情绪。发展经济学家保罗·科利尔（Paul Collier）警告："新出现的巨大分歧正在撕裂我们的社会结构，因为资本主义以稳步提高人民生活水平为核心的资格证书已经蒙尘。"第二天，轮到亿万富翁Salesforce公司董事长兼联合首席执行官马克·贝尼奥夫（Marc Benioff）发表观点。他感叹道，"我们所知道的资本主

义已经死了。"⁹

我们能明显地感觉到一种困惑的气氛。不久之前,一切都还很顺利。人们生活水平不断提高,民主进程蓬勃发展,自由——这个时髦的西方自由主义的口号——比比皆是。而随着铁幕的落下,对主流经济模式的政治反对意见似乎已经逐渐消退。资本主义能够带来我们所需要的一切进步的东西。政治学家弗朗西斯·福山(Francis Fukuyama)甚至被说服了,他宣布,我们已经到达"历史的终点":人类意识形态演变的顶峰。¹⁰

一个有代表性的政府、一种市场经济、一个消费社会:这就是社会进步的秘诀。世界各国政府都愿意遵循这一规则。然而,这套方案显然失败了。到底发生了什么事?怎么就错得一塌糊涂?谁杀死了资本主义?

"犯罪现场"调查

这个问题的答案非常明显:没人(杀死资本主义)。非常感谢各位,资本主义还好端端地活着,活在纽约、迪拜和伦敦,过着养尊处优的生活。当然它也活在达沃斯。尽管他们作出忧心忡忡的样子,但在世界经济论坛上,没有人真的要放弃资本主义。所谓的自我反省只不过是一场精心策划的表演。事实上,这场让人惊讶的、自我鞭挞的演说就是想说明一句再熟悉不过的陈词滥调:资本主义已死;资本主义万岁!

《纽约时报》(*The New York Times*)戏称资本主义为"利益相关者资本主义""有目的的资本主义""觉醒的资本主义",都是旧制度的新化身。它们几乎每天被一些人标榜,而有时这些人自己也承认，他们就是从旧体制中获益最多的人（为什么我们不应该完全信任他们？我简直无法想象）。但是，除了这些有时令人反感的、空洞的言辞，以及对权力紧握不放的准确的印象之外，人们也开始意识到，在对于社会进步的基本描述上，一些非同寻常的事情已经发生，所以，问题仍然存在。是谁或是什么要对此负责呢？[11]

一段时间以来，最易被怀疑的对象就是全球金融危机了。人们总是试图将2008年之前的平均增长率与金融危机之后几年的平均增长率进行比较，究竟进行过多少次这类比较我已经记不清了。因为把这些问题的产生归结为金融危机导致的持续"逆风"的不利因素，实在是太容易。不过这些观点完全没有抓住要点。在危机爆发前的几十年，经济增长率就已经在下降了。在最发达经济体中，劳动生产率的增长高峰出现在半个多世纪以前。

时不时地，人们怀疑这些问题的发生有着更深层的原因。2013年11月，在美国第四大投资银行雷曼兄弟公司宣布倒闭五年后，前世界银行首席经济学家兼美国财长拉里·萨默斯（Larry Summers）在国际货币基金组织（IMF）发表了一次演讲，在听众中引起了强烈的反响。金融危机爆发后几年的持续不确定性并不是危机冲击导致的暂时性现象。他认为："根本问题可能永远存在。"低增长和增长下滑或许只是"新常态"。[12]

萨默斯当然不是唯一的，甚至不是第一个这样讲的人，但他肯定是最著名的经济学家之一，所提出的这种观点影响深远。有一段时间，人们开始接受并提出一些以前匪夷所思的问题：如果不再有那么高的增长呢？如果疲软的需求一直持续下去呢？"长期性经济停滞"一词最早出现在20世纪30年代，它又重新被提及，用来描述一种越来越显而易见却无法忽视的现象：经济增长率的长期下降越来越明显，尤其是在西方成熟经济体中。正如未来主义者马丁·福特（Martin Ford）所指出的："我们有充分的理由相信，许多发达国家的经济增长黄金时期已经结束了。"[13]

在金融危机期间，经济制度（以及经济学本身）的声誉无疑遭受了相当沉重的打击。在此后的十多年的时间里，他们不断尝试着恢复往日的影响力。但是，如果把资本主义的不幸归咎于那段时间，并且仅仅是那段时间的做法肯定是错误的。其实很久以前，资本主义的问题已在那些光鲜亮丽的表象之下显露，而金融危机只是将这些问题更加明朗化。

法尔戈经济学

另一个公认的疑点是发生在20世纪80年代的经济转型，"货币主义"经济学预示着一个私有化和放松管制的基本议程。今天占主导地位的新自由主义学派的自由市场政策就是从那时开始的。它们对社会产生了深远的影响。也就是从那个时候起，不平等加剧，负债规模扩大，焦虑和自杀率成倍增加，肥胖和生活方式所带来的疾病迅速增多。

科利尔透露，美国是资本主义的核心象征。在美国，和父母那一辈比起来，20世纪80年代的那代人中，有一半人现在的境况绝对比他们父母在同样年龄时的状况要差。在这几十年里，资本主义"继续为某些人带来好处，但却让另一些人大失所望"。[14]

这算是一种善意的说法吧，不过在诺亚·霍利（Noah Hawley）的黑色喜剧犯罪连续剧《法尔戈》（译者注：Fargo，又译为《冰雪暴》中就表现得没那么友好了。在该剧的第二季中，以1979年作为故事发生的背景,当时北达科他州法戈市当地的一户人家与臭名昭著的堪萨斯城黑帮展开了正面交锋,在冲突中,情况变得非常糟糕。在第二季的最后一集中,堪萨斯的黑帮成员之一迈克·穆利根(Mike Mulligan)[由博基姆·伍德拜恩(Bokeem Woodbine)扮演]来到黑帮总部,满心期望他能够因在法尔戈家族垮台中所起的推波助澜的作用而获得晋升。一天,他被带进了一栋不起眼的大楼,并被领到了新的办公室,经理告诉他,他将与会计部门密切合作,寻找收入最大化的方法。迈克有点被搞糊涂了。他的经理解释说,这就是未来。"你越早意识到世界上只剩下一个行业——金钱行业,只有1和0——你就会过得越好。"

霍利传达的信息很清楚,故事发生的时间也很清楚:1979年。这一年,罗纳德·里根(Ronald Reagan)宣布了他的总统竞选计划,玛格丽特·撒切尔(Margaret Thatcher)在英国上台执政。货币主义宣告了一个新时代的到来。这个时代正如芝加哥学派经济学家米尔顿·弗里德曼(Milton Friedman)令人诟病的论断:企业的责任就是要赚钱,社会责任与企业无关。一座城市的伦理与有组织的犯罪伦理几乎没有差别。查尔斯·弗格森(Charles Ferguson)2010年的纪录片《监守自盗》(*Inside Job*)和亚当·麦凯(Adam McKay)2015年的喜剧片《大空头》(*The Big Short*),这两部电影都是关于金融危机的,都提出了相同的观点。[15]

这一切准会让资本主义的创始人亚当·斯密(Adam Smith)大为震惊,不过,其实他本不应该感到丝毫惊讶。因为他非常清楚,如果对利己主义不加约束,那么就会损害市场的利益。他曾经辛辣地痛斥:"有一类人,他们的利益与公众利益从来就不会完全相同,他们一般都有兴趣去欺骗甚至压迫公众,他们也因此会在许多场合对公众实行欺骗和压迫之事。"这里他抨击的对象是"那些以利益为生的人",也就是资本家们自己。[16]

亚当·斯密意识到,只有国家才能应对自我利益失控的危险。新自由主义的奇思妙想则要完全忽视这一建议。相反,它认为,应该尽最大可能地把资本从政府手中解放出来。随之而来的是一个令人厌恶的哲学问题。这与市场的自由无关,无论是在理论上还是在实践中都不具有可信性。然而在20世纪的最后二十多年里,这一思想在全世界产生了深远的影响。这是相当简单的法尔戈经济学。它的伦理就是黑帮的伦理,遵从弱肉强食的丛林法则。它创造了一种资本主义的形式,对少数人来说效果甚好,但对多数人来说却并不奏效。

达沃斯论坛上的声音意味着越来越多的人认识到了这一失败。他们似乎在暗示,我们认识凶手。我们错信了他。我们现在理解了亚当·斯密试图教给我们的东西。我们必须彻底扭转过去实施的破坏性政策,让资本主义为每个人服务。在贝尼奥夫看来,应该让资本主义有的放矢;科利尔的书中强调"义务对等",这些建议显然非常重要。以最近的标准来看,甚至是革命性的,它们代表了对回归资本主义"黄金时代"(即第二次世界大战后的那段时间)的呼声。那时候,商业气氛更为友好,不平等程度更低,社会福利观念也非常重要。

但是,正如英国《金融时报》(*The Financial Times*)专栏作家马丁·沃尔夫(Martin Wolf)所指出的,事情并没有那么简单。环境也变了。"20世纪50年代和60年代,主张平等主义的西方国家垄断了全球的工业,在逆境中患难与共,培植了社会团结。"他写道,"过去恰似异国他乡,再也无法故地重游。"[17]

这个提醒是正确有益的,因为历史不会倒退。但也许,正如玛雅·安吉罗所说,我们仍然可以从历史中吸取一些教训。如果新自由主义是罪魁祸首,那么为什么数十年来,它可以大行其道,给整个社会带来痛苦?为什么人们可以容忍它这么长时间?又是什么让我们从一开始就完全相信这种对亚当·斯密市场观点的误读?

一大笔钱

要回答这些问题,我们必须进一步追根溯源。鉴于沃尔夫所阐释的一些原因,第二次世界大战后,初期的思想体系比较贫乏。战后所取得的共识都来源于经济大萧条时期的严酷教训,约翰·梅纳德·凯恩斯(John Maynard Keynes)的经济学占据了主导地位。凯恩斯认为,国家在经济生活中具有不可或缺的作用。政府的赤字开支是拯救美国经济并使其免于破产的唯一途径,这里再无自由市场主义者生存的空间。

但是到了20世纪70年代,石油危机爆发了。面对快速上涨的原油价格,西方国家发现自己准备不足。20世纪30年代实行的赤字支出政策在"滞胀"环境下徒劳无益。更糟糕的是,这一政策导致公共债务日益严重,其后果超出了经济范畴。这个机会对于新自由主义者来说简直是千载难逢。他们抓住这一大好时机,迅速转向获取政治权利。[18]

新政治势力用"自由"作为人类事务的最终仲裁者。货币主义者开始放松对经济的管制,实行市场私有化。他们降低利率,放松金融监管。作家卡丽尔·丘吉尔(Caryl Churchill)在1987年创作的戏剧《一大笔钱》(*Serious Money*)中,对所谓的"大爆炸"进行了精彩的讽刺。该剧作诗句押韵,表演一气呵成,无情地控诉了那种"巨额交易及其贪婪成性、残酷无情的文化"。该剧风靡一时——甚至深受其讽刺对象的喜爱。戏剧中有一个场景,一位最激进的生意人坚称:

> 我们只是在做同样的事,
> 你们这些混蛋一贯如此,
> 只是旧地换新颜。
> 面带着微笑赚到钱,
> 同样贪婪,同样卑鄙。[19]

这段文字是对新型残酷资本主义惯常使用的辩护理由的一种巧妙回应。金钱使世界得以运转起来,这与以前没有什么两样。只是现在,这一贪婪的文化得到了国家的支持,而这个国家试图通过将一切都私有化来摆脱纷争。当该剧在伦敦温德姆剧院上演时,刚完成私有化的英国电信公司(British Telecom)明目张胆地拒绝为剧组提供电话服务,并称:"任何一家公众公司都不会愿意与该剧有所牵连。"如今,该剧已成为高中考试课程的指定内容。[20]

大而不倒

"流动性"的爆发正是新自由主义经济学家所期待的。总算是勉勉强强起了作用。有一段时间,这种增长势头又出现了,但增长带来的收益却主要流向了富人。缓解期(如果可以称得上缓解)是短暂的。2001年9月11日发生在美国纽约的袭击事件给经济带来了另一个出其不意的转折点。各国政府尝试采取的措施则大致相同:更多的放松管制,更多的流动性,以及一整套新的复杂金融工具,而事实证明，没有人能真正理解这些。[21]

后果是灾难性的。宽松的货币政策和宽松的监管制度最终破坏了金融市场的稳定。同时，还加深了社会不平等。保护的是资本的利益而不是工人的利益，必然会有利于富人而不是穷人，因此不可避免地造成严重的贫富分化。在20世纪的最后几十年里，随着发达国家内部的不平等现象大大增加，近五十年来取得的社会进步也发生了惊人的逆转。[22]

为恢复经济增长所制定的对策让事情变得更加糟糕了。21世纪最初几年变成了一个投机性借贷的"赌场"。家庭债务累积得越来越多，情况越来越混乱。采取的所有措施只不过是改变了美国房地产市场次级贷款的违约率。于是在2008年，泡沫终于破裂了。这是半个世纪以来，一直追求经济增长所导致的意外结果，是20世纪30年代以来发生的最大的一次经济崩溃。

2014年，萨默斯曾问道："问题出现了，我们能否找到这样一段时间，如果在这段时间里，财政资金可持续供应，那么经济增长能否达到令人满意的程度？"他的答案，以及越来越多的经济学家的答案都是：不能。面对基本面因素的挑战，通过实行宽松的货币政策来实现增长已经产生了金融泡沫，由此破坏了金融稳定，最终导致了金融危机。[23]

2008年9月15日，随着雷曼兄弟（Lehman Brothers）倒闭，西方国家政府承诺投入数万亿美元，将风险资产证券化，为受到威胁的储蓄提供担保，对破产银行重新注资，并重新刺激经济。人人都知道，这只是一个短期的解决方案。许多人甚至认为这是倒退：一种临时性的解决办法，牺牲了纳税人的利益来奖励那些应该对危机负责的人。但它被原谅了，理由是如果不这么做，后果根本不堪设想。金融市场的崩溃将会导致大规模的、完全不可预测的全球经济崩溃。整个世界都会破产，国际贸易将集体崩盘。如果不能拯救银行系统，人道主义的代价将是巨大的。

但政府救助引发了进一步的危机。一个又一个国家，尤其是整个欧元区，都发现他们自己在就不断增加的赤字、难以处理的主权债务和信用评级的下调进行协商。为了控制财政赤字和保护信用评级而出台的紧缩政策未能解决根本问题。更糟糕的是，这些政策又制造了新的社会问题。取消社会福利带来了更严重的问题：医疗保健、寿命、基本保障和人格尊严方面的不平等，从而使收入更加不平等。以牺牲受害者为代价救助危机责任人，这种做法的不公正性是有目共睹的。所以就有了本章开头的那句"那是你该死的GDP！不是我们的！"[24]

颇具讽刺意味的是，这些都没有达到本该达到的目的。增长率没有恢复，甚至在因新冠肺炎疫情的暴发而封锁之前，增长率已经或多或少地处于稳定下降状态。紧缩政策让医疗体系对全球流行病的暴发毫无准备，唯一的选择就是停止经济活动。平稳"复苏"到危机前时代的机会依然渺茫。与1968年肯尼迪在堪萨斯大学对学生发表演讲的时期相比，想保持同样增长率的可能性几乎不复存在。发生更广泛的社会和政治动荡的风险依然很明显地存在。

这段非常短暂的历史让我们得到的最深刻的教训就是，旨在恢复经济增长的政策恰是导致经济衰退的政策。这似乎就是我们进行"犯罪现场"调查得到的奇怪结果：资本主义的衰落是其自身痴迷于增长的结果。也许，问题的关键在于我们需要进一步调查这种痴迷的形成，首先要弄明白它存在的原因。

摩西和先知

当然，首先，我们应该清楚地认识到，追求增长并非资本主义所独有的特征。社会主义国家也定期设定增长目标，时间几乎和资本主义国家一样长，并且至今依然如此。在某种意义上，增长神话可以被合理地称为"元文化"。它凌驾于意识形态的个体差异之上，或多或少是社会进步的一个普遍概念。资本主义和社会主义的社会理想都被它裹挟了。25

但是资本主义与经济增长之间的关系尤为密切，以至于没有增长的资本主义有时被非常明确地称为"坏资本主义"。显然"增长势在必行"，关于这点所有的书都有提及，已经很难梳理出一个简单的逻辑。在很大程度上，这取决于资本主义本身的定义。例如，马克思认为资本主义是一个过程。对他来说，这个过程本质上是关于成长的。"积累，积累！那就是摩西和先知们。"他在《资本论》(*Das Kapital*)中写道："积累就是为了征服世界的社会财富。"26

出生于波兰的社会主义者罗莎·卢森堡（Rosa Luxemburg）认为，马克思的逻辑中存在一个缺陷。在《资本的积累》(*The Accumulation of Capital*)一书中，她认为，在纯粹的资本主义中，资本积累实际上是不可能实现增长的，因为没有足够的收入来购买扩大的产出。她经过分析认为，资本主义对利润的不懈追求（她没有否认这一点）只能通过对非资本主义地区的持续剥削来满足。她在其最有影响力的作品中对暴力帝国主义进行了谴责。她认为，暴力帝国主义是这种扩张追逐导致的必然结果。

从1915年，也就是第一次世界大战开始之后的第一年的情景来看，当罗莎·卢森堡撰写《尤尼乌斯小册子》(*Junius Pamphlet*)

一书时，这一定是一个看起来已经非常明显的结论。用本章我引用的第二句引语的话来说，资本主义是可耻和卑鄙的。我们马上就会看到，尽管她对资本主义应对不可原谅的痛苦负有不可推卸的责任的记录是正确的，但她的前提并不完全正确。而更重要的是，将资本主义定义为一个增长过程，然后再争辩说资本主义经济必须发展，存在同义反复的危险。对于扩张追逐从何而来的问题，还是没有答案。[27]

从资本主义对"生产资料"所有权的惯常解释角度，即生产我们所需要的商品和服务所需的工厂和资源：食品、住房、服装和技术，也不能回答这个问题。在资本主义经济中，生产资料大多为私人所有。而在非资本主义经济中，生产资料则属于人民——它们是国家所有的，如，由当地社区或工人所有。

与这种生产资料的"私有化"相一致，资本主义也因主要依靠"市场"来分配商品和服务而与众不同。价格是根据人们准备在市场上支付的"交换价值"来确定的。在非资本主义经济中，价格往往由国家或团体来决定。当然，这个价格有时候可能被定为零，例如，在社会主义国家中，国家采取这样的立场是完全合法的：它的义务包括向所有公民提供某些基本的商品和服务。许多资本主义经济体也对某些特定的商品采取这种做法，如医疗、教育、宽带连接。而且，不管哪种肤色和信仰的政府，往往都会对市场价格进行征税或补贴。[28]

因此，在实践中，根本不存在纯粹的资本主义经济。同样，大多数社会主义国家在某种程度上也是依赖市场来分配商品和制定价格的。

随着这些界限的消失，资本主义"增长势在必行"究竟从哪儿起源似乎越来越模糊。最有可能的源头是另一个与私有制和市场价格制定相关的关键因素：利润的作用。简单地说，利润就是销售物品所获得的收入与其生产成本之间的差额。原则上，这种差异在资本主义内部和外部都存在。收入和成本之间的差异是理解你的财政状况的有用方法，与私有企业还是国有企业均没有什么关系。

但在资本主义手中，利润作为人们投资的主要动力，具有绝对重要的作用。这是资本主义的一个非常容易理解的行为假设。按照这种观点，人们从事生产的唯一动机就是对经济回报的期望。资本家期望利润，资本主义将商品和服务的提供主要转向了私人领域，同时将利润界定为生产的主要驱动力。不仅对于个人，就整个社会而言，追求利润都是一种强大的推动力。

出于同样的原因，社会被分化为两个巨大的阵营，即那些以工资为生的人和那些以利润为生的人。为了获取利润，你必须拥有一些东西，如土地、金钱或股份，以此作为生产资料，从中获得经济回报或租金。没有这些资产的人，只能依靠工资赚取收入。当然，在实务中，两种情况都有可能赚到钱。但在我们生活的不同阶段，两者的构成可能会发生变化。但是，以工资为生的人和以利润或租金为生的人之间的差别是显而易见的，特别是因为它描绘了社会上最富有者和最贫穷者之间的根本区别。

这种分化反过来就产生了冲突。对于工人来说，工资是他们的主要收入来源；对于最贫穷的人来说，工资是他们谋生的唯一方式。对于资本家来说，工资是生产成本，是企业利润的减项。正如经济学家理查德·古德温（Richard Goodwin）所言，工资和利润之间不可避免地存在着一种捕食关系。资本的所有者与雇佣劳动的"所有者"之间不断进行竞争。显而易见，在经济状况不好的情况下，这有可能导致冲突。[29]

多一点宏观经济学

令人惊讶的是，资本主义内部有一个关键因素或许有助于缓和这种冲突。它来自于劳动生产率这一概念：一小时工作产生一美元产出的效率。由于劳动是生产的成本，资本家受到利润的驱使，他们往往会想尽一切办法提高劳动生产率，即降低劳动成本。利润动机为劳动生产率的增长提供了内在的动力。

如果这种动力能实现劳动生产率的增长，那么由此节约的成本就可惠及各个方面。一些好处可能会通过涨工资或缩短工作时间的方式分配给工人，另一些好处以更高股息的形式分配给股东。有些可能会以降低产品成本的形式让渡给消费者，还有一些好处可用于投资新技术，从而进一步提高未来的劳动生产率。

随着劳动生产率逐步提高，所有这一切都成为可能。工人可以得到更多的报酬，消费者可以买到更便宜的商品，股东可以享受更多的利润。公司则有能力投资于下一代节省劳动力的技术，创造一种持续改进和持续增长的良性循环。这种良性循环是解决罗莎·卢森堡困境的方法。工资的增加以利润的增大为前提，劳动生产率的增长使资本主义在追求社会进步的过程中获得了最大的合法性，但这一切都只能通过增长才可以实现。

而当劳动生产率的增长处于停滞状态时，利润动机就开始以一种不那么仁慈的方式运作了。工资的相对上涨，使得利润空间受到挤压，工资、股息、消费价格和投资之间开始相互竞争，工人和投资者之间的潜在冲突加剧，当前（消费）和未来（投资）之间的关系更为紧张。这些状况会导致侵略性扩张，这也是卢森堡所担忧的。

我只能将这些状况简略地描述出来，但对这些状况的粗略理解可以让人们弄懂过去几十年的功能失调模式。在我们所看到的这一切的背后，是始于大约半个世纪以前劳动生产率增长率的稳步下降。对这种下降的原因是存在争议的。有些人将其归咎于发达国家消费需求放缓或消费结构的变化，另外一些人则认为是技术因素阻碍了供应。[30]

还有一种令人不安的可能性，即20世纪早期和中期特有的生产力巨大增长是绝无仅有的，即使有数字技术的奇迹，我们也不能随心所欲地进行复制。一个有趣但令人担忧的观点是，20世纪60年代的增长率高峰只可能建立在对肮脏的化石燃料进行大规模和极具破坏性的开采基础之上；在危险气候变化和资源质量不断下降的时代，即使能做到这一点，也无法承受其后果。[31]

关键的问题是，政策应该如何应对这一并不新奇的现实。最近几十年里，资本主义作出了非常明确的反应。面对日益减少的收益，生产商和股东通过压低对劳动力的报酬来系统地保护利润。各国政府通过施行宽松的货币政策、放松监管和财政紧缩来鼓励这些做法。对许多普通工人来说，这样做的结果是惩罚性的。随着社会状况的恶化，对民主稳定性的威胁也加剧了。

最流行的"拯救故事"是建立在生产力增长可恢复的假设基础之上的，主要是通过新技术的突破。这些营救故事中的候选"救世主"多种多样。对一些人来说，创新将来自对清洁、低碳技术的投资，这些技术是应对气候变化和抵消资源消耗所必需的。对另一些人来说，创新将来自于新的数字革命：自动化、机器人化和人工智能的增长。

我们将在后面再回过头来讲述这些故事。这些故事中的每个故事都将带给我们一些重要的教训。但现在，我们还是回到本章的问题，以及许多令人不太愉快的答案。如果说有一个罪魁祸首要为资本主义的消亡负责，那么它开始看起来越来越像是资本主义本身。至少，我们一定会得出这样的结论：在增长本身难以捉摸的情况下，资本主义对增长的内在追求使一系列政策合法化了，而这些政策对人民、对地球甚至对经济本身无疑都是灾难性的。

到达即死

德国经济学家沃尔夫冈·斯特雷克（Wolfgang Streeck）的预测非常明确。他在《资本主义将如何终结》（*How Will Capitalism End?*）一书中写道："在我看来，现在是重新思考资本主义作为一种历史现象的时候了。它不仅有开始，也有结束。"斯特雷克坚持认为，这个"终点"并不是我们有朝一日才不得不预期的事情。它已经开始了，它正在发生。他声称，资本主义的社会体系已经"年久失修"。这有点像1988年的电影《到达即死》（*Dead on Arrival*）中丹尼斯·奎德（Dennis Quaid）所扮演的角色，资本主义可能还在说话，在谈论如何行走，但损害已经无法逆转了。形势已到了不可挽回的地步。斯特雷克写道，"没有人再相信资本主义的道德复兴"。[32]

如果仅凭达沃斯的证据作出判断，可能并不完全正确。但是，即使资本主义的辩护者们努力让僵尸复活，他们所谓可能的神话似乎也正在瓦解。对增长的不懈追求已经将我们推向了生态崩溃的边缘，造成了前所未有的金融脆弱性，并陷入了对社会不稳定的恐慌之中。资本主义找不到自身失败的答案，它不能一边追求社会正义，一边继续优先考虑利润。它也不能在继续醉心于股市的同时保护我们的气候。当数百万人的生命危在旦夕时，它发现自己无能为力，任凭环境摆布。资本主义对永续增长的核心信念在废墟中颤抖。这个神话已经奄奄一息。

一个社会如果允许自己被错误的神话所操纵，就有可能在残酷的现实海岸中崩溃。当某些过时的观念已被证明是错误的时候，假如还固守这些观念，将招致心理上的绝望和文化上的灾难。但当神话破灭时，希望就开始褪色。文化神话的作用是为我们提供一种意义感，并为我们的生活提供一种延续感。这种需要是长期存在的。失去一个持续的神话会破坏我们的意义感，威胁我们的集体福祉。

形成新的神话、更好的故事和更清晰的愿景，与理解崩溃原因一样重要，或许更重要。这其实就是这本书的写作目的。如果要超越成长的神话，就要敢于超越资本主义本身，重新审视它最珍贵的假设。挑战那些既滋养了我们又伤害了我们的真相，从而为一种不同的观察方式和更好的存在方式奠定基础。构造一个"后增长时代的故事"、一个崭新的基础性神话、一个更强大的愿景，引导我们走向不确定的未来。这正是我们现在要做的事情。

3 有限与无限

在我的一生中,没有什么经历能比这更能让我理解"有限"一词的含义了。
我们所拥有的就是全部,没有更多了。
艾伦·麦克阿瑟,2015年[1]

现实的世界是有限的;想象的世界是无限的。
让-雅克·卢梭,1763年[2]

诺福克湖区最古老的桥的历史可以追溯到1385年。当时，年仅17岁的国王理查（King Richard）正在竭尽全力遏制那些君主弹劾派贵族（Lords Appellant）。这是一个自封的改革派团体，正在想方设法争夺他的王国控制权。桥的石头刚刚被安置到位时，杰弗里·乔叟（Geoffrey Chaucer）正在忙着创作构思《坎特伯雷故事集》（*The Canterbury Tales*）。在建造之初，对于每天在繁荣的北沃尔沙姆集镇和英格兰东海岸海港大雅茅斯之间来回穿梭的陶工和泥炭卖家来说，这座位于波特海姆的桥不啻是天赐的最好礼物。因为这座桥为他们节省了许多绕道而行的时间。这个例子发生在中世纪，在这个例子里，这项技术，能够克服自然地理条件的限制，具有无可比拟的独创性。[3]

今天，该地区已经成了繁华热闹的旅游胜地。每年有超过700万名游客来到这里，尽情享受着这里的湿地和水道。随着汽车、船只、人和野生动物都来争夺有限的空间，导致保护自然的需求与追求利润的动机之间展开了一场令人不安的争斗。光线洒落在平坦的芦苇丛上，景色依然壮观。如果你有足够的耐心，在日落时分，还会听到一种令人难以忘怀的鸣叫声，那是一种罕见的（胆小的）水禽掠过沼泽地上空时发出的诡异而低沉浑厚的叫声。[4]

这座古老的桥现在完全以令人吃惊的速度落伍了，它再也承载不了跨越瑟恩河（Thurne）的交通量了。它的主要作用已经被一条更新式的、更实用的行车道取代了，这条行车道位于桥的东北方，距离桥大约一百米远的地方。桥下的三个石拱桥孔如同一张风景明信片，深深地吸引着游客。然而只有其中一个桥拱是通航的，而且只能在特定潮汐的某些时段才能通航。这给那些希望到湖区北部体会宁静生活的人们带来了极大的不便。对于许多船只来说，波特海姆大桥是阻碍上游通航的一道冰冷的石头屏障。近几十年来，随着宽体机动游艇的数量激增，这些船如果想要通过这里，得等到一年中潮水最低的时候。不过它们可能对这个古老的桥孔来说仍然显得太高也太宽了。对于精明的当地人来说，可能的事故都会被津津乐道一番，尤其是在强劲的西南风吹动下，任何粗心大意都将导致灾难。在克服限制的同时，这座桥又带来了另一个限制。

通往都柏林之路

通过提出令人感觉不太舒服的限制问题，去探索一个新的基础性叙述话题，这似乎让人感到有些奇怪。有一个古老的笑话，讲的是爱尔兰西部的一名游客询问当地农民去往都柏林的路。"呃，先生，我是不会从这里出发的。"农夫回答。农夫这一答案的逻辑是，从这里出发到都柏林的路既不好解释又很难记住。但这个笑话的幽默之处在于这样一个事实：这里，无可否认，我们所处的位置就是这里。所以这里是我们必须开始之处。

有一点清楚无疑，那就是人们不喜欢被告知他们的生活是受限的。而当告知这一情况的人，他们的生活看起来没那么多限制的时候，焦虑很快就会变成怨恨。也正因如此，后增长世界的治理将面临巨大挑战。"治理"似乎体现了治理者和被治理者之间的权力不对称。权力不对称是一块贫瘠之地，那里会滋生道德上的强制性，会限制人们的各种机会。在一个推崇个人自由主义的文化中，尤其如此。在本书的第9章，我还将进一步讨论这个颇具挑战性的话题。

但是，增长神话和对限制的拒绝是密切相关的。作为消费型资本主义核心的物质欲望的持续膨胀，正是对物质限制的现实的一种否定。因此，在某种意义上，"这里"恰是正确的起始点。拒绝限制只是增长神话不可或缺的一部分。资本主义困境的核心就在于未能正确地区分什么东西是有限的，什么东西不是有限的。

因此，要从这里到达都柏林，我们的首要任务是先要把有限与无限之间的深层关系清晰地描述出来。在这个过程中，我们或许会吃惊地发现，我们将重新将限制本身界定为人类繁荣重要的决定性因素之一。

绝望的预言家

就在罗伯特·肯尼迪在堪萨斯州大谈国内生产总值缺陷的同一年（1968年），一位英国科学家和一位意大利实业家邀请了一小群人来到罗马的一座僻静的别墅，讨论他们所称的人类"困境"问题，即如何协调人类永无休止的欲望与我们已知的自然界的限制。这次会议促成了"罗马俱乐部"（Club of Rome）的成立，这个组织的成员都是由"对人类的未来保持共同关注"的个人组成的。1972年，罗马俱乐部发布了第一份报告《增长的极限》(*The Limits to Growth*)，引发了极大的争议，并持续至今。[5]

大约十年后，时任美国总统罗纳德·里根（Ronald Reagan）宣布："增长方面不存在大的限制，因为人类的智力、想象力和好奇心是不存在限制的。"这一宣称是有目的的，主要是反驳势力依旧强大的罗马俱乐部的观点。但是里根的观点也值得进行仔细地研究，因为其中包含了一些真实的情况。人类的存在中肯定包含了一些（几乎）无限制的东西，比如智慧、想象力和好奇心很可能就属于此。很显然，无论在何处发现并识别这些内涵丰富的东西，都是极有意义的。[6]

除了这个显而易见的事实之外，里根总统的声明还暗含了两个非常重要的论点：第一，人类的聪明才智可以带来几乎无穷无尽的技术创新。第二，这些创新能够使我们克服经济增长的任何及所有的实体限制。这二者人们皆已耳熟能详，只不过经济学家们，仍然倾向于利用它们作为证据，以证明我们完全可以拒绝限制性的观点。

在《无增长的繁荣》（*Prosperity without Growth*）一书刚出版后不久，我在白厅（Whitehall）的一次研讨会上陈述了该书的论点。一位政府经济学家愤怒地打断了我的发言，他坚持认为，关于限制的观点简直就是"经济文盲"。至于稀缺性，他倒是认可，但稀缺性能通过价格反映，并且市场将会承担所有经济后果。他坚称，限制本身毫无意义。

为取代因增长受到的限制，经济学家们更倾向于追求他们所称的"绿色增长"，即以保护环境的方式实现经济的持续扩张，或增长但不破坏地球环境。当然，这是一个完全合理的愿望，比破坏地球实现增长要好得多。但乍看上去，绿色增长本身似乎有点自相矛盾，增长意味着更多的产出，更多产出意味着更大影响，更大影响意味着地球资源式微。一味追求无休无止地增长——不顾绿色与否——最终只会导致根本没有增长，在一个死亡的行星上就不存在增长这回事，永续增长必将导致万物的毁灭。[7]

为了弄懂绿色增长的含义，我们必须了解经济学家对经济产出和物质有效产出之间所作的重要区分。国内生产总值是按货币计算的，而不是按实物的数量计算的。由此可见，经济增长并不等于实物的增长。通过将货币价值从物质内容中分离出来，或者说"脱钩"，即使不能永远，至少我们能在任何相关程度摆脱有限的限制性的支配。

这一区别使经济学家坚持认为，他们的批评者只是对经济增长的实际含义有一个错误的理解。诺贝尔经济学奖获得者保罗·克鲁格曼（Paul Krugman）声称，这些人认为增长是一个未经处理的和物质性的东西，仅仅是为了生产更多的物品。他们没有考虑"为了产生价值一美元的国内生产总值，存在多种选择"——如消费哪种物品，使用哪些技术等。他坚信，这些"多种选择"足以使得在不损害经济增长的情况下，实现哪怕是最严格的生态目标。他秉持这一信念（就像特朗普在达沃斯论坛所讲的一样）并以此谴责那些增长怀疑论者，称他们是"绝望的预言家"。[8]

镜中奇遇

保罗·克鲁格曼在这一点上错了。增长怀疑论者完全理解金钱和物质之间的区别。他们普遍认为，就技术方面而言，其实存在

"多种选择"。他们中的许多人盛赞技术的非凡力量——既承认技术的代价，也赞赏技术带来的好处。非常明确的是，社会有巨大的能力来开发新的、更清洁、更轻便、更环保的技术。里根所赞誉的那些足智多谋的创造力已经被很好地传承发扬了。

否认这一点是愚蠢的，因为这种情形在实践中随处可见。例如，有大量证据表明，自20世纪60年代中期以来，全球GDP的碳排放强度下降了三分之一以上，其主要原因是技术创新使得我们能够更有效率地做事，效率的提高降低了经济活动所产生的影响。对于这一现象的真实性和重要性都无可争议，但仅凭这种"相对脱钩"并不足以成功地实现永续增长。[9]

环境不在乎相对效率，因为随着时间的推移，以每一美元为单位所产出的碳含量也会不断下降，但这远远不够。人类活动对地球的整体影响起重要的作用。为了保持气候的稳定，我们必须减少全球碳排放量的绝对值。如果GDP的增长速度快于GDP碳含量的下降速度，那么当年进入大气层的碳总量就将比上一年多。截至目前，情况就是这个样子。[10]

有证据再次证实了这一显而易见的事实。几乎没有人能阻止温室气体排放量的持续上升，直到全球大部分经济活动因新冠肺炎疫情暴发戛然而止。自从有记录以来，温室气体排放量的无情增长根本没有停止过，也没有任何迹象表明，为了保持21世纪气候的稳定，需要大幅度降低碳排放量。我们将碳从产出中分离出来的速度与所需要的速度相距甚远，我们在正确的方向上走得还不够快。[11]

即使是经济增长论的支持者，有时也会接受这一点。意见分歧之处在于我们能否扭转这一局面，遏制环境的急剧恶化，同时保持经济的增长。绿色增长论的支持者相信我们可以做到这一点。他们信誓旦旦，忠诚于一个令人神往的信念，这个信念包含三项不同但相互交织的内容：第一（与里根的观点相呼应），是我们无限的聪明才智能够克服可能面临的任何物质限制；第二，增长本身对实现这一壮举至关重要；第三（辅助性的），主张绿色增长是解决令人失望的增长表现问题的最好方式。[12]

换句话说，绿色增长正是资本主义一直在等待的真正的救世主。绿色增长的倡导者认为，无论从哪一方面看，绿色增长都是更好的增长，意味着更好的技术，更多的创新，更高的效率。更重要的是，他们认为，由于对创新和新奇事物的不懈追求，资本主义完全有能力实现这些目标。他们说，如果担心经济扩张所造成的损害，我们就不仅应该赞同走经济增长这一道路，而且还应该加倍努力，使之增长得更快。简言之，他们要表达的意思是，只有增长才能让我们摆脱增长本身带来的困境。

这是一种轻易让人信服的说法，它源于对无法实现的增长会造成的后果的焦虑。当然，这种焦虑是真实存在的。我们经济的各个方面都依赖于增长，但这混淆了问题的实质。后增长观点之所以有用，正是因为我们已经面临崩溃的可能性，除非能够逆转资本主义的消亡。为了使绿色增长在这一逆转过程中能充分发挥救世主的作用，我们必须解决经济规模不断扩大带来的所有问题，诸如气候变化、物种消失、河流和海洋污染、土壤退化、资源枯竭；同时，一刻也不能减慢增长的速度。

为了让这一切顺利进行，我们需要越来越多的创新、越来越高的效率来进行运作。效率必须以前所未有的速度超越之前的规模，并无限持续，直至可预见的（和不可预见的）未来。我们就像刘易斯·卡罗尔（Lewis Carroll）的小说《爱丽丝镜中奇遇记》（*Alice*

Through the Looking Glass）中的红皇后，注定要跑得越来越快，只有这样，我们才能不被淘汰，保住自己原来的地位。[13]

即使在一个拥有一定的地位也感觉远远不够好的世界里，这种信念开始显得极不可能。有能力将经济扩张与物质扩张无限期"脱钩"对其本身而言就是一种否定。在这个过程中，对限制性的否定归根究底是对技术的否定。这种对限制性的否定已经导致了严重的反乌托邦的结果。

莱瑟姆的百货商店

波特海姆桥周围，密集分布着许多售卖快餐食品和廉价小商品的小店，这些小店的中心是一个名为莱瑟姆（Lathams）的大型折扣店，它占据了瑟恩河畔的四个大型仓库。早在20世纪60年代中期，折扣店的创始人肯·莱瑟姆（Ken Latham）就开始为当地人提供全年性的就业机会，为来这里的游客提供渔具和餐饮。随着时间的推移，它被一家折扣零售连锁店收购了，这家连锁店给顾客提供"最低的价格，不断更新的高质量商品"。而今，这里已经成为一个疯狂的、拥挤的混合体：一半如体育场般空旷，一半是拥挤的人流。莱瑟姆的网站上声称，莱瑟姆已经成为"凭实力拥有吸引力的地方"。它凭借自身实力吸引全国各地的人们蜂拥而至，到这里的商店中疯狂购物。[14]

以上情形的逻辑是令人费解的。一个世纪以前，旅游业给诺福克乡村带来了非同寻常的财富资源：寻求消遣的游客，需要食物的顾客，当地人的就业。它也带来了竞争、利润、生产力等这些资本的工具，极大地推动了该行业的发展。交通方便的地区更容易促进商业的发展。但随着经济的发展，河上船只的数量增多，船只的尺寸也在增大。莱瑟姆的规模也在发展壮大，以满足需求的增长，但这座桥无论如何却做不到这一点。

有那么一段时间，可能是因为发生了一起与第二次世界大战未爆炸的军火有关的事故，有传言说这座桥就要被拆除了。幸运的是，（某种）理智占了上风。即使是商业领袖们也能看得出，这座风景如画的桥既是波特海姆财富的源泉，又是通往它的屏障。基于此，他们对这座桥的毫无限制的扩大建设，采取了一些坚决的限制措施，于是，这座桥得以幸存下来，波特海姆本身也成了阻碍扩张的桀骜之地。

这只是一个小小的例子，但这也是一个广泛存在的问题的缩影。想想纽约、北京、孟买这几个城市吧：它们是21世纪进步的象征，或者说他们处于不断扩张的社区边缘。我们想到了马克思那句经久不衰的名言：积累，积累！然而，这一不停歇的积累过程总是处处受到各种各样的限制：资源的限制、气候的限制、金融稳定性的制约。这一切造成了人类内心深处对物质过剩的欲望的限制。

当然，我们或许可以希望点不一样的。假如骑马的愿望都能实现，那么乞丐早就能骑马了。如果不是因为一座古老石桥的规模，波特海姆的生活轨迹就会完全不同。人们会继续前进，从桥上走过；或从桥下穿过；或对落后于时代的各种限制条件作出妥协让步；或不再想入非非，追求他们不切实际的乐趣；或不再像了解书本知识那样去窥探他人隐私；或者从热衷于安逸、窥视他人隐私的扶手椅中站起来，去实现崭新的、精彩的生活目标。但那些顽固不化的石头却再次发号施令，强行控制着人们过着另一种生活。

诺福克中部的这座小小的桥是一个象征，象征着一个颇具更大影响力的、也非常不寻常的故事。在波特海姆发生的事，就是精神世界的无限扩大与物质世界的物质约束之间的冲突造成的。社会发展的迫切需要产生了一个超现实的、功能失调的边缘地带，这里有一个大量的无家可归旅居者的家园：停止前行的豪华游轮；一心向往不复存在的平静生活的渔夫；热衷于搜罗别人的倒霉故事的水手们；朝圣者和扒手，小贩和流浪汉。受苦受难的芸芸众生，在被摧毁的资本主义的大教堂里汇集，他们做礼拜，虔诚地向上帝祷告。诺福克湖区那曾经引以为傲的"中心与灵魂"的崇高地位，被一个荣耀的百货商店窃取了。

自由爱之链

令人惊讶的是，我们对限制问题这一思想强烈抵触，也只是最近出现的趋势。古代的智者倒是经常从更积极的角度看待这一问题。理查德·威廉（Richard Wilhelm）在1923年翻译的中国古代哲理经典《易经》一书中写道，"局限性很麻烦，却也有效。"他说，"在自然界中，夏天和冬天，白天和夜晚，都存在固定的限制，这些限制赋予了一年以意义。"[15]

人们对限制与秩序之间的关系这一主题并不陌生，它贯穿整个中世纪。在杰弗里·乔叟所著《坎特伯雷故事集》中的第一个故事《骑士历险记》（*The Knight's Tale*）的最后一节中，雅典公爵忒修斯（Theseus）呼吁先驱者（上帝的隐喻，造物主）用他的智慧去解决悲剧性的三角爱情纠葛关系——他的嫂子、公主埃梅莱和两个骑士帕拉蒙与阿基特。在中世纪的宇宙学中，先驱创造了将宇宙维系在一起的"自由爱之链"或"自然倾向"。乔叟写道："造物主在创造限制时知道自己在做什么。"

因为他用那条自由爱之链束缚住了，

火、空气、水和大地，

在有限的范围内，他们不能逃离。[16]

在《骑士历险记》中，自然限制被用来比喻成来自天国的监督，它主宰并支配了人类世界和非人类世界的所有事务。根据宇宙学理论，人类的事务和自然的事务一样，都有一个时间和方式。这一观点是牛顿世界观的早期先驱，三个半世纪之后，牛顿世界观奠定了经典物理学的基础。

公平地说，从那时起，这种对精确和可界定秩序的愿景就受到了严重的打击。按照现代科学的发展程度，它不值一提，它被宗教力量的衰落削弱了。查尔斯·罗伯特·达尔文（Charles Robert Darwin）的进化论、阿尔伯特·爱因斯坦（Albert Einstein）的相对论和量子世界不可还原的不确定性似乎抹去了先驱者在宇宙中的所有踪迹。"上帝死了"，这一著名论断出自于德国哲学家弗里德里希·尼采（Friedrich Nietzsche）的著作，在著作中，他接着焦虑地问道："作为这凶手中的凶手，我们怎么才能安慰自己？谁来擦去我们身上的血迹？有什么水可以洗净我们的污秽？我们要创造何种赎罪的节日，何种神圣的游戏？"宇宙扁平化作为一个广泛的物质领域，其意义和目的被降级为原子和偶然的地位。秩序的可能性并没有完全消失，如同我们将在第五章中所看到的那样。但要如何让我们的生活变得更有意义，这一任务就更加艰难了。[17]

可能性的艺术并不像乔叟时代那样被严格地界定。但从广义上说，我们生活在一个由物理定律所支配的物质世界，这种观念仍然存在。能量和物质的守恒，物质在空间中的延伸，它们在自然界中的位置,在生物圈中的聚集,控制它们运动、转化和衰变的规律:这些都是乔叟的"自由爱之链"的现代等价物。而如果拒绝这些"确定的界限"就等于拒绝科学本身。

我们生活在一个物质的世界。在生命的每一天,我们都依赖于物质,但也受它的约束。当我们行走时,地面一直支撑着我们身体的重量。我们所呼吸的空气和所吃的食物,都给我们以力量。因此,我们有理由相信,当播下种子时,种子会生长。我们还知道,当扔掉东西的时候,东西会掉落在地。如果扔得太重,就会摔碎。如果这些碎东西落在我们身上,我们就会受伤。如果我们烧了它们,它们就会消亡。如果它们灼伤了我们,我们会不可避免地感到疼痛。

南大洋

法国基督教教会牧师皮埃尔·泰尔哈德·德·查尔丁(Pierre Teilhard de Chardin)曾经说过,作为人类,我们有责任"继续前进,就好像对我们能力的限制从不存在"。这种对几乎无限创造力的可能性的追求,极易被认为是人类的典型特征。这一观点与里根关于人类想象力和好奇心的言论倒是颇为相似。

它与生俱来,存在于绿色增长倡导者所坚守的信念中。我们的聪明才智不只是传奇,它还是不断进化的。它是人类作为一个物种取得巨大"成功"的部分原因,当然也是一种共同努力的结果。

但是,如果就此将泰尔哈德解读为资本主义的辩护者,显然是错误的。他的言论并不是认可我们无限的技术能力,也不是煽动我们去追求那无限的物质财富,而是鼓励我们,去努力发挥出自身所有的潜力,尽管我们力量很有限。他说,生活使我们成为"有意识的创造性合作者,似乎是为了把我们引向一个比我们想象得更崇高和更远大的目标"。[18]

这种努力去超越人类自身极限的品质,有着深远的影响,对于本书探究的问题至关重要。前环球女帆船运动员艾伦·麦克阿瑟(Ellen MacArthur)的成就,完美地诠释了泰尔哈德那种更崇高和更远大的目标。2003年,艾伦·麦克阿瑟成为有史以来环游世界的最年轻的人,在旺代环球帆船赛(Vendée Globe)中名列第二。两年后,她打破了单人环球航行的世界纪录。

在一次环南大洋中部航行中,波涛汹涌,天气变幻莫测,当麦克阿瑟试图从一场异常猛烈的暴风雨中脱身时,却发现自己的体力和帆船都到了承受力的极限。如果这次失败了,几乎可以肯定的是,她冲击世界纪录的努力就将被终结,或许还会以悲剧的形式收场。但幸运的是,最终帆船和她都战胜了这一切,所以才能够亲口向我们讲述他们所经历的非凡故事。有时候,我们总是置身于任何看似明智或可能的事情之外。今天如果推自己一把,做那些不可能的事情,假以时日,就会出现奇迹。[19]

某些政客如此钟爱的"万事能行"的态度,根源就来自于这种超越我们自身局限性的愿望。欲望本身是珍贵的,是一种驱动力。它告诉我们,在人类进化的过程中,这种驱动力起到了很好的作用。我们在焦虑中怀揣着梦想,希望走得更远、看得更多、飞得更高,实现意想不到的目标,为我们的家庭创造新的生活,携手合作以创造一个更美好的世界:所有这些都值得称赞。

按照美国哲学家肯·威尔伯(Ken Wilber)的说法,这种前沿心态通常是那些性格冷峻无情的男性受荷尔蒙驱使所具有的。他写道:"在某种程度上,男性总是不可思议地被推动着拼命去突破极限,发挥到极致,全力以赴,热烈,疯狂。"同时,他也指出,这一趋向并非完全不正常的,因为在这个过程中,他们"带来了新发现、新发明、新的模式"。

与此相反,女性"总是以关系作为存在的基础",唤起一种"更坚定的自尊和自主意识",这种意识重视"成熟的自我,即使它仍然重视关系"。对威尔伯来说,这种男性化倾向并非完全由基因所决定。他认为,我们的文化以一种非常特殊的方式固化了差异,这些差异不仅是指性别之间的差异,还指整个社会本身的差异。广泛存在的父权制资本主义更推崇个人主义思想,而不是关系性理念。[20]

但女性在领导力、耐久性和发现力方面也取得了非凡的成就。麦克阿瑟的成就证明了这一点,而男人也有能力重视这种关系。性别模式化对我们的研究没有什么帮助,但是这些差异或许可以解释为什么一个拒绝承认自身极限的女人,却能如此清楚地理解自然界的极限。麦克阿瑟在2015年的一次TED演讲中生动雄辩地描述了这一认知。正是南大洋的力量和美丽促使她认识到,我们称之为家的这个星球是存在极限的,这是毋庸置疑的。正是她超越自身极限的非凡能力,才使她能够更好地理解自然界所固有的极限。她说,"我们所拥有的就是我们的全部,没有更多了。"[21]

从波涛汹涌、险象环生的大海安全地返回家园后,麦克阿瑟深深地认识到,全球经济"完全依赖于人类历史上唯一拥有的有限资源"。这种理解促使她开启了另一段完全不同的,但同样具有挑战性的旅程。让所有人都感到惊讶的是,在成功打破世界纪录五年后,她放弃了职业帆船运动,成立了艾伦·麦克阿瑟基金会。这是一个致力于追求可持续"循环经济"的组织。简单地说,该基金会的目标是使我们对经济的构想与我们星球的限制相适应。事实证明，适应是解决有限与无限之间问题的关键。[22]

"射击大桥"

让一艘高桅帆船穿过一个两米高的桥拱似乎是不可能实现的事情。但神奇的是，通过运用智慧、技巧和迷信，这是可以做到的。诺福克湖区的帆船上设计了一个铰链式桅杆和一个巧妙的棘轮绞车，还有一排复杂的钩环和撑杆，在需要时可以将桅杆撑起，并按要求引导它下降。如果程序执行正确，可以降低桅杆，直到它与船的顶部持平并穿过游艇尾部的木制支柱。按照这种形式，高于水平线以上的部分将被缩减到水平线两米以下，恰好低到可以安然无恙地穿过桥拱通道。如果幸运的话，就刚好低到可以通过通道。如果弄错了，你就成了诺福克的娱乐话题。

在新桥建成之前的日子里，一位有经验的船员偶尔会在满帆的情况下一下子靠近石头桥拱通道，然后降桅，起帆，并依靠潮汐和冲力，将船驶出，到达湖区的北岸，然后再将帆和桅杆重新升起后继续航行。在不使用发动机或桨的情况下，船体前进的过程中几乎不用停顿，完全依靠降帆和升帆来完成，这堪称是一项专业技能，同时也是荣誉的象征，人们称之为"射击大桥"。[23]

对于无经验者来说，这样的优雅从容是遥不可及的。当桅杆和帆放下后，这艘帆船就从一艘优雅的船只变成了由一堆乱七八糟的撑杆和系索吊起来的笨重的大船。奇怪的是，没有桅杆的状态是不稳定的。很明显，原来的社会身份解体了，又以一种新的和变化了的形式进行了重新构建。过去已不再可及，未来则前途未卜。成功，似乎是不大可能的。

人类学家用一个词来形容这种不安定的精神状态。他们称之为阈限（liminality），源于拉丁语单词（limen），门槛或阈值的意思。阈限空间是一个非常有创意的空间。艺术家和作家有时会刻意去寻找，试图激起创意的灵感火花，以延伸可能性的空间。毕竟现时状态要求太高。当它虚伪地用常规生活的状态来维护我们的生活体系时，就最终限制了我们的视野，阻碍了变革的道路。

阈限使我们摆脱了这一切。它打破了自我的堡垒和社会一致性的障碍。它让我们认识到世界（和我们自己）的本来面目，我们可能的样子，以及我们可能变成的样子，而不是陷入当前这种不可持续的境地之中。

这一通道本身就是一个让人无法信任的、奇怪的骗局。这座桥显然太低了，船明显又太高了——即使桅杆放平了也一样。对于一个新手来说，甚至很难判断净空高度，对安全通过就更没有把握了。那一刻，似乎你马上就要面临灾难来临，这是不言而喻的。然而，接下来，你却莫名其妙地在中世纪的石头上毫发无损地滑倒了。你伸出的手指被它们掠过，有一种冰冷的历史感，灰绿色的地衣在潮湿的拱门上闪着微弱的光。发霉的气味使人联想到那些逝去的生命，他们已经被严酷的现实遗忘很久了。阈限带挤满了来自早期过渡期的焦躁不安的幽灵和窥见不朽深渊的惴惴不安的窥探者。

然后突然之间，这条通道就到了尽头。驶出桥的阴影，阳光普照，让人眼花缭乱。船只重新出发。蓝天在斑驳的水面上翩翩起舞。或许这只是你的想象，或许缓和的风帮了点忙。经过20分钟的小心翼翼的逆向操作，船只恢复了正常功能，并准备驶向瑟恩河北部，那里异常平静。

从最窄的水道到最宽阔的海洋，蒸汽让位于帆船是本书中最古老的规则。然而，难以避免的是，河的下游地区受到迎风而来的阻碍以及紧急避险策略的困扰。如果船只较小且又依赖风力，那就得听凭那些烧柴油的大船的摆布。桥的南边，嘈杂、匆忙。权力就是一切，强权就是公理。但在这里，过了通道之后，来来往往的超大型船舶就不复存在了，对物理空间的持续竞争也消失了。

尽管困难重重，风帆还是取得了胜利，不是通过权力而是因为约束，一切都变得愈发安静祥和。在这片简朴的土地上，生活不再那么烦忧，也不用那么匆忙。波特海姆的桥是一个过滤器，它决定了谁能够和谁不能够享受湖区最北边乡间的安宁生活：欣赏马瑟姆和希克林湖区的相对孤独，霍西米亚的超凡脱俗的纯粹美。它的实体限制性规定了通往彼岸的通行规则，并为那些寻求有意到那里旅行的人设定了边界。

极限的富足

18世纪的法国哲学家让-雅克·卢梭（Jean-Jacques Rousseau）曾写道："现实的世界是有限的，想象的世界是无限的。"他对这种二分法的回应是务实的。他的建议是："既然我们不能去扩充一个，就让我们缩小另一个。正是因为它们之间的差异，才产生了使我们不快乐的所有邪恶。"这个建议也许是明智的。我们的期望和现实之间的差距构成了某些现代幸福理论的基础。但基于同样的原因，这似乎又迫使我们回到了本章一开始所讨论的对限制问题的恐惧上。[24]

我们生活的这个星球家园，其维度的有限性是不容置疑的。但在权力的掌控之下，强行去限制人们的期望则存在很大的问题。如果教育我们的孩子们，这世界根本不存在限制，那么他们长大成人后可能对世界不再抱有幻想并出现反常行为；如果我们告诉他们，这个世界像牢笼一样，充满了阴暗和不祥的气氛，他们将永远不会发挥出他们的最大潜能；如果我们忽视经济增长所受到的限制，那么我们的生命和谋生技能就可能会受到不可逆转的损害。看起来我们好像扭转了前进的趋势，但实际上我们可能就是在承担着回到野蛮的山洞时代的风险。

但是紧缩和否认并不是应对限制所带来的挑战的唯一回应方式。适应，是更具创造性的选择。运用我们无限的创造力和无边的想象力去适应现实的世界，是持续创造性活动的基础。自然资源保护者温德尔·贝里（Wendell Berry）写道："应正确理解人类和地球的限制……限制不是拘禁，而是诱因……是关系和意义的完整性的诱因。"[25]

他认为，在我们的物质极限之外，还存在另一个世界。这个世界值得去探索，值得去投资，它是一个值得我们到达的目的地。明天就是另一个世界，在那里他们的做事方法不同。在富裕的限制之外，存在着另一种富足，一种只有通过限制才能揭示的富足。可以说，限制是通向无限的大门。

4 繁荣的本质

（在我看来）一个人只有把精力集中于某个特定目标，而不是个人幸福时，才能获得真正的快乐。
——约翰·斯图尔特·密尔，1873年[1]

如此，在天朗气清的季节里，
尽管我们远在内陆，
我们的灵魂仍可看见那不朽之海，
是它把我们送到了这里。
——威廉·华兹华斯，1804年[2]

1826年的秋天，约翰·斯图尔特·密尔经历了一场心理健康危机，现在看来那是一个极其痛苦的过程。密尔被誉为古典经济学奠基人之一，性格复杂，经常容易纠结。英国前首相威廉·格莱斯顿（William Gladstone）曾称他为"理性主义圣人"。正是这种理性主义繁衍出了"幸福演算法"（happiness calculus），即当今经济学赖以建立的基础。然而，他本人却具有十分强烈的道德感。他坚决捍卫进步的社会政策，支持社会财富的再分配，同时他还是妇女权利的捍卫者和废除奴隶制的坚定拥护者。[3]

二十岁时，他陷入了严重抑郁的深渊。在这种状态下，他度过了1826年那个"忧郁的冬天"，之后这种抑郁状态一直持续到了19世纪30年代末，他差点没能挨过去。四十多年后，他在《自传》（*Autobiography*）中回忆起这段往事时坦言："我经常问自己，当生活只能以这种方式继续时，我能不能，或者说，我是否有必要活下去。""我常对自己说，我觉得再多活一年就是极限了。"[4]

任何一个直接或间接遭受过精神疾病困扰的人，都会对密尔度过的这段黑暗时期感同身受。精神疾病现已成为世界上规模最大和增长最快的疾病之一，这是现代资本主义的一大灾难。抑郁症每年给全球经济造成的损失高达1万亿美元，而人力方面的成本则更高。21世纪初以来，美国的自杀率上升了近三分之一。精神疾病的年轻化趋势尤其令人沮丧，自杀现已成为15~29岁人群的第二大常见死因。[5]

当今社会比19世纪初期要富裕得多，出现这样的情况，既可悲又令人费解。这种情况也清楚地告诉了我们一个基本的道理：如果要生活得好，不一定要拥有太多的东西。这个真相让人倍感释然。它提供了一种可能性，即我们不需要拥有太多，就能生活得更好，这确实很诱人。

当然，这样的结果绝非必然。但有一点很清楚的是，如果我们想要在这个有限制的星球上好好生活，就需要重新定义社会进步的概念，而不是执着于追求增长的神话。理解繁荣的本质——其对于过得好有何意义——是讲好后增长的重要基础。在本章中，我想给这个问题一个非常特别的回答，而密尔用自己的生活完美地诠释了这个答案。

幸福"演算法"

这位理性主义的圣人是公认的神童。他3岁学习希腊语，不到12岁就着手阅读古典哲学原著。在父亲细心而专制的指导下，他15岁时就开始学习政治经济学。在心理健康出现问题之前的五年里，他一直沉迷于哲学家杰里米·边沁（Jeremy Bentham）的著作中，而边沁本人恰好是他们家的亲密挚友。[6]

颇具讽刺意味的是，鉴于其对密尔的影响，这部作品本身讨论的就是对幸福的追求以及幸福与正确和错误之间的关系。边沁教导人们，只要某件事能增加幸福感，它就是对的；反之，它就是错的。他认为，当人们的幸福感普遍增加时，社会就进步了。如果能够开发建构一个框架来增加幸福感，那么或许我们就有了一个可靠的指南，其不仅能指导我们的日常决策，而且能引领整个国家走向繁荣。因此，边沁认为，国家的作用应该是追求"最多数人的最大幸福"。密尔率先开始研究这一理论，四十多年之后，他以"功利主义"的名称对它进行了推广。[7]

如今，经济学的名声不是太好。但经济学对于理解现代理论源于社会行动主义大有裨益。对于愈发世俗化的这一代思想家来说，功利主义成为了一种大胆的、近乎英勇的举动，他们对宗教不满，不信任牧师的权力。他们的目的之一是挑战被认为是不公正的教会的道德权威。从某种意义上说，这是一次有意义的尝试，旨在蓄意废除类似"自然法则和自然秩序"这样的概念：因为相同的概念存在于《骑士历险记》宇宙论中。功利主义者认为这些想法是宗教精英为了夺取世俗权力而采取的隐秘的暴政统治方式。

16岁的时候，密尔就已本能地察觉到了这种大胆狂妄的野心。通过阅读边沁的作品，他立刻意识到了其中暗示着道德权威的巨大转变。"有一种感觉突然涌上我的心头。"他后来在自传中写道，"过去的那些道德家都将被取代，一个思想的新时代就要开启了。"现在回过头看来，他那时的评价真的是特别准确。经济学开始主宰我们的世界了。经济学中的方程编码公式规范着我们对正确与错误的判断，经济学所提出的各种处方良策也使我们对社会进步的各种设想变得生动形象起来。

早期的经济学家试图将道德上的是与非"民主化",并在这个过程中将教会的权力剥夺过来。他们确实在某些方面取得了惊人的胜利。经济学不仅夺取了这种权力,最后也滥用了这种权力,这是一个值得铭记的历史教训。正如英国国会议员阿克顿勋爵(Lord Acton)曾经说过的那样,权力往往导致腐败,绝对权力意味着绝对的腐败。我们将在第9章再次讨论这个话题。

从那时起,"效用"一词的含义就发生了变化。在密尔的时代,它直接代表着幸福。边沁的出发点是我们都渴望幸福。正因如此,政府才应在其中扮演恰当的角色。如今,经济学家用"效用"来指代某物的价值,他们试图用货币来衡量其效用。人们拼命追求的是最大化预期效用,这个观点有着非同寻常的意义。或许我们现在更容易理解的是为什么经济学家和政策制定者都认为追求GDP增长是件必不可少的好事,因为它直接体现了边沁的观点,即政策的目标应该是实现幸福的最大化。

无论这个想法多么合理,它转化为增长的神话则完全取决于一个特殊的,或者说存有疑问的假设,即金钱能够代表幸福。如果收入等同于效用(或与效用高度相关),而效用等同于幸福(或与幸福高度相关),那么很肯定的是,高收入必然会带来幸福——如果这一假设在个人层面上不成立,那么在总体层面上也应该成立吧?问题是,并非如此。或者说,不完全如此。

当今谁是幸福的呢

1974年,经济学家理查德·伊斯特林(Richard Easterlin)提出了一个看似简单的问题:经济增长到底能不能大幅改善人类的生活水平？显然，如果收入与幸福间的经济等式成立的话，那么答案就该是肯定的，但他发现的答案却既令人震惊又令人困惑：时而如此，时而不然。在某些时候，拥有更多的钱会让我们更快乐；而其他时候，则并非如此。现在已经有大量的统计数据来支持对这一相互矛盾的关系。[8]

有调查结论清楚地显示，当收入很低时，收入的增加对提升幸福感具有很大作用。例如，纵观各国，当一个国家的人均收入从零上升到2万美元左右时，幸福指数也迅速上升。因此，让最贫穷的人脱离贫困相当重要。适当的营养、安全的水源、基础的服务保障——这些都会为人们的生活带来实质性的改变。这一结果清楚地反映在有关幸福的调查报告中。[9]

不过，收入一旦超过了这个水平线，那些拥有更多财富而带来的额外收益似乎在迅速递减。最终，它们会完全消失，有时甚至会逆转。一些人均收入非常高的国家（如美国）的幸福指数甚至低于较贫困的国家（如智利和哥斯达黎加）。令人惊讶的是，他们的预期寿命也更短。这一发现有悖常理。如果说经济增长的目的是改善生活和提升幸福感，那么，相较于贫困国家而言，富裕国家为何看起来总是没有贫困国家更幸福呢？为何富裕国家的幸福感有时会低于贫困国家呢？[10]

观察富裕国家内部的幸福情况，我们会有更加奇怪的发现。随着时间的推移，一个国家的平均幸福水平并不会有太大的变化。以美国为例，按照综合社会调查（GSS）的报告，自20世纪70年代中期以来，美国平均幸福指数得分在最高分和最低分之间变动没有超过5%。从1976年到20世纪90年代初，人们的幸福指数仅略微上升了2%。但那以后，幸福指数又下降了约3%左右。与此同时，经济规模增长了两倍多。换句话说，在过去的四十多年里，人均财富的增加根本没有使美国人变得更幸福。[11]

另外，美国国内的富人们（以及其他国家的富人们）往往比他们身边的穷人更幸福。一个国家内的收入差异导致了所报告的幸福感存在显著差异。相对剥夺感自然重要，社会排斥也同样重要。在德国，前东德地区（平均收入较低）和前西德地区（平均收入较高）之间的幸福感仍然存在差距。比周围的人更富有确实似乎会使人感到更快乐，反之亦然：比周围的人穷则让人感到糟心。[12]

奇怪的是，在贫富悬殊的国家，不仅仅是最穷的人感到痛苦，不平等也影响着每一个人。社会学家凯特·皮克特（Kate Pickett）和理查德·威尔金森（Richard Wilkinson）明确指出，在不平等的情况下，整个社会的幸福感都会降低。这一观点是否能够为上述那些有违常识的发现提供一个解释呢？即为什么富裕国家的整体幸福感并没有随着时间的推移而发生较大的改变？也许随着GDP增长所带来的幸福感正被日益加剧的不平等所抵销了。相较于穷人群体减少的幸福感，富裕人群幸福感也并没有超过多少，这仍然是一个谜，尤其是在平均收入已经增加了三倍的情况下。但有证据表明，更平等的社会比不平等的社会要幸福得多，这有助于我们得出一个相当明确的结论，即提升社会公平性会给人民的幸福带来巨大的好处。[13]

综合这些结论，我们发现，从功利主义的角度来看，很显然，我们的目标应该是缩小不平等，而不是扩大这种差距。这将有助于实现"最多数人的最大幸福"。但可以肯定的是，我们也应该持续关注社会中最贫困阶层的福祉。仅仅追求GDP增长并不能实现这些目标。在某些情况下，正如我们在近期历史中所看到的，它甚至会对二者造成破坏。

简言之，金钱买不到幸福中蕴含的那些重要的甚至是最基本的东西。对经济规模的描述并不能为我们展现更为广阔的人类愿景和社会需求，用金钱来买幸福（相当直白）是一个致命的范畴错误。对于普通人来说，追求金钱和追求幸福二者不可兼得，可能会在某一个时刻开始分离，这并不奇怪，尽管经济学家有时会对此感到惊讶。

摆脱这种束缚的方法之一是采用幸福感而不是GDP来衡量一个国家的繁荣。英国经济学家理查德·莱亚德（Richard Layard）认为，用幸福感来衡量社会进步更符合杰里米·边沁的本意，且作为一种衡量社会进步的方法，可以提供更多的信息。但是这一观点，虽然对功利主义来说可能是正确的，但是仍然存在着一些问题。[14]

理性主义的极限

密尔对自己心理健康危机问题的分析出奇地睿智。按照他的分析，抑郁症是一个人大脑的内在逻辑发生了预料不到的、让人略微讨厌的混乱状况，其发生的时间随意且不易察觉。尽管如此，密尔的分析还是很吸引人，尤其其揭示了繁荣的本质。

经过对功利主义长达五年的研究，密尔确信找到了自己的人生使命，即"成为世界的改革者"。他对个人幸福的构想"完全与这个目标一致"。刚开始的时候，这对他似乎行得通。观察到19世纪初期社会和政治上发生的变革，他可以想象得到，这个世界正在变好。他觉得自己也在某种程度上推动了这种进步，他深感自己与那些同样从事社会改革工作的人紧紧团结在了一起。

然后某一天，他感到比较忧郁，这时他提出了一个自以为很无知的问题：如果这些改革真的奇迹般地实现了呢？他问自己："你会感受到巨大的快乐和幸福吗？"当一个人在情绪低落的时候，对自身的存在性进行反思也许真的不是一个好主意，因为这可能会揭示一些令人不安的真相。这正是密尔的遭遇。他的自我意识抑制不住地、清楚地回答他："不会！"

"至此，我的心立马沉下去了，我赖以生存的根基全都垮掉了。"他坦白地说。在他的《自传》中接下来的几段文字中，他试图分析当时陷入的困境。他曾满怀希望，期许能够通过努力争取全社会的幸福，从而找到属于自己的幸福。理智上，他仍然坚信这项规划是值得追求的，但就他自己的幸福而言，"这已不再吸引我"，他解释说，"我仿佛不知道该为什么而活了。"

令人费解的是他对这个悖论的理性"解决"方式。他坚持认为，幸福是"所有行为准则的试金石，是生活的终极目标"。基于这一点，他相信，只有不以幸福为目的，才能获得幸福。在本章开头引用的那段有名的话中，他写道："一个人只有把精力集中于某个特定目标，而不是个人的幸福时，才能获得真正的快乐。或许在别人的幸福上，或许在人类的进步上，甚至可能是某些艺术或追求的东西。总之，不是作为一种手段，而是一个理想的目标。当以别的东西为目标时，顺便会寻找到自己的幸福。"

这个解释有点含糊不清，似乎难以令人信服。不知为何它偏离了理性的轨道，变成了一种扭曲的辩解。如果个人层面的幸福只有在不经意间才能获得，那么"幸福演算法"又将如何有效地指导公共事务呢？这让人想起量子力学中诡异的"测量"问题。观察者不可避免地干扰了可观察的世界。如果我们看得越仔细，看到的东西就越少，直到我们被迫接受"那里"根本不存在这一令人不安的事实，那么，幸福就只是海市蜃楼。结论难道应该是这样的吗？

理智地看，这个方案似乎满足了密尔对功利主义有效性的质疑的需求。理应如此。但他又花了三四十年时间来重新完善自己的观点，他还通过发表论文来进行解释。但多年后他承认，这一切并没有缓解他的不安情绪。他感到万分绝望，于是他试图找一个可倾诉的对象，能够耐心倾听其内心的感受。经过简短考虑后，他最初想选择他的父亲来担当这个角色，但他立即打消了这个念头。"所有的一切都让我相信，他对我所遭受的这种心理状态一无所知，即使他能够理解，他也不会是治愈我的医生。"

在他最终出版的《自传》中，删掉了一大段非常直白的陈述。他没有责怪父亲，也没有责怪母亲，而是沮丧地回忆着他们之间不合适的婚姻，以及这对他的生活带来的负面影响。他写道，在一种温情的氛围中，（我父亲）本该温和而有爱心，亲情满满，但这桩不般配的婚姻及他的暴躁的脾气使他丧失了这种能力。在他描绘的画面中，家庭核心分裂，家人情感极不稳定。"我就是这样在一个缺少爱并充满恐惧的环境中长大的。"他总结道。[15]

幸福可能很难得到但痛苦的根源有时却异常清晰。密尔的心理危机揭示的是他那个极度不幸的童年。这片贫瘠的土地显然成为了追求精神生活的多产之地，但它的补给却太枯竭，以至于无法从内心深处去滋养一个干涸的、渴望关爱的灵魂。任何一种狭隘的幸福形态，如果忽略了这个多维的真相，都将被彻底颠覆。

在某种程度上，密尔似乎早就明白这一点。从那一刻起，他自己关于功利主义的阐释中，已开始按照不同的特质来区分不同类型的幸福——他似乎已经明白幸福永远不可能是单一维度的。所有的满足都是同等的，但有些更能带来幸福。一个神童想要的爱是再多的智力挑战都无法满足的。

在早期《自传》的草稿中，密尔披露过一些根本原因——一种多被现代经济学所诟病的失败。"在我们推动人类建设的计划中"，他写道，"我们忽视了人类。"他无论在哪里都不曾承认的是，这种失败毁掉了"幸福演算法"的可靠性，让功利主义经济学的根基变得脆弱无比。[16]

美好的生活

这个地方让人不舒服，但并非完全不可预测，我们得以在此审视自己。幸福不是简单的一维事物，我们不能埋头向它冲过去。我们不能确切地监测它的存在，也无法计算它各部分的总和。它没有完全反映人类心灵的复杂性，它不能精确地捕捉到人类福祉的不同层面。我们当然可以用它来代替对金钱的追求。但幸福就像GDP一样，最终可能作为一种衡量手段，如罗伯特·肯尼迪所说的："被用来衡量一切，简言之，除了那些赋予生命价值的东西。"无论是对幸福的追求还是对金钱的追求，都不能为我们所谓的"美好生活"提供可靠的指引。

我们在这里遇到的是一个千古难题。诺贝尔经济学奖得主、经济学家阿马蒂亚·森（Amartya Sen）在他那篇著名的文章《生活水准》(*The Living Standard*)中指出，无论在哪个社会中，金钱和效用都无法为高质量的生活提供一个可靠的指南。繁荣取决于人们在社会中蓬勃发展或顺利运作的"能力"。他在《以自由看待发展》(*Development as Freedom*)一书中指出，社会进步应被视为这些能力的不断提高。森的论点在某种程度上归功于古希腊哲学家亚里士多德（Aristotle），亚里士多德早在两千多年前就在努力解决类似的问题。在《尼哥马可伦理学》(*Nicomachean Ethics*)一书中,他非常精确地论述了密尔所面临的问题,这就是我们在本章所面对的问题:对人类来说,生活得好意味着什么?[17]

亚里士多德的出发点似曾相识。他将人类最大的善称之为eudaimonia,这个词来源于希腊语中的善(eu)和精神(daimon)。它经常被翻译成英语中的幸福(wellbeing)一词。但在亚里士多德看来,这种幸福感不仅仅是快乐的存在或痛苦的消失,相反,他用德行(virtue)来定义它。Eudaimonia是"与德行相一致的灵魂活动"(希腊语中的arete)。这听起来有点像是说教,好像人类是某种意义上的圣人,不断渴求道德上的善。当然,果真如此的话,它很可能会造就一个更好的社会,而不是那个只专注于自我利益的社会。同样,还有更好的经济学。但这其实是对亚里士多德思想的一种误解。[18]

在他写作的时代,"arete"一词的含义比今天英语中的"virtue"一词的含义要广泛得多。对某人或某事来说,具备美好的德行意味着他们能够有效地运作——发挥他们的最大潜能。有德行的厨师能做出好吃的饭菜,有德行的刀工会切得极好,有德行的诗人能写出惊世之作,有德行的人能够在各个方面表现出色。道德德行,正如我们对"德行"一词的理解,仅仅是人类繁荣发展或良好运作的更广泛方式的一个子集。一个具有道德德行的人是真正善于做"好"的人。

亚里士多德对美好生活的描述中所隐含的德行感更符合英文单词"virtuosity"(擅长某事的品质)的含义,而不是"virtuousness"一词,后者仅仅意味着善良——根据特定的道德准则来判断。Virtuosity带有行为或表现的背景感。刀并不会仅仅因为很大,甚或很锋利就算是具有德行。举例来说,日本武士刀并不见得比菜刀好,尽管它比普普通通的菜刀显然更大且更锋利。Virtuosity不仅取决于一件事或一个人的特殊品质,还取决于一项行动或一种情况所处的背景,切胡萝卜的背景与参与生死决斗的背景大不相同,这是就大多数人的厨房这一背景而言的。

亚里士多德用一个影响非常深远的原则阐明了这种理解。他说,每种德行都伴有两种恶习,其中一个与特定德行体现的运作缺陷有关,另一个与它的过剩有关。有时候,为了完成任务,刀就必须更锋利,其他时候,刀则需要更钝一些。有时,人们想要过上体面的生活,就需要更高的收入,而其他时候,高收入则带来了困扰美国自由主义者的"富贵病"。

通过这一原则,可以弄懂反映幸福与GDP之间关系的那些令人费解的数据。有时候,更高的收入确实能保障人们有机会过上体面的生活。而有的时候,比如让罗伯特·肯尼迪感到恐慌的"纯粹的物质积累",只会损害幸福、目标和尊严。将GDP增长与社会进步挂钩的简单等式——即使在很久以前因为某种目的而曾适用过——现在很明显行不通了。

保持健康

全球性疫情给我们的生活带来了严峻的考验,我们对它的反应则暴露了我们视为相关优先事物的线索,这一切都让人向往。几乎一夜之间,尽管没有任何明确的指示,我们已开始用不同的方式相互问候。这其中使用最多的是虚拟通信方式。我收到了上千封电子邮件,都是以这句略显尴尬但却富有人情味的问候开场的:"我相信你在这个异常艰难的时刻,会一切顺利。"我自己可能也写过很多类似的信，每封信的结尾都会附上了一句忠告："保持健康。""亲切的问候"（kind regards）和"良好的祝愿"（best wishes）都弃之不用了，取而代之的是更人情化的"保重"（take care）。

我们开始意识到健康有多么重要。健康一直属于社会学证据的范畴，身体健康是社会繁荣的重要组成部分。每当问起人们生活中什么最重要时，健康总是排在前面。我们的健康，我们家人的和朋友的健康也是如此。一个真正繁荣的社会必须以健康为核心。正如我们从新型冠状病毒中学到的那样，无论从哪个方面来看，忽视这一优先事项的后果都是毁灭性的。当你或你所爱之人正在遭受不必要的痛苦或死亡时，任何形式的繁荣都将难以实现。[19]

繁荣和健康一样，还存在另外一个构建基础。亚里士多德的《尼哥马可伦理学》一书是献给尼哥马可的，这恰好是他父亲和他儿子的名字。大概没有人能确定到底谁是预先被致敬的人，也许两者都是。不过，我们都知道的是，老尼哥马可是个医生。《尼哥马可伦理学》中的概念模型在很大程度上归属于生理健康模型。平衡是生理功能保持健康的关键，欠缺和过剩都是不平衡和健康不佳的标志。

生理健康——我们对健康最普遍的理解——毫无疑问对理解繁荣的本质至关重要。说到底，从头到尾，我们都是生物性动物。我们生活在一个物质化的世界里，我们生存的坚实基础就是不断地进行物质的交换。吸气、呼气、吃、喝、拉、撒、爱；这些看似平淡无奇的东西实际上至关重要。生活倚仗它们，生命力寓于其中。如何实现和维持这些生理功能非常重要，我在后面还将再讨论这个问题。但从这一切中得到的第一个主要教训是，真正的繁荣取决于我们物理生命的内在物质过程。

哲学家汉娜·阿伦特（Hannah Arendt）甚至提出，这种内在的物质性是人类获得满足的唯一机会。她在《人类的境况》(*The Human Condition*)一书中写道,除了痛苦的疲惫和愉悦的再生这种既定的循环之外,没有持久的幸福。"无论是什么使这个循环失去平衡",无论是痛苦和不幸,还是金钱和财富,"都会毁掉生活的基本幸福。"[20]

我打算在第7章再来阐述讨论这个论点。它对我们理解工作在后增长社会中的作用有着巨大的影响,并且它自现代神经生物学理论中得到了一些有趣的证实。但现在,我们必须承认,当人们被问及美好生活时,生理功能并没有占据他们的全部心思。正如罗伯特·肯尼迪在堪萨斯州演讲时所指出的那样,想要过美好的生活,仅有物质的满足是远远不够的。

繁荣即健康

同样地,来自社会学的依据在这里对我们很有帮助。除了关注身体健康,人们还谈论对家庭的爱、友谊的重要性,以及对社区的依恋。我们渴望安全感和家庭感。我们渴望归属,也渴望保持自己的个性。我们渴望被看重,也在寻找通过某种有意义的途径而对社会有所贡献,或参与到社会生活中。[21]

心理学家亚伯拉罕·马斯洛(Abraham Maslow)提出了"人类需求层次"理论,将生存作为一切的基础。他认为,人们只有在物质需求得到满足后,才会把注意力转向"更高"层次的社会和心理需求。后来他改变了想法,提出人类需求具有"二元性",生理需求和心理需求或社会需求。心理健康和社交健康并不是附加物,而是一旦我们的物质需求得到满足后"锦上添花"的东西。我们现在知道,社交活动对于我们的生存至关重要。没有它,我们就会变得孤立并迷失方向,我们将在各式各样的嗜好里寻求精神慰藉。酒精和毒品引诱着我们,疯狂购物成为我们抵御绝望情绪的一道屏障。嗜瘾成性带来了救赎的希望,但也会增加人们的压力和疾病,或导致自杀。[22]

心理学家布鲁斯·亚历山大(Bruce Alexander)在20世纪70年代做过一些有趣的实验,颠覆了我们对成瘾机制的理解。当时的主流观点是,像海洛因这样的物质过于强大,如果不通过"禁毒战"这类严厉的社会和法律惩戒,人们根本就无法抵抗。为了证明这种力量的存在,心理学家把老鼠关在笼子里,让它们选择饮用纯净水或掺有吗啡的水。不出所料(看起来似乎如此),老鼠选择了吗啡而不是纯净水,并最终死于吗啡上瘾。

亚历山大观看了实验后,意识到实验出了一些问题。这些老鼠全是被单独关在空空的笼子里,几乎没有互动或娱乐活动。他把一些吗啡成瘾的老鼠带到了位于西蒙弗雷泽大学成瘾实验室的"老鼠乐园":在实验室的地板上,一个巨大的胶合板盒子被布置成了"快乐之家和游乐场"。这些老鼠的上瘾症状几乎立刻就消失了。畅销书作家约翰·哈里(Johann Hari)认为,上瘾的对立面不是清醒,而是关系,社交健康的重要性并不亚于生理健康,它们都是生存所必需的。[23]

欲望的作用让我们纠结不已。我们渴望爱和被爱,我们寻找一个性伴侣、一个同伴以及配偶。我们在找寻一个能分享我们的快乐和同情我们的痛苦的人,找寻一个能够与之组建家庭和结婚生子的人。或许我们可以部分地从两性健康或生殖健康的角度来考虑这一点:正如诗人卡里·纪伯伦(Kahlil Gibran)所形容的那样,这属

于"生命对自身的渴望的一部分"。²⁴

但人类也有一种实现超越的能力。有时,需要在生活的压力和神秘中迷失自我。有时,则是出于对意义和目的的渴求。偶尔,也是对欲望本身的眷恋。但并非所有这些都是健康的。这一切并非预示着物质世界之外还有任何特殊宇宙的存在的现实。但它作为一种现象存在于人们的生活中,意味着存在第五种"精神运作"(如图4-1所示),没有它,就很难理解人们对美好生活的向往。

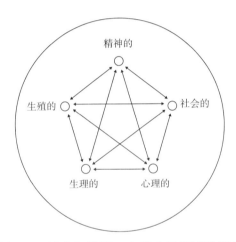

图4-1 繁荣如健康:人类在五领域的运作

在每一个领域中,就像亚里士多德所提及的那样,我们都期望发现德行和邪恶的存在。良好的健康是不足与过剩之间的一种平衡。这并不意味我们可以通过简单地增加某物来弥补不足,也不是说我们可以通过拿走一些东西来阻止过度消费。健康的各个部分相互紧密地交织在一起。有时,某个组成部分的过剩预示着另一个组成部分的不足。有时,抑制过剩的方法是在其他地方创造富足。这些可能性都被"越多就越好"的错误观点所掩盖了。一旦显现出来,这些可能性会揭示通向繁荣的新途径。

这个框架（尤其在这些维度内部和各个维度之间实现适当的平衡可以获得美德这一想法）最吸引人的地方，在于它有效地排除了美好生活可以通过不断的物质积累或财富积累而实现的可能性。它清楚地表明，社会在追求繁荣的过程是一次极其错误的转向。而这一错误的转向，早在密尔为功利主义经济学奠定基础之际就已经开始了。从那时起，便走上了一条蜿蜒的通向荒野的错误道路。而造化弄人，有那么几次，密尔几乎发现了这个问题。

曳着荣耀之云

密尔的心理危机中最令人感动的部分，是关于他从精神危机的缓慢恢复过程的叙述。当他读到法国历史学家让-弗朗索瓦·马尔蒙特尔（Jean-François Marmontel）的《父亲的回忆》（*Memories of a Father*）一书中的某一段话时，他发现自己泪流满面，这让他仿佛看到了一线曙光。这个段落颇有争议，描述了马尔蒙特尔父亲的死亡，形象地展现了这个家庭的痛苦。书中详细地讲述了年轻的马尔蒙特尔决心宽慰他的家人，并让家人感到"他将成为他们的一切——以弥补他们所失去的一切"。

密尔在《自传》中写道："书中生动的场景和真挚的情感打动了我。从那一刻起，我的精神负担减轻了。那种自以为所有情感都已死去的思想压迫感消失了。我不再绝望，我不再是一只股票或一块石头。看起来，我似乎还具有某种东西，是它造就了我所有的人格魅力和获得幸福的能力。"密尔与年轻的马尔蒙特尔产生了情感共鸣，甚至或许是认同感，这一切将密尔从他自己的精神禁锢中解救了出来，为他重塑人生，开启了一段缓慢而踌躇满志的重返世界之旅。

这并不是一件特别容易的事情。他有时会旧病复发，再次陷入黑暗中，时间长达几个月。1828年秋季的一天，他开始阅读英国诗人威廉·华兹华斯（William Wordsworth）的作品。在诗歌中，密尔找到了超越于智慧之外的慰藉。他解释说："他的诗之所以能够成为治愈我精神状态的良药，是因为它们不仅表现了外在的美，还体现了真实的感受，以及出于兴奋之情而增色的关于美的思想状态。"

他尤其被《不朽颂》（*Intimations of Immortality*）这首诗所深深打动，这首诗描述了华兹华斯与青春的流逝和生命的无常进行了的抗争。密尔写道："我发现他和我有着类似的经历，他也曾觉得年轻时因享受生活而获得的最初新鲜感并不会持久。"但他"一直伺机弥补并如愿以偿，他现在（通过诗）把这种方法教给了我"。华兹华斯的这首闻名于世的颂歌不仅语言优美，还具有超越人类经验中现存维度的吸引力。它与困扰密尔的理性主义相距甚远，但与精神健康是构成人类繁荣重要元素这一观点相近。华兹华斯声称，我们年轻时与精神领域的联系最为紧密，因为我们对它的辉煌仍记忆犹新。"人的诞生，只不过就是沉睡与遗忘。"他沉思道：

共我们升起的灵，生命的大星，

本已坠往另一个地方，

又自远处莅临；

不是完全的失忆，

又非绝对的白纸，

曳着荣耀之云……（杨德豫译）

随着我们的成长，这种超然之美的光辉正慢慢褪去。但是诗人说，它不会完全消散。有时，"在天朗气清的季节里"，正如本章开头所说的，我们的灵魂仍可看见那"不朽之海"。

在密尔开始进入康复期的最后阶段,他遇到了那个最终成为他妻子的女人。1830年,密尔和哈丽特·泰勒(Harriet Talor)在一个晚宴上相遇,经他们共同的朋友介绍后认识了,那时泰勒已经结婚了,并且有两个儿子。他们之后的亲密友情成为热门话题,在他们的社交圈里传得沸沸扬扬。哈丽特将她和密尔早期的关系仅描述为灵魂伴侣的关系,她并没有离开她的丈夫。事实上,他们在1831年还生育了第三个孩子,并且一直保持着婚姻关系,直到1849年她丈夫去世。同样地,也没有证据能表明密尔和泰勒在早年间有过身体上的亲密接触。显而易见的是,在很短的时间内,他们之间就在智慧和情感上建立了一种超乎寻常的亲密关系。这一关系在密尔的后半生中一直支撑着他,为他的脑力工作作出了贡献。[25]

残存的往昔

共情、超越、诗意、爱,密尔生命中的这一段短暂时光因种种原因充满了吸引力。其间,这位"理性主义圣人"意外地发现了真正的繁荣可能意味着什么这样一个颠覆性的观点,但他却未能完全领悟透彻。他自己的经历似乎表明,除了最多数人的最大幸福之外,还存在一个更加复杂、更加灿烂、更加人性化的领域。

1851年,当他们终于能够自由地步入婚姻时,约翰·斯图尔特·密尔和哈丽特·泰勒·密尔都已处于身体健康长期不佳的状态。为了缓解身体上的不适,他们会时不时地去南方旅行,寻找一个气候温暖的地方休养。结婚后的第七年,哈丽特在一次旅途中因感染了严重的肺病而病倒了。1858年11月3日,她在阿维尼翁去世。密尔决定在阿维尼翁购置一间小屋,这样他就可以"尽可能地靠近她的安息之地",他余生的大部分时光都是在那里度过的。[26]

也正是在阿维尼翁,他完成了《妇女的从属地位》(*The Subjection of Women*)一书的首稿。"所有振聋发聩和发人深省的东西都源自我的妻子。"他这样写道。也是在这里,他最终完成了《功利主义》(*Utilitarianism*)一书的写作,该书凝聚了他对"幸福演算法"的阐释,耗费了他大部分的时间和精力。也许到最后,正是这种理性主义为他在悲惨的境遇中提供了一个坚韧的庇护所。正如他最喜欢的诗人威廉·华兹华斯在《不朽颂》中所表达的:

尽管没有什么能够重现

鲜花和青草中的荣耀流年;

我们并不为此悲伤,而是继续探寻

某种活力,在残存的往昔中……(杨德豫译)

我们对自然的热爱,我们内心深处的情感,我们对他人的同情,我们对生命转瞬即逝的悲伤,我们与地球之间深不可测的联系,我们沉思的能力,我们为了一个更好的社会而奋斗的欲望。这些就是人类境况的心理维度,或者说,精神维度。

我们不禁好奇,我们可能会从如此丰富的记叙内容中去继承一种怎样的经济学。有这样丰富的信息,后增长愿景中又会显露出什么,都的确发人深省。

5 爱与熵

我们都是梦中的人物,我们的一生是在酣睡之中。(朱生豪译)
威廉·莎士比亚,1611年[1]

S = klogW

路德维希·玻尔兹曼,1877年[2]

1905年10月28日，一个周六的夜晚，奥地利物理学家路德维希·玻尔兹曼（Ludwig Boltzmann）在维也纳哲学协会举行的会议上为公众作了他一生中最后一次演讲。演讲的标题很奇特，"用概率原理解释爱与熵"（简称"爱与熵"）。熵是衡量一个物理系统混乱程度的指标，是自然极限的终极表达。爱则可能是人类健康幸福的最高典范，是人类繁荣的终极表现。本章的主题就是讨论这两件事之间的相互联系。[3]

玻尔兹曼的职业生涯可谓异常跌宕起伏，他的大部分时间都是在争议中度过的，即使这次演讲也不例外。把物理学和哲学与人类最崇高的情感结合起来，这个主题既让那些思想开放的人兴奋不已，又使他那些拘谨保守的同事们感到不安。顽固的物理学家们无法理解他对哲学的广泛涉猎，因为哲学实在是高深莫测。而墨守成规的哲学家们则不喜欢一个物理学家在自己的领域内踌躇满志，说三道四。他们两派其实都不知道这与爱有什么关系。

作为一位19世纪最伟大的物理学家之一，玻尔兹曼竟然花费那么多时间在斗争上,仔细想想,都让人觉得不可思议,但事后看来,他为之斗争的那些远远领先于他所处的那个时代。这些争斗最终损害了他健康的身体,也扰乱了他心灵的宁静。但是他的学生们崇拜他。他的公开演讲总是挤满了活跃的听众,人们被他那包罗万象的论点和冷幽默深深地吸引住了。

遗憾的是,"爱与熵"的讲稿没有留存下来,但有几个人对它的内容进行过创造性的猜测。玻尔兹曼对达尔文的进化论非常着迷,这位奥地利物理学家常常把达尔文的进化论定义为对可用能量的争夺。我们的一切和我们所做的一切都需要获得自由能量。玻尔兹曼很可能借此机会来探索这种普遍斗争是如何导致一个复杂物种出现的,这个物种有着一系列非同寻常的向往和情感——当然,包括爱。[4]

如此一来,他将本书提及的需要解决的两个最基本问题作为研究对象:一个是极限的问题,另一个则是我们对美好生活的渴望。所以,在此借用玻尔兹曼演讲的机会,也表达一下我的歉意,因为我想把他的最后一次演讲诠释为一个孤独星球的旅游指南,一本教导人类如何在有限的世界里朝气蓬勃地生活的指导手册。[5]

计算卡路里

让我们先从身体健康开始说起吧。从生理学的角度来看,人类身体机能良好意味着什么?广义上说,这个问题相当于是问人们什么是真正的、真实的健康状况。毫无疑问,这是个很值得关注的问题。我们的身体在非常特殊的条件下经过了数百万年的进化,形成了一套相当复杂的系统性需求,以求达到最佳健康状态。其中的一些要求相对容易理解并深刻揭示了健康与社会之间的关系。

其中最直接的关系就是关于身体的能量平衡。人每天需要一定数量的卡路里来保持健康的体重。依据每个人的年龄、身高、性别和运动量等因素，所需要的卡路里的准确数量因人而异，但一般来说，每天的热量应在1500~3000卡路里之间。如果摄入的热量低于身体的需要，人就会衰弱。反之，如果摄入的卡路里超过身体的正常需要，人就会发胖。产生这种计算卡路里的想法是有原因的。为了维持健康的生活状态，保持能量的平衡至关重要。[6]

不管你信不信，热量可以利用物理学中的一个最基本的定律进行计算，即热力学第一定律。卡路里是能量的量度单位，热力学是研究能量转换的学科。热力学第一定律告诉我们，通过物理转换，能量总是守恒的。我们所消耗的热量在体内的物理过程中被转化，但能量总是守恒的。

我们的身体需要利用能量来维持呼吸、循环、消化、细胞繁殖和生长的基本功能；我们的身体进行体育运动、走路、跑步和举重等也需要能量来进行。我们摄入的卡路里中没有消耗的部分都将作为脂肪（一种化学能）储存在体内。这就是热力学第一定律的由来。如果你摄入的热量超过了维持生命所需要的数量以及体力活动所消耗的能量，多余的能量就会储存在体内，通常转化成为脂肪。当然，同样的道理，如果摄入的卡路里不足以满足这两方面的需求，体重就会减轻，这是因为你的身体开始燃烧脂肪（最后是肌肉）以获得所需的能量。人体是一个热力学有机体，它遵循热力学定律。

良好的生理健康在一定程度上是拥有热量过多和过少之间的平衡的。如果卡路里一直摄入不足，那么最终就会死于饥饿或营养不良。但如果摄入的热量一直超过身体的需要，久而久之，就会超重，最终变得肥胖。而超重会大大增加患高血压（血压升高）和高血糖（高血糖水平）等疾病的概率。而这些反过来又会增加患慢性非传染性疾病或"生活方式"疾病的风险，如心脏病、中风和糖尿病等。生活方式疾病会缩短人的预期寿命，降低生活质量以及对传染病的抵抗力。[7]

当然，对卡路里的计算并不能作为健康的全部标准。卡路里有不同的种类，蛋白质、碳水化合物、纤维、矿物质、维生素等，每一种都是身体健康所必需的。它们之间的平衡至关重要，质量也是如此。例如，"好"的卡路里是缓慢地将糖释放到血液中，这比"坏"的卡路里要好，后者释放能量的速度非常快。当经常接触高血糖指数（GI）食物时，身体的新陈代谢会努力稳定血糖水平。但日积月累，这种长期的不稳定将会导致严重的健康问题。[8]

简言之，健康的有机体一旦完全长大，就会进行自我维护并抵御各种攻击，这个过程不是通过持续不断地增加消耗，而是通过健康的平衡。用亚里士多德的话来说，良好生理机能的"美德"受两个截然不同的"恶习"的双侧夹击：一侧是营养不良，另一侧是消耗过度。良好的生理机能（身体健康）介于两者之间。

失衡

当一种谨慎的平衡遭遇为追求增长而设计的经济体系时，会发生什么事情呢？这在很大程度上主要取决于环境。短缺的时候，食物太少，那么经济增长就有利于健康。但是，过剩的时候，食物太多，如果还沉醉于更多，就会带来灾难。这是我们在上一章中探讨的一般情况的特例。只有当出现短缺的情况时，更多才是更好的。反之，当出现过剩的时候，更多只会让事情变得更糟糕。

资本主义的悲剧之一就在于其控制短缺与过剩的方式，甚至在关于营养这样的基本问题上也是如此。全世界每五名儿童中就会有一名儿童因营养不良而导致身体发育迟缓。然而，在18岁以上的成年人中，大约有五分之二的人是超重的。自1975年以来，全世界的肥胖人数增至三倍。儿童肥胖率的增长更是高得惊人，已经增加了十倍。不出所料，由不良的生活方式而导致的疾病的发病率有所增加。更多的人是死于肥胖而不是营养不良。[9]

你经常会听到，如何解决肥胖流行是一个多么复杂的问题这句话。专家们也会讨论营养、心理和生理因素的相互影响。几年前，一项政府研究曾试图描绘这些因素之间的对应关系。它得出的可视化的"肥胖系统图"过于复杂，以致于除了像一盘密密麻麻纠缠在一起的意大利面以外，没提供什么有用信息。除了可想而知的复杂性之外，它在帮助理解或呈现信息方面都毫无用处。同时，这次研究从根本上有效地遏制了解决肥胖流行问题的一切尝试，虽然这并不是研究的本意。[10]

实际上，这个问题背后的核心力量再简单不过了。健康的体重取决于热量输入和体育锻炼之间的平衡。食品部门的经济模式依赖于销售更多的食品。假如我们都变得更活跃好动（自身消耗更多），那么在一定程度上，我们或许能够抵销消费的增长带来的影响。但我们没有。事实上，情况恰恰相反。总的来说，一段时间以来，人们从事的体力活动一直在减少，尤其是在富裕国家。

在全球范围内，近30%的成年人（在高收入国家高达37%）现在所从事的体力活动不足以维持正常的健康水平。与此同时，快餐业（快餐通常含高热量）的全球收入在急剧增长。体力活动的缺乏和随时供应的快餐热量结合在一起，使热量平衡不可抗拒地朝着过剩的方向倾斜。食品加工行业内在的追求利润的动机更是不断加剧了这种不平衡的存在。[11]

对个人而言，原则上我们每个人都可以抵制这些不当诱因。一个好的起点是为我们的孩子奠定积极生活态度的基础。对年轻人来说，锻炼身体肯定要容易得多。运动使他们的肌肉更强壮，新陈代谢更快，关节更灵活。年轻人更适合从事高强度的体力活动，所以这就是全世界超过80%的学龄青少年现在被认为缺乏体育活动的原因，实在令人震惊。在一个卡路里过剩的世界里，这简直就是一场蓄势待发的悲剧。[12]

当然，青年期在人的一生中是短暂的，这令人感到失落。因此年轻时就要注意加强锻炼身体，随着身体的成熟，新陈代谢也会发生变化，还有受疾病的侵袭和意外事故伤害的概率也在增多。我们再也无法轻松地保持健康的体能。在我们最需要体能的时候，我们身体的自救的能力也下降了。众多的生理反馈机制都在进一步阻碍我们保持健康的身体素质。而且随着体重的增加，维持适当的运动量变得日益困难，这种状况如今逐渐呈螺旋式趋势上升。

肥胖影响我们的行动能力，不运动会同时影响精神和身体的健康。当情绪低落时，我们会从食物中寻求安慰，我们很容易混淆的是我们自己的愿望还是我们的身体真正的需要。单纯的缺少水、睡眠或新鲜空气可能看起来就像是迫切需要糖、饱和脂肪或碳水化合物一样。但是，对糖的强烈渴望会扰乱我们的胰岛素平衡，让肾脏和肾上腺超负荷工作，使身体持续对糖上瘾。这对食品工业来说是好消息，但对我们来说却是灾难。[13]

结果是完全可以预料到的。糖尿病、高血压、呼吸系统问题、背部和关节疼痛以及痴呆症风险的增加。初步估计表明，几乎四分之三的新冠肺炎死亡都至少与一种基础健康问题有关。大家都异常熟悉的新冠肺炎的"并发病"，在某种程度上，许多并发症都与肥胖有关。[14]

随着身体内的不平衡越严重，情况也就越糟糕。随着活动能力的下降，肌肉变得虚弱，关节变得僵硬。终于有一天，我们正弯下腰从地板上捡起东西的时候——随着岁月的流逝，这件事情似乎越来越难了——然后事情就发生了。年轻时那轻轻松松的运动能力不见了，显然一去不复返了，我们将面临余生无法再活动的风险。一点点地，我们开始屈从于生活质量的严重下降。我们变得越来越不爱动，越来越不健康，越来越不满足，也越来越不快乐。我们开始相信这已经是我们后半生所能期待的最好的身体健康状态了。[15]

夺回控制权

所有这些都不是我们所必须经历的。原则上，我们每个人都有可能在生命的任何阶段重新掌控好自己的身体健康。吃得更好，多运动（或换个方法运动），改变生活方式，收拾好烂摊子，恢复正常生活并找回身体所渴望的平衡状态。于个人而言，这是可以验证的。但是，如果要扭转社会健康不良的统计趋势，就需要我们正视其中的内在动力。这种动力包含两个关键部分：一方面是人性，另一方面是经济结构。

任何一个尝试过的人都清楚，要违背人的本性是多么艰难。我们是在一个非常特殊的世界和非常特殊的时间进化的。生物学家称之为进化适应的环境——我们曾在这个环境中"成长"为一个物种——而这个环境是一个高能量食物（如精制糖与饱和脂肪）极度短缺的地方，能得到这些高能量食物就会比其他人更有优势。因此，每当我们获得期待中的大量卡路里时，大脑就开始通过释放"感觉良好"的化学物质多巴胺来奖励我们。哪怕是在数十万年之后，大脑仍在这样运作。[16]

我们陷入了健康的悖论之中。人类的机体适应了热量匮乏的环境，但如今资本主义经济的发展提供了过多的热量。在一个热量稀缺的环境中，渴求这些食物是"适应性的"，它提高了我们的生存能力。在一个热量供应充足的环境中，同样的渴望会带来损害和功能失调。让这些一度有限的资源在严重匮乏地区变得易于利用起来这方面，资本主义曾为我们提供了服务。通过构建一种经济盈利能力取决于持续销售更多商品的模式，资本主义将我们置于一种极度的危险之中。

人类的健康无法通过不断增加卡路里的摄入来实现，这与不断增加的食物消耗状态不符。健康和指数增长是相互矛盾的繁荣模式。一切全由我们自己来决定，只有简单的指导和建议，四面被诱惑包围，我们需要铁的意志力来抵制自己对糖和脂肪的多巴胺反应的引诱——尤其是当我们周围充斥着故意试图破坏这种抵抗的信息时。在以增长为基础的经济模型中，维持良好的习惯（按亚里士多德的观念）在统计学上被证明是不可能的。

健康是一种平衡的行为，它舞动于饮食、生理和生活的选择之间。这是一门我们必须学习的艺术。有的时候学起来不易。我们还没有把这些知识教给我们的孩子。我们还没有教给孩子们所需要的技能或适应能力，使得一旦他们年轻时的活力消失后，可用之于保持健康。更糟糕的是，我们把我们的孩子当成了积极营销策略的机会样本。我们让孩子们暴露在难以抵制的诱惑下——对他们长期健康来说，让他们去接触那些明显存在安全隐患的饮食，我们正竭尽全力在加速疾病的发生；我们也没有教会人们为青春逝去的时刻的到来做好准备。随着年龄的增长，情况会不可避免地发生变化。你不可能打破100米跑的世界纪录，你也不会在激烈的近身运动中获胜。你必须接受的事实是，你的身体有一定的局限性。

但以上这些因素都不妨碍我们长寿、健康且积极地生活着。我们因为自己无法理解和领悟身体健康的本质，正在摈除这种可能，非常不幸，我们真这样做了！但我们这么做的目的是获取利润，我们以增长的名义纵容了这种行为。我们故意把"过度"和"进步"混为了一谈。这几乎是不可原谅的。

即使是现在，我们也倾向于淡化资本主义在全球健康危机中的作用。这是一个悲剧性的错误，这一趋势只会随着时间的推移而恶化，而只有通过接受和理解潜在的失败，我们才有机会扭转这一趋势。资本主义没有尊重最基本的限制，而这些限制和规范调节和维持了我们的健康和活力。在增长之外，还有一种健康的幸福模式，它不仅是可以实现的，而且是令人向往的。迄今为止，这一模式可比我们轻易妥协的那个模式要好得多。

混乱中的秩序

可以非常宽泛地说，健康取决于身体创造和维持秩序的能力：补充细胞，防止衰退，达到最佳平衡状态和良好的功能。当我们死后，这种能力消失了，精心维护的身体结构开始迅速恶化：其内在秩序消失。很快地，甚至身体的物质成分也会分解并消散，进入了一种混乱无序的状态中。

这种从秩序到混乱的运动是热力学第二定律的一种特殊的表达。这一定律曾被物理学家亚瑟·爱丁顿（Arthur Eddington）称之为

"至高无上"的自然定律。爱丁顿曾在1927年吉福德的一次演讲中讲道：

> 如果有人向你指出你所钟爱的宇宙宠物理论与麦克斯韦方程不符——那么麦克斯韦方程就算是倒霉了。如果发现它与观察结果相矛盾——好吧，实验者有时候确实会把事情搞砸。但是，如果发现你的理论违背了热力学第二定律，我就敢说你没有指望了，你的理论只能在深深的耻辱中被瓦解。[17]

热力学第二定律告诉我们熵（无序）总是趋于增加的。正是玻尔兹曼对热力学第二定律的解释，把熵从一个抽象的概念转变成了我们日常生活中可以立即识别的东西。他说，事情往往会从一种更有序的状态发展到一种更混乱的状态，而不是相反。[18]

你可能会想到上千个例子，比如，为了保持青少年卧室整洁所进行的持续斗争，基本设备的逐渐消耗，一辆旧家用汽车日益增长的保养的需求。当你发现耳机线明明理顺收好了，却仍然杂乱无章地缠绕在一起。这些现象是如此熟悉常见，以至于我们都觉得非常自然。但它们也反映了一个深刻的事实。

如果不加任何约束，物理系统的总趋势就是从有序走向无序。反向变化的世界不复存在。花园的棚子、厨房的抽屉和孩子们的卧室，不会随着时间的推移而自发地变得整洁。电缆、丝线和绳索也不会自动地解开。要对抗世界走向混乱的趋势，需要持续不断地努力。从热力学的角度来说，这种"努力"意味着将可用的能量应用到实际情况中。这相当于我们的肺和心脏在人体内所起的作用，家务和修理车间以及维修合同在经济中的作用，以及碳循环在稳定地球大气中的作用。

秩序在宇宙中显然是可能存在的，生命本身就是证据。熵定律告诉了我们实现这一切过程中的一些深刻的东西。在这个过程中，用来创造秩序的能量将变得越来越少。能量本身在做功时从低熵变为高熵。即使你通过施加能量创造了属于你自己的秩序小天堂，整个系统的熵也会增加。抽屉的整洁，人体的健康，经济的进步，总是要付出一定的代价。[19]

熵的每一次反转都要付出一定的代价。总体而言，这一代价就是熵的增加。可用的能量变得不可用，低熵变成了高熵，宇宙变得比之前更加无序。

也许你只是利用自己的肌肉运动的力量去整理卧室。你身体中的化学潜能被利用，帮助肌肉运动，用来捡起物品，收纳物品：举起，搬运，移动。肌肉中的能量转化为动能和热量，消散在环境中，无法再执行更多工作。熵定律逻辑的关键在于，你整理房间所创造的秩序总是小于你在这个过程中所创造的熵。

"微小的薄雾"

对于热力学定律，我们可以用一种流行的表述方式并借助于游戏规则的术语来进行表达：

1. 你永远赢不了。
2. 你甚至不能平局。
3. 你永远离不开游戏。

我们在地球上所做的任何事情——据我们所知，在宇宙中其他地方也是如此——都要遵守热力学第二定律：你甚至不能期望收支平衡。[20]

整理房间的道理同样适用于整个经济体系。创造文明社会需要巨大的努力，你需要大量的可用能量才能做到这一点。我们的现代社会是建立在化石燃料基础之上的。煤、油、气中的化学能源给我们带来各种各样的奇迹，这些燃料使我们获得难以置信的机会来参与这场热力学的游戏，但我们的目的并不是赢。燃烧时，这些燃料的能量会以热的形式散失。正如热力学第二定律所预测的那样，这些燃料中被锁住的碳元素会消散到大气中，导致气候变化。如此一来，熵就不可避免地增加了。

对于一个可持续发展的世界来说，最好的机会就是利用每天以太阳能形式到达地球的可再生能源。这种能量是通过光合作用过程获得的。它支撑着我们的食物链，给予我们自己做有用功的能力。它也创造了风和浪。它推动着生物圈中水分和营养物质的循环。用它来产生热量、电和功就像在可用的（低熵）能量浪上冲浪一样。赫尔曼·戴利的博士生导师尼古拉斯·乔治斯库·罗根（Nicholas Georgescu Roegen）说："以一种不同于过去的方式看，（我们）将不得不重拾这样的想法，即（我们的）存在是来自太阳的免费馈赠。"[21]

问题是，即使是这份礼物，也并非完全免费的。太阳潮的能量是巨大的，仅仅几天的阳光在能量方面就比自然资源中存储的全部能量单位更多。但它落在地球上的强度极低。"就像一场毛毛雨，几乎是一层微小的薄雾。"要想发挥作用，这些能量必须被集中捕获。为了收集这些能量，我们必须使用材料。其结果取决于捕捉能量消耗掉可用的能量后是否能产生更多的熵。太阳能是免费的，但是从材料、能量和无序的角度来看，采集太阳能仍然是有成本的。无论从哪个角度来说，创造秩序的过程都要付出代价。[22]

这种代价的付出，不仅是为了创造秩序，也是为了维持所创造的秩序的需要。这就是为什么在公司和国家层面上，标准会计实务中必须计提财务折旧。折旧用以解释资本性设备的"损耗"。在一个阳光普照的世界里,如果任由其自生自灭,实体资产往往会趋向于分解,使用资产会加速这一过程。铁会生锈,混凝土会化为尘土,甚至硅片也会随着时间的推移而老化。折旧是一种不可避免的熵进程的经济表现形式。

经济规模越大,这一成本就越高。一种无限的经济(无限增长的最终目的)意味着无限的贬值、无限的成本维护,以及为了扭转熵而对可用能源的无限需求。

归根结底,无限增长的神话在热力学中是不可能的。

留在游戏中

我们的文化中充斥着一种傲慢。它们分别是里根在1983年拒绝接受极限的傲慢,现今绿色增长的傲慢,上瘾的赌徒和狂妄自恋者的傲慢。我能够挑战自然,赢得胜利;我能够克服困难并侥幸摆脱困境;我能够做打破规则的那个人;我是那个最终赢得游戏的人。

我们认为健康仅仅是意志力的问题,就是这种傲慢在我们的信念中起了作用。肥胖症的快速发展和生活方式疾病的增加,并不是资本主义的错,而是人类本性的错误。我们所要做的就是逆转一百多万年的进化过程,重塑我们的大脑。在我们搞乱资本主义之前,先把这个问题清楚解决了。这能有多难?从对热力学限制的否定到无穷无尽的经济增长,我们都发现了这个问题的存在。谁在乎我们为不断的扩张付出的熵代价呢?只要有可能把混乱输出到其他地方,我们就仍然可以在世界上属于我们自己的整洁角落里维持着秩序,并且希望它永远不会回来困扰我们。

距离玻尔兹曼在维也纳的演讲一个多世纪之后,混乱开始袭来。

在我们身边，随处可见因忽视游戏规则付出的熵代价。它存在于气候紧急情况中，生物多样性危机中，冠状病毒对我们最基本的信念和假设发起的新式攻击中。它的要求越来越紧迫，代价比以往任何时候都大。它传达的信息是我们选择了错误的游戏方式。无视和重写规则是行不通的。

如果还有别的办法可以留在游戏里呢？用一种尊重规则的方式，一种学会在规则范围内好好生活的方式，一种比我们所能想象得更好的生活方式。这就是我在这里寻求的繁荣和美好生活的愿景。在想象一个后增长时代的世界时，我们受到鼓励要去相信，我们在某种程度上正在采用荒谬幼稚的态度，或者持不可救药的、注定要失败的态度来应对一个在能量有限的星球上美好生活的挑战。然而，情况并非如此，任何对热力学极限和人类繁荣本质的认真探索告诉我们的都是另外一回事。我们面临的挑战是如何通过物质性方式去引导人类找到实现更大繁荣愿望的那些方式和方法。

要实现这个目的，我们必须抛开现有的行事规则。繁荣的本质是平衡，而不是增长。当涉及生理功能时，这一点非常清楚。生长是生物体发育的一个非常特殊的阶段，过了这个阶段以后，过量与不足一样，都会对我们的身体健康带来危害。当缺乏转化为过剩时，增长就成了社会进步的一个破坏性标志。最佳健康状态自动体现了一种动态平衡。这一动力与追求持续增长的动力具有根本的区别。

买不到我的爱

在身体健康的领域之外，还有一个更令人惊讶的地方。生理运转机能天生就是物质化的，实现生理健康需要某些最低限度的物质条件。良好的营养，充足的水分，适当的运动，对自然力量的防御，而所有这些都意味着物质的不可缺乏性。前一章（第77页图4-1）所述的其他健康形式与此有着根本的不同。它们本质上是相关的。在这些关系的主体和客体的内在物质性之外，并没有事先加入其他外在物质。

除了身体健康之外，更多的身份、隶属关系、地位、目的、归属、友谊、自我实现、爱：这些都是优秀心理健康的特质。不可否认，我们常常从这些非物质需求中寻求，期望得到物质上的满足。消费品在我们情感生活中的象征性作用是有据可查的。时尚、送礼、炫耀，都取决于物质方面的实力。[23]

交换是其中许多交易的基础。但实现这种交换，就像我们在消费资本主义中一贯做的那样，是危险的。这正如披头士乐队在1964年的热播歌曲《买不到我的爱》(*Can't Buy Me Love*)中所指出的那样，由于不清楚关系健康的本质，我们有破坏它的危险。用物质交换替代情感表达肯定会破坏爱情。[24]

这并不意味着爱情完全逃脱了热力学的游戏。爱和熵是紧密相连的。爱是热力学领域的一种自然属性，这是物质性生物之间的关系，它在物质世界中表达自己。在整个宇宙中的不可能事件中，爱似乎最遥不可及。在我们努力从混乱恢复秩序的过程中，这是最惊人的胜利。

但无论任何时候，爱都没有必要被这种斗争所束缚。爱绝不会被熵所减弱，也从来不需要熵转换。我们保持情感健康的过程也不会被熵的逻辑所阻碍。这种自由的非凡含义是，它使我们的最高愿望——至少暂时地——超越了物质匮乏和不断奋斗的领域。它将人类的繁荣从无休止的混乱中解放出来，即使我们的物质存在仍然牢固地处于这场游戏中。

这并不一定是玻尔兹曼那天晚上在维也纳演讲的内容，但几乎可以肯定的是,他提到了我们物质存在的热力学基础是不可否认的。他可能还强调了人类存在的完全不可能性。他也许强调过,即使是我们复杂的情感,也代表着在一个以熵为主的宇宙中不太可能的秩序积累。人类的进步充其量也不过是无序海洋中的一座秩序之岛。

他也许还指出过,即使是这些不太可能的、通过艰苦奋斗取得的成就,充其量也只是暂时的。正如莎士比亚(Shakespeare)在《暴风雨》(*The Tempest*)中借普洛斯彼罗(Prospero)之口所指出的那样,没有什么东西是永恒的:

高耸入云的楼台,辉煌的宫阙,

庄严的庙宇,浩茫的大地本身,

地面的一切,也就会云散烟消,

也会像这个空洞的洋洋大观,

不留一丝痕迹:我们就是

梦幻所用的材料,一场睡梦

环抱了短促的人生(卞之琳,译)。[25]

退出游戏

玻尔兹曼出生于1844年2月20日,这是一个处于星期二(Shrove Tuesday)和星期三(Ash Wednesday)之间的夜晚,狂欢节舞会上,曲终人散之后是悔悟让一场原本盛大的宴会的魅力丧失殆尽。正是由于这件事,他有时会把自己性格中的反复无常的情绪归因于他出生的这个快乐和绝望交替的时刻。现代医学很可能将其诊断为双相情感障碍。他有时热衷于社交,会在家里举办热闹的晚会,为学生和同事们弹钢琴。但他的妻子亨丽特(Henriette)经常发现，他早上5点钟还在埋头伏案写作，纠结于多次的思想斗争，努力梳理并艰难地阐述清楚他的论点。

到1906年年中，就在他发表"爱与熵"演讲9个月后，那些论战给他带来的伤害逐渐显现出来，他患上了哮喘和心绞痛，视力也开始衰退。在他的家人看来，他显然已经筋疲力尽了。那年夏天，他生平第一次被迫取消了在维也纳大学的讲座，他的生活一团糟。为了寻求喘息的机会，玻尔兹曼和妻子带着15岁的女儿埃尔莎（Elsa）一起，前往意大利里雅斯特附近的一个乡村杜伊诺旅行。这次旅行也是履行对亨丽特的承诺，她早就想参观那里的城堡了。

1906年9月5日，星期三，也就是他们返回维也纳的前几天，亨丽特和埃尔莎把玻尔兹曼一个人留在家里，出去清洗他的一套西装，为新学期作准备。不久之后，埃尔莎回到家里，却发现父亲被一根短绳吊在了窗框上，他已经悬梁自尽了。尽管他的身体还有余温，但他的挣扎已停止。他去世时年仅62岁。

非常遗憾的是，他活着的时候没有看到自己思想的最后胜利，他无法在有生之年明白自己的工作有多么重要。他没有亲眼见证女儿埃尔莎与自己的一个博士生路德维希·弗拉姆（Ludwig Flamm）相爱，没能参加他们的婚礼，也没有见到他们给他生的四个孙子。

在维也纳中央公墓，他的墓碑上刻着一个数学公式：

$$S = k \log W$$ [26]

它代表了阿尔伯特·爱因斯坦后来所称的玻尔兹曼原理：熵总是趋向于增加的定律。世界上最可能的状态是混乱。但在这种混乱中，可能会出现被认为是最不可能、最非凡、最深刻美妙的秩序，出现人类物种的复杂性，我们的健康所依赖的微妙的平衡，我们巨大的创造潜力，以及我们遇到的人类最强烈、最美丽情感至烈、至美的趋势。

6 经济学是讲故事的

许多情况共同扼杀了科学发现,特别是那些给我们文化的神圣准则带来不安的科学发现。
——林恩·马古利斯,1991年[1]

有时候,一个偶然的新想法会被证明是正确的、有效的和美妙的。
——卡尔·萨根,1996年[2]

1954年，生物学家林恩·亚历山大［Lynn Alexander，后更名为林恩·马古利斯（Lynn Margulis）］参加了芝加哥大学的提前录取项目，那一年她才15岁。入学后不久，有一天她在埃克哈特大厅奔跑着上楼时，撞见了正在下楼的卡尔·萨根（Carl Sagan）。萨根后来成了一名天文学家，彼时他还只是一个19岁的物理学专业的研究生，正在准备开始他的天文学研究生涯；而她则是一个思维敏捷、热情、不谙世事的小女孩。有一张照片，大概是当时他们两人在校园里拍摄的。照片中，一群学生坐在草坪上，卡尔·萨根被围坐在中间，而林恩则用崇拜的眼神深情地望着他。三年后，他们结婚了。[3]

作为权势显赫的夫妻，林恩和卡尔·萨根却是与众不同的。他们刚相遇时，萨根就已经踏上了成为美国最著名的天文学家之路。在几年内，他就成了一位多产的科普作家和著名的科学评论员。他的目光总是朝着外部世界，朝向宇宙。从很小的时候起，他就对在宇宙其他地方发现生命的可能性很感兴趣。然而，林恩的工作却将她引向了一个完全不同的方向：朝向微观世界。她对另一种外星生命深感着迷：那就是在人类出现之前，已经在地球上生活了30亿年的细菌。

婚后不久，林恩在威斯康星大学注册，参加该校硕士课程的学习。那时的她已经怀上了他们的第一个孩子，因此在课堂上经常感到疲倦。但多年以后，她仍然清晰地记得，有一天，在课堂上教授读了一篇简短的文章，介绍了早期生物学家对于共生这一被忽视的概念的研究：共生是指两个不同物种的生物体在同一个地方长期紧密地生活在一起。她回忆说："正是在那一刻，我职业生涯的研究方向就注定了！"[4]

这种早期对学术的痴迷最终促使她开始研究起了共生理论，该理论彻底改变了我们对地球上生命的理解，以及我们对自然的看法。共生理论的诞生并非易事，正如马古利斯在开篇题词中提到的那样："许多情况共同扼杀了科学发现，特别是那些给我们文化的神圣准则带来不安的科学发现。"但它与本文的调查相关且意义深远，尤其是因为它推翻了资本主义最珍视的"竞争是自然界最根本的驱动力，因此也是一国经济最有效的基础"的信念。

是的，竞争是存在的。正如我们在上一章中所看到的，热力学第二定律无处不在。但马古利斯认为，对于无处不在的生存斗争来说，竞争并不是唯一的回应手段。她坚持认为，动物和植物的生命是细菌通过共生进化而来的，进化是通过合作和竞争来实现的。

隐喻的力量

诺贝尔经济学奖得主罗伯特·希勒（Robert Shiller）在其著作《叙事经济学》（*Narrative Economics*）一书中强调了文化基因对

经济学的影响力。他认为，在理性领域和情感世界之间存在着一种不确定的潜移默化的倾向。关于这一点，没有谁比马里奥·德拉吉（Mario Draghi）在2012年发表的著名评论性文章中说得更清楚，他说："金融危机后，欧洲央行不惜一切代价稳定欧元。""不惜一切代价"这个词加上2.6万亿欧元的巨额资产购买计划，唤起了一种英雄主义、牺牲和不屈不挠的精神。这些措施被认为拯救了濒临破产的欧洲通货并预防了欧洲金融危机的发生。在新冠肺炎疫情暴发的最初几个月里，这些类似的语言也常被用来"安抚市场"。[5]

如果这给人留下的印象是经济表现只是一场骗局，那么这个想法或许有些道理。一年一度的达沃斯论坛的老规矩更是致力于叙事控制技巧，而非理性。还有一个更深层次、更具挑战性的观点，经济学的权威（实际上任何科学的权威）都取决于我们对其理解和交流的能力，概念模型和隐喻对于其至关重要，但如果没有一个参考框架，确凿的事实和无懈可击的逻辑对我们来说就毫无用处。参考框架是一种概念性的语言，通过它向我们自己表达含义，也向他人传达一致性。

叙事在科学中就是扮演着这样的角色。经济学家迪尔德雷·麦克罗斯基（Deirdre McCloskey）曾声称经济学家是"讲故事的人，也是写诗的人"。哲学家理查德·罗蒂（Richard Rorty）声称，决定我们大多数哲学信念的是图像而不是命题，是隐喻而不是陈述。神学家莎拉·麦克法格（Sarah McFague）认为，我们认识世界的模型都只不过是"具有持久力的隐喻"，这些隐喻不仅仅是沟通的方式，还是"了解的方式"。为了获得持久的力量，隐喻本身必须引起共鸣，它们必须能够增强我们的社会经验，同时也被我们的社会经验所强化。但这很棘手，社会共鸣就像一个过滤器。它选择那些与我们所处的社会相一致的想法，筛选淘汰掉其中不一致的观点，然而，科学真理几乎无法从社会背景中分离出来，所以，科学强调务实、注重客观性的特性消失了。[6]

达尔文的进化论就是说明这一切的一个典型的例子。它的核心隐喻意义很明确，即生命在任何地方都是一场不懈的、无情的"生存斗争"。这场斗争在热力学方面——与玻尔兹曼有关的方面——多多少少反映了物质过程的可量化特征。但"斗争"本身并不是一个客观现实，这是个比喻，非常确定的是，这是个有效的比喻，它激起了人们对生活的一种貌似可信的看法，让人们以为生活中充满了稀缺性、不可调和的冲突和无休止的竞争，认为生活是截然对立的，要么是胜利，要么是失败。但其实那只不过是一个隐喻。[7]

在社会达尔文主义者的控制下，这种叙事技巧变得极其危险。政治理论家赫伯特·斯宾塞（Herbert Spencer）创造了另一个比喻："适者生存"。斯宾塞将生活描述为一场斗争，并赋予幸存者"自然的"至高无上的地位，他的隐喻宣扬了"强权即公理"这一令人质疑的信念。这一信念播下了优生学的种子：优生学是一种追求种族纯正的学说，在20世纪尤其是在大屠杀期间，对社会造成了深远而悲惨的影响，在依然困扰着当今社会的仇外心理和种族主义中也处处可见。[8]

达尔文本人对斗争的隐喻深有感触。他将此归因于他阅读了托马斯·马尔萨斯（Thomas Malthus）的名著《人口论》（*Essay on Population*）。人口理论认为，人口总是超过养活人口的手段，从而导致不可避免和无法减少的苦痛。这篇论文对19世纪初期的整个知识社会产生了巨大的影响。达尔文在自传中清清楚楚地写道：

1838年10月，也就是我开始进行系统性调查的十五个月后，为了放松心情，我偶然读到了马尔萨斯的人口论。由于长期观察动植物的习性，我已经作好了充分的准备，去感受无处不在的为了生存而进行的斗争。我突然想到，在这种情形下，有利的变化往往会被保留下来，而不利的变化则会被摧毁。结果就是新物种的形成。自此之后，我终于获得了一个可依据的理论。[9]

由此可见，进化论的核心寓意来自一位经济学家。这不是一位普通的经济学家，而是一位有着敏锐的政治头脑和观点的经济学家。举例来说，他认为应该放弃对社会上最贫穷的人的资助，因为这项事业注定会失败。马尔萨斯的结论是：苦难永远无法消除，所以没必要费力尝试。难怪经济学被称为"沉闷的科学"。人们普遍认为，马尔萨斯在各个方面都错得离谱。但是他把经济学与斗争的必然性联结在一起，形成了维多利亚时代的普适文化基因。[10]

作家们竭尽全力去描绘自然界中发生的残杀现象。在一首被称为"维多利亚时代的定义诗"的作品中，阿尔弗雷德·劳德·坦尼森（Alfred Lord Tennyson）以"自然，鲜红的牙齿和利爪"来哀叹自然界的残酷野蛮行为。他死后，一首原名为《社会的起源》（The Origin of Society）的科学长诗，以《自然的圣殿》（The Temple of Nature）之名义出版。诗中写道：

空气，大地，海洋，直到惊奇的今天

一场血战，一座雄伟的坟墓！

从饥饿的臂膀中，死亡之躯被投掷

一个巨大的屠宰场——战争的世界！[11]

这首诗的作者正是查尔斯·达尔文的祖父伊拉斯谟·达尔文（Erasmus Darwin）。

关于人生是"卑微、野蛮和短暂的"的想法并不新奇。早在一百五十年前,哲学家托马斯·霍布斯(Thomas Hobbes)就表示,当(没有外力干涉)处于"自然状态"时,社会无非是一场"全民对全民的战争"。霍布斯的《利维坦》(Leviathan)对政治思想的形成和发展产生了重大影响。我想在第9章再次回到这个话题上来。但现实是,在17世纪中叶这本书写成的时候,英国国内正处于战争状态。这些参与内战的人本身并无过错,英国内战是君主制和议会之间发生的一场不体面的权力之争。霍布斯的比喻来自他所处的社会环境。瑞典植物学家林奈(Linnaeus)在1790年写的一本小册子中,也逐字逐句地重复过这一观点,马尔萨斯和达尔文肯定也都读过这本小册子。[12]

科学中经常使用隐喻。正如哲学家托马斯·库恩(Thomas Kuhn)曾经指出的,"裸眼",是不存在的,我们都通过自己独特文化的视角来看世界。19世纪,科学家们观察自然的镜头被染上了快速发展、具有残酷破坏性的资本主义的颜色。资本主义导致社会出现巨大的不平等和恶劣的工作条件,人们被剥夺了土地、政治权力和自给自足的经济能力。[13]

历史学家西奥多·罗斯扎克(Theodore Roszak)写道:"达尔文远远没有将丛林精神领悟并用到文明社会中,达尔文将工业资本主义的精神气质曲解为丛林精神,并得出结论:所有生活都应如早期磨坊厂一般,进行恶性的'生存竞争'。"[14]

资本主义多方面地改变了我们对自然的看法。但是,斗争这个比喻一经达尔文采用,就给资本主义披上了一层颇具权威的崭新外衣。看,这就是自然界的运作方式!稀缺导致斗争。肯定如此!斗争证明竞争是正当合理的。竞争淘汰弱者,让适者生存。这不仅不可避免，还有利可图。自私的行为被认为是有社会适应性的，应得到进一步鼓励。对增长的渴望使得人们这些无休无止和不顾一切向金字塔顶端攀爬的不体面的行为合法化。大自然再一次成为资本主义的辩护者。

当物质匮乏时，增长是重要的，对于这一点，我们非常确定。因此，在某种程度上，竞争可能会奏效，问题是要知道这一点在哪里，同时还要知道当我们到达那一点时如何停下来。资本主义在这两方面都没有做到。它借鉴带有偏见的自然观去建立了规则，然后将其粗暴地强加于市场的运作中。

同时，资本主义不仅未能保护好环境，也未能保护好这个社会。它给自己的金融体系留下了巨大的漏洞。在过去的一百年里，资本主义至少两次陷入了大规模的破坏性经济危机中。人们尚未从第二次经济危机中恢复过来，就已面临着第三次经济危机了。事实情况是，我们甚至还没有从第一次经济危机中吸取到足够的教训。这些都说明，我们过于相信达尔文的比喻了。

闪闪发光的奖品

精确一点说，1929年因为股市崩盘引发的大萧条现象应被称为"生产过剩危机"。在石油和煤炭驱动下，技术创新极大地提高了生产效率，以至于我们的生产能力超出了对产品的需求。当市场供应过剩而需求不足时，就会导致价格下跌，民众信心骤降，投资放缓，失业率飙升等问题。大约花了15年左右的时间（连同第二次世界大战的军费开支），全球经济才得到复苏，重新回归正轨。[15]

到那个时候，我们也许会更深刻地反思人类真正需要的是什么，以及如何最好地组织生产。对狭义生产效率的痴迷，我们本可以持更具批判性的态度来看待它。但是，资本主义却通过刺激需求来回应生产效率的提高。我们再也不用遭受需求不足的困扰了，因此，继之而出现的是一个全新的产业，其目的不是制造产品，而是制造欲望。为了刺激需求，资本主义需要进一步地保持增长的推动力。它借用了新兴"进化心理学"中的另一个隐喻：人类欲望的永不满足。[16]

最令人震惊的是这一转变彻底颠覆了密尔的功利主义。战后对资本主义的消费不是以幸福为基础，而是基于不满足。当我们意识到最近购买的东西与原先承诺的不一致时，会大失所望，而心理学家就用"购买后失调"来生动描述这种失望的情绪。乍一看，这只是一个奇特的异常现象；但深入思考后却发现，它实则是消费主义成功的结构性基础。推动消费型社会前进的动力就是不满足。[17]

这不仅仅是一种修辞性说法。让我们来看看消费主义更加浮夸的魅力：闪闪发光、琳琅满目、层出不穷和令人兴奋的产品展示，吸引着人们不断购物。新颖是资本主义的核心驱动力，创新对企业至关重要。约瑟夫·熊彼特（Joseph Schumpeter）将下列情形称为创造性破坏（creative destruction）：企业不断地推陈出新，不懈地追求新市场和新产品。这些都将是创新和生产效率带来的回报。

为了达到这个目的，产品的新奇性必须在人们心目中占据举足轻重的地位。营销人员必须绞尽脑汁去说服我们，新产品有多么令人喜爱。不可否认的是，他们推开的是一扇敞开着的大门。当然，人类心理中确实存在着对新奇事物的渴望，炫耀性消费象征着地位和权力。但是，新奇也预示着希望，它为我们和我们的孩子带来了一个更加光明和灿烂的、富有希望的世界。消费主义因这一承诺而盛行不衰，而广告商的工作就是确保我们永远不会忘记这个承诺。[18]

消费主义最闪亮的奖品就是这不朽的承诺：一个永不匮乏、永不枯竭、永不缺少想象力可以想到的任何东西的人间天堂。"人这种动物就是一种兽类，最终都会死亡。如果他有钱，他就会买啊买啊买。"田纳西·威廉（Tennessee William）的戏剧《热铁皮屋顶上的猫》（*Cat on a Hot Tin Roof*）中的大爹说："我认为，他之所以要购买一切他能买得到的东西，是因为在他的内心深处存在一个疯狂的希望，即自己买的东西中有永恒的生命。"突然之间，我们发现自己被一种强大的社会逻辑所控制了，其一是经济结构，其二是人类心理，这两者把我们束缚在消费主义的"铁笼"之中。[19]

当人们意识到这个系统本身植根于焦虑之上时，光鲜的表面上就出现了第一道裂痕。亚当·斯密称之为对"没有羞耻的生活"的欲望。羞耻感放大了消费者的需求。广告商对此心知肚明，他们尽可能地、故意地滥用了羞耻感对人们购物的影响能力。同时他们会用极具诱导性的方式问你："你的汽车（房子、假期、笔记本电脑、厕纸……），体现了你的何种品位？"在亚当·斯密的时代，拥有一套不那么昂贵的商品就可以使人避免羞耻感。他举了一个亚麻衬衫的例子，简要地说明了他的观点："（如果没有亚麻衬衫将被认为是贫困的）对亚麻衬衫的需要程度折射出令人感到丢脸的贫困程度。假定，没人会陷入那样的贫困中，除非他品行极其不好。"如今，这个（商品）篮子已经大大增加，这正是当今经济系统正常运作的必然要求：快车、快餐、快速性爱和快速时尚。如果我们变得不再追求创新之成果，经济就会开始衰退，失业率将会上升，社会就会出现不稳定。[20]

这就是为什么资本主义要生存下去，就必须将焦虑转变为彻底的不满足。不满足正是我们不断进行消费的动力。消费品必须保证像天堂级别那样供人享受，但又不能保证能够系统性地予以提供，它们必须让我们失望，不是偶然地让我们失望，而是反反复复地让我们失望，正如心理学家所观察到的那样。消费型社会的成功不是满足我们的需求，而是其让人吃惊地、持续不断地让我们感到失望的能力。[21]

乍一看，这似乎是一个黑暗而绝望的结论，但我不这么认为。消费主义是，而且一直是一种架构，认识到这一点非常必要。这是故事中不可或缺的元素，它比童话中的牙仙子还虚无。增长的建筑师们向我们兜售了一个奇特却又无法实现的梦想，以延续这一社会性的虚构神话。营销专家维克多·勒博（Victor Lebow）在20世纪50年代写道："我们极具效率的经济生产力，要求我们把消费作为生活方式。"因为"我们需要以越来越快的速度消耗、燃烧、磨损、更换和丢弃物品"。[22]

自然存在抗争，利润需要竞争，消费则贪求无厌：这就是达尔文式资本主义的三个核心观点。这就是真实的生活吗？抑或只是经济信念荒漠中的海市蜃楼？充其量，这只是一种历史偶然性，只有当社会环境塑造了我们的观念，并对自然的隐喻提供依据时才是真实的。认识这种相对性，就是松开了将我们束缚在自己营造的功能失调的监狱中的枷锁。自此开始，我们就可以理解为什么消费者主义最终将会没落，以及如何替代它。这个过程也是从隐喻开始的。

竞争的极限

激烈的斗争并不是应对稀缺性问题的唯一方式，它只是恰好存在于资本主义社会中而已。它通过自然的隐喻加以合法化，而自然的隐喻本身是通过资本主义的视角衍生出来的,但这仅仅是一个叙事框架而已。还有另一个内容更丰富的故事,林恩·马古利斯终其一生都在致力于讲述这一故事。

当她还是一个年轻的研究生时,进化论是以新达尔文主义为主导的:新达尔文主义综合了达尔文的研究和俄罗斯科学家格雷戈尔·孟德尔(Gregor Mendel)关于遗传学的新观点。达尔文认为,进化是一个逐渐变化的过程,而孟德尔则把基因遗传看作固定特征的转移。一个固定特征的持续转移是如何导致我们现在都知道的大规模进化的呢?这是年轻的马古利斯向自己提出的问题。新达尔文主义理论认为,在自然选择过程中,正是遗传编码中的基因突变导致了新物种的出现——这也是"自私"基因本身为了生存而进行的竞争。社会要进步,就意味着存在未知的机会和不断的竞争。[23]

对马古利斯来说,这一切都不尽如人意。她一遍又一遍地问,到底在哪里可以找到基因突变的经验证据呢?例如,在实验室条件下,可以诱导果蝇的遗传密码发生突变,但问题是,这些突变只会导致果蝇患病或死亡,而不能使该物种发生进化,更不用说成为全新的物种了。马古利斯早期在威斯康星州接触到了被边缘化的共生观念,这使她走向了一个完全不同的方向。

当马古利斯发表有关内共生的开创性论文时,她还只有二十几岁。内共生是一个生物学过程,它指一种细菌入住到另一种细菌内部,从而形成第三种更复杂的有核细胞。如马古利斯所说,这种共生合作是地球上所有其他生命进化的起点。植物、动物和人类,都是细菌之间进化共生的奇妙结果,这一遗传特征已经编码到我们身体的每一个细胞里。我们用它进行新陈代谢、生长和繁殖。马古利斯说:"我们是行走的群族,我们体重的10%或以上都是细菌,忽视这一点是愚蠢的。"[24]

马古利斯声称,所谓进化,并不是新达尔文主义者所说的那种为了生存而不断斗争的过程。当单细胞细菌聚集在一起形成有核细胞时,它们不仅找到了共同生存的方法,还为地球上的所有生命提供了基础。如果没有共生关系,我们就不会在这里。新物种是共同协作努力的结果。进化产生于生物对不断变化的生活环境的合作反应,合作在我们的生活中起着绝对重要的作用。

自然界中存在斗争、死亡、掠夺和短缺。有时候,为了生存的斗争就是一场绝望的生死角逐。捕食者和猎物之间的竞争是真实的,但竞争并不是唯一的回应方式,如果不相信这一点,我们就已误入歧途了。

如此彻底地将竞争嵌入我们的经济和社会制度中,就是把隐喻错当成了现实,这是一个危险的错误。竞争律师米歇尔·米格尔(Michele Meagher)认为,这是"资本主义教条中未经检验的关键盲点",她在《竞争正在杀死我们》(*Competition is Killing Us*)一书中对自由市场神话进行了精彩的驳斥,她坚持认为:"我们必须明白,我们被一套不复存在的信仰体系所控制了,这套体系正在把我们推下悬崖。"[25]

一旦制定了一系列规则和制度,并系统性地将竞争优先于合作之上、利润优先于工资之上、数量优先于质量之上、今天的消费优先于明天的安全之上,那么就太晚了,没办法意识到何时该停止,也就难以停止了。你将被禁锢在一个经济体系中,这个体系不能清楚区分贪婪和需求,当经济一下子失控时,就只能采取非常简略的处理手段来应对。[26]

盖亚是个坚强的女人

如果完全消除竞争，我们会做得更好吗？或者说，开疆拓土精神是否仍是有一些作用？确实，竞争有时可以激发我们最好的一面，它教会我们尊重他人，带来成就感。高超的运动技巧、艺术上的造诣、武术的严谨性，所有这些都证明了竞争的好处。偶尔我们发现，我们有着和不可能出现的困难作斗争的能力也是如此，就像艾伦·麦克阿瑟在跨越南大洋时所做的那样，或者就像林恩·马古利斯颠覆了我们对进化论的理解一样。

马古利斯在其职业生涯的早期，曾与英国科学家詹姆斯·洛夫洛克（James Lovelock）合作，帮助其进一步发展和阐明了他的盖亚理论（Theory of Gaia）。盖亚理论认为，地球上生命的动态环境是由所有生命体的总和来调节的。盖亚（古希腊语中地球母亲的名字）这个名字的来历是受到了小说家威廉·戈尔丁（William Golding）[《蝇王》（Lord of the Flies）的作者] 的启发。用之作比喻，向广大读者传递一个复杂的理论，在这一点上它成功了。

洛夫洛克认为盖亚是一个单一的、和行星相关的有机体，这支持了一种流行的观念，即认为这个星球是由某位仁慈的女神来管理的，她会让所有事物都平安无事。马古利斯认为这种观点是错误的，她认为盖亚（指地球）不是一个有机体，有机体不会食用自己的排泄物，地球也不是仁慈的。她坚称："那些希望盖亚成为可爱的，毛茸茸的地球女神而温情地拥抱这个人类环境的人，应该没有从中得到任何安慰。""盖亚（地球）是个坚强的女人——这个体系在没有人类的情况下已经运行了30亿年。"[27]

马古利斯并不是一个温柔、积极向上的乐观主义者。她发现，合作对进化至关重要，但这并不意味着这个世界是一个温暖、毛茸茸和有无限合作可能的地方。马古利斯的态度很坚决。盖亚对地球平衡的关注与她对人类事务的善意照料几乎没有任何关系。一个隐喻性的错误并不能通过另一个隐喻性的错误而得到纠正。

我们生活在一个熟悉的地方。美好的生活与极端无关，而与美德有关。美德关乎平衡，而非过度。我们最具适应性的策略是在不牺牲合作价值的情况下为竞争留有一席之地；承认斗争的必要性，但不会在每一次面对危险时都默认选择战斗或逃跑；尊重开拓精神，又不忽略彼此关爱的亲密关系。面对各种限制，总会存在各种可能性，我们可以用勇气、智慧和技能去适应，而不是用蛮力和无知去寻求权力。

我们回到了波特海姆的桥上，我们面临着这样的选择：是尽快适应并茁壮成长还是斗争并落败？后增长时代的选择是明确的。如果我们把极限选作我们的向导，我们就有机会追随其智慧，去最大限度地发挥人类的潜力。

关于美德的隐喻

如何正确作出选择取决于激励我们人类的价值观。我们对改变持开放态度吗？我们在乎传统吗？我们是否被成就感所驱使？我们的动机是出于对他人的关心吗？所有这些品质都体现了人类的精神风貌。正如心理学家谢洛姆·施瓦茨（Shalom Schwartz）的研究所发现的那样，这些特征之间存在一种让人感兴趣的关系。经过长达几十年的大量研究，他已经证明，围绕人类心灵中两种截然不同的矛盾关系来管理人类的价值观是可能的（图6-1）。

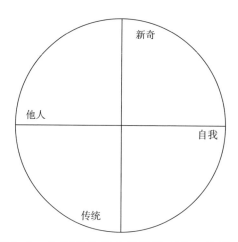

图6-1 施瓦茨关于人类价值观的环状模型

第一种对立关系是自我与他人之间的对立关系。我们总是在自利和利他行为之间左右为难。随着时间的推移,这两种人类行为都会发生进化。如果遇到的情形是战斗或逃跑,自我保护就很有帮助。但是对他人的关注仍是我们作为社会人的进化基础,依然主导着我们养育和照顾子女的观念,它是构成群体团结和相互支持的基础。

同样的矛盾冲突在发展心理学中也很常见。差异化和归属感赋予了人们早期的经验。当我们还是孩子的时候,完全依赖于他人。很快,我们就开始想与父母分开,把自己和兄弟姐妹区分开来。但即使是成年人了,我们依然需求归属感,渴望安全感,盼望拥有受人尊重的社会地位。[28]

第二种对立关系介于新奇与传统之间。我们已经发现,对新奇事物的渴望在消费资本主义中发挥着至关重要的作用。营销人员利用人类行为的这一特点而不断地保持和刺激消费者的需求。只要企业家不断创新,消费者渴望新奇,那么"良性循环"就会创造出扩张的动力,从而推动增长不断向前。正是出于这个原因,猎奇行为才会不断受到激励。

对新奇事物的追求本身并不是不正常的。从进化的角度来看，它显然具有适应性，它使我们能够解决物资匮乏的问题，去创造适合生命生活的条件，并形成能够迅速对快速变化的环境作出反应的社会制度。但是，不断地追求新奇并不总是具有适应性。除了加速能源和材料消耗，新颖性中还包含了风险。创新不一定会成功，反而常常会引起混乱。持续的混乱会破坏养育家庭和形成有凝聚力的社会群体所需的稳定性。保守和传统具有平衡价值，对人类社会的成功至关重要。

换句话说，人类心理中这两种截然不同的对立关系的演变，有着深刻的生物学原因。因此，认为人类的繁荣需要对立价值观之间的健康平衡，是有道理的。用亚里士多德的话来说，"德行"的价值取向是有意义的：这种价值取向在各种心理张力的极点之间达到了微妙的平衡，或者可能根据情况需要，围绕图6-1中所示的价值圆环移动，无缝衔接并灵敏地作出响应。

在一个理想的世界里，就是这种灵活性才创造出了一个真正有弹性的社会，以适应不断变化的环境。但这并不是我们经济运行的具体方式。事实上，施瓦茨的"人类心理地图"在帮助我们理解资本主义的核心功能失调方面具有极大的启示意义。我们完全遵循达尔文的比喻，构造出了一个经济学模型，系统地将人类本性划分为四个象限：自私的、猎奇享乐主义者（图6-1的右上象限）是不安分和竞争意识强烈的企业家的完美伙伴。这个体系能够促进物质的快速增长，但与真正和持久的繁荣却很不协调。

同样的道理，未来的发展之道现在似乎更加清晰。这不是要求改变人的本性，不代表英雄意义，甚至不是限制人类的各种可能性，而是意识到有一个不同的故事可以讲述。这个故事识别出了人类灵魂的广度和深度，表明了我们对传统的热爱以及对新奇事物的认同和渴望。这个故事承认我们作为进化而来的生物的根源，是对生存竞争的一种内在协作反应。这个故事还提供了一种令人向往的自由，让我们不仅仅成为人，而是成为更全面的人。

熊的必要性

当然，这种竞争性反应对于我们来说已经根深蒂固了，这不仅仅是由遗传基因决定的。两个人在山里散步，突然发现自己遇到了一头熊，怎么办？其中一人立刻脱下背包，掏出运动鞋穿上。另一个人说："这有什么意义呢？你永远也跑不过熊。"这个人回答说："我不需要跑得比熊快，我只需要跑得比你快就行了。"如果你曾经处于这两个人的境况，这个笑话反映出的是某些最糟糕的应对方式。其实还有一些更好的做法，但最重要的是：不要逃跑；逃跑使你像个猎物。接下来要做的是：保持冷静，不要惊慌。[29]

当然，说起来容易做起来难。战斗或逃跑是人们神经系统编码的本能反应。为了应对感知到的威胁，我们的"交感神经系统"形成了一种快速的、不自觉的反应机制，使身体对突如其来的、侵略性的行为做好准备。大量的荷尔蒙被释放出来，向调节我们能量水平的所有器官发送信号。胰岛素受到抑制，糖原增加，将葡萄糖释放到血液中。接着心率上升，向肌肉输送更多的血液。我们开始呼吸加快，并向大脑输送更多的氧气。非紧急的身体机能被暂时搁置，以便我们所有的资源都能够用以应对眼前突如其来的威胁。[30]

经常是我们还没有真正意识到情况发生的时候，我们的身体却会不自觉作出反应来应对。我们发现自己会不自觉地躲避，伸手去抓住某些东西，向处于危险中的孩子大声警告，全都是无意识的行为。这种"交感神经"的反应就像我们的价值观和食欲一样是进化的。当身体面临的危险具有以下非常明确的特征时，人体的神经系统就会运转起来：这些危险状况非常紧急，是致命的。一旦危险过去，"副交感神经系统"就会开始启动，心率降低，使呼吸平静并将胰岛素释放到血液中。这种冷却机制和加速机制一样重要。长时间保持高度兴奋的状态会使人体极度紧张，给重要器官带来巨大的压力，使人不能彻底地身心放松。长期如此，还为慢性压力、疾病和抑郁的入侵创造了条件。这种趋势能否用来解释我们所面临的身心健康危机呢？

现代社会是建立在压力之上的。工作中安全感的匮乏，企业间的竞争，社会上无处不在的攀比。比如我们去购物，一开始你是出于好意。你妹妹下周就要结婚了，所以你想打扮得漂漂亮亮的。当你进入百货商店的大门，你就会感受到明亮的灯光，听到欢快的音乐，很快，你走到了第一面镜子前，发现站在旁边的是一个身材完美的模特的全身图像，她为了让自己看起来完美貌似做了许多让人不可理解的事情。但是你并不了解究竟发生了什么，你也不需要知道。你只需要对照自己——怎么不如意就怎么来。

你甚至都不知道，你的压力水平在上升，皮质醇正在进入你的神经系统，你的理性决策能力正在减弱，紧迫感在加剧。很快，如果正赶上促销活动，你就会发现自己在讨价还价，忙于抢购物美价廉的商品。即使在一个更安静的环境中，精明的产品植入式广告和潜意识的信息传递也会引导你不断地购买。网上购物同样如此，容易引起过度兴奋。

焦虑、过度活跃的消费者是我们对增长痴迷的必然结果。我们被告知的是，购物能够让人保持继续工作状态，也会让股东大赚一笔。当然，它还为政府提供了税收，保持经济增长。但是，请不要再假装了。如同为了在家庭婚礼上看起来漂漂亮亮而承受的经济压力与从此过上幸福生活并没有多大关系一样，这只是一种主导我们的神经系统，以实现最大利润的最佳营销策略，这种策略的设计目的甚至不是为了获得长期的满足感。正如我们已经看到的，如果不这样做，经济会更好。

这种竞争产生了更加有害的结果。它造成了社会不平等，这种不平等不仅局限于收入，甚至也不仅局限于幸福。这种损害发生在神经化学层面。神经科学家彼得·斯特林（Peter Sterling）在其精彩著作《健康是什么？》（*What is Health?*）中写道："较不富裕、受教育程度较低、压力较大的人群，与富裕人群依赖的神经奖励系统是相同的。"但他们体验这些回报奖励的机会要少得多。随着团体活动的减少和转向消费主义，这种机会就变得更少。斯特林认为，社会中最贫穷的人"更容易上瘾"，准确地说，这是因为他们必须到别处寻找满足感。我们在第4章中已经探讨过，不平等在肥胖率的急剧升高中起到了关键作用。[31]

上瘾、绝望、自杀和暴力：这些都是我们一直坚持认为，自私自利的竞争是应对生存斗争的唯一可行的方式的后果。即使在最极端的情况下，战斗或逃跑的本能也没有我们认为的那样有用。在一个帮助人们了解在与熊对峙时"该如何做"的网站列表中，待在一起和"不要惊慌"都是非常有用的建议。如果是黑熊，就请站直站高了；如果是灰熊，尽可能保持不动。你的心脏在怦怦直跳，血液在沸腾，神经系统在超负荷运转。然而，即使面临这种生死攸关的危险，你生存的最佳机会仍然是保持冷静的头脑并采取协同合作行动。

我们在现代社会中面临的许多挑战事实上根本就不属于这种类型。尽管前景渺茫，但这通常并不意味着生命面临着迫在眉睫的威胁，而只是我们在寻求繁荣的过程中不时遇到的一系列状况。物质限制是真实存在的，但把每一种限制都描绘成必须为了生存而进行暴力斗争则适得其反。实际上，这看上去有些自相矛盾。即使在极端的威胁下，焦虑和攻击性的行为也很少对我们有利。

内心的博弈

在运动心理学中，这一悖论众所周知。竞技体育是一种仪式化的冲突行为。例如，打网球时，对手连续几个小时不断将球打过网投向我们这边。把比赛中成功的击打数实时加总起来，最终得分就决定是胜利或失败。这个比赛的目的是模拟一场暴力冲突，并最终给出明确结果。然而，我们都知道，如果把每时每刻都看作对生存的迫在眉睫的威胁，只会导致失败。战斗或逃跑性反应降低了身体优雅传球或惊人的截击的能力，而这些能力正是网球这项运动的典型特征。

优秀的网球运动员都知道这一点。所谓网球"内心的博弈"其实都是关于保持特定心态的技巧的，这些特定心态有助于他们发挥出最佳水平。球员们会回想各种各样的日常活动和程序活动来创造和保持这种心态，比如呼吸，可视化，放松；发球之前，球要弹跳一定的次数等，其目的是让来之不易的技术和身体本能协同工作，从而使打出的球完美无缺。为了达到竞技巅峰的状态，甚至必须暂时把计较输赢得失之心态置于一旁。[32]

匈牙利裔心理学家米哈里·希斯赞特米哈伊（Mihalyi Csikszentmihalyi）把这种最佳的心理状态称为"心流"（flow）[1]。处于心流状态的人报告说，他们的思维异常清晰，行动也异常精准，对于当前的工作充满了自信和控制力。但有时也会产生瞬间迷失的感觉，有时甚至会被一种完全超出自身的动力所推动。人们描述的是一种奇妙的感觉，一种与世界的联系，一种超越幸福或快乐的满足感。至于对在这段经历中是否快乐的质疑已然毫无意义。正如一位参加了希斯赞特米哈伊的这项研究的音乐家所描述的那样：

你处于一种欣喜若狂的状态，以至于觉得自己几乎不存在。这种感觉我经历了一次又一次。我的手似乎不是自己的，我与所发生的一切毫无关系。我只是坐在那里，怀着敬畏和惊奇的心情看着它，音乐就自然地流淌了出来。[33]

研究发现，当你的能力和你所面临挑战的难度达到良好的平衡时，心流最有可能发生。当能力不足以应对挑战时，你很可能会感到恐慌或害怕。当你的能力远超于所面临的挑战时，就很容易丧失注意力，甚至感到无聊。当能力和挑战都很高时，情况就完美了。两个势均力敌的对手才能打出所能看到的最精彩的网球比赛，在比赛的高潮阶段，运动员与其说是竞争对手，不如说是在心流中的合作者。

技能和培训能够提高我们发现心流的能力，但这种体验并不只

---

[1] flow：中文的翻译中，一为"心流"，一为"沉浸"。米哈里·希斯赞特米哈伊被誉为创造力大师，心流理论的提出者。在米哈里·希斯赞特米哈伊的《创造力：心流与创新心理学》（Creativity: Flow and the Psychology of Discovery and Invention）一书的中文译本中（浙江人民出版社2014年出版），即采用了"心流"一词。本书统一采用"心流"的译法。

限于体育或艺术领域。即使是最简单的日常活动也能产生心流。通过训练,我们有可能形成一种在各种不同环境中都保持心流的心境。实现心流本身就是一个目标,这一目标与快乐或满足完全不同,但它能够带给人类所能体验到的最高层次的满足感。

良性的心流

这里可能需要提出一个警告,因为有一种相当简单的通俗的说法提及到"跟着心流走"。保持冷静,不要紧张,别怕,放松:而所有这些指令的要点都是为了对抗交感神经系统的自动激活。这个方法在熊的领地的故事中也很有用,在今天这个生活节奏过度紧张的社会里,这一做法仍值得去一遍遍重复效仿。但是过分放松会降低我们的行动力,而事实上,我们确实需要行动。它造成了一种否认——根本没有存在任何斗争。这显然会令人误解。

举例来说,马古利斯的一生中并非没有斗争。在追求真理的道路上,她是一个无私奉献的科学家的理想化身。从来没有哪一个网球运动员能在温布尔登网球赛场上毫不费力地赢得温网冠军,如果一个网球运动员完全放松的话,他就会错过截球,而且发球时力量不足,也无法全力奔跑去接一个高吊球。心流确实带有某种轻松自在的感觉,但它是一种非常有活力的放松感,可以包容相当艰巨和需要高度集中注意力的活动。心流的理想状态是高度专注和完全放松二者之间的完美平衡。[34]

良性的心理运作,就像健康的身体一样,都是为了达到平衡,对于心流来说尤其如此。心流的巅峰是一种极度满足的状态。心流非常清晰地说明了在后增长时代我们仍然可以获得某些红利,这些红利常常被资本主义所掩盖。不断强调积累和不懈地追求更多,几乎不可能实现平衡。心流却为我们提供了比消费主义更好、更持久的满足感。

更引人震惊的是上述这些满足感在生态方面更具可持续性。这种心流活动可使我们有能力不必浪费更多资源,就能过上更好的生活,获得更多的乐趣。但很显然,事实并非总是如此,有一些富有挑战性、要求高技能的活动可能具有真正的引爆全场的乐趣——同时对环境也有很大的影响。如果举个例子,我脑海中首先浮现出的是达沃斯的直升机滑雪的情形。令人好奇的是,是否存在这样一些活动,对环境的影响最小,但却能够带来使人内心感到极度满足的"尖峰"体验。[35]

希斯赞特米哈伊正是这样建议的。他的观点是人类有两种不同的目标,物质目标是那些"旨在保存有机体目前状态"的目标;超越性目标是那些超越物质需求的目标,即"创造出以前不存在的想法、感情、关系和对象"。当我们把注意力放在其中一个目标上时,就会削弱在另一个目标上的潜力。他建议,将注意力集中在"心流"上,我们将会在地球上生活得更加轻松。[36]

我的同事艾米·伊沙姆(Amy Isham)、比尔吉塔·盖特斯莱本(Birgitta Gatersleben)和我想要验证一下这个假设。我们对美国人的休闲经历进行了考察,检验了心流体验和环境影响之间的联系。我们在整体样本中发现了一系列非常独特的高心流式体验、低环境影响的活动。这些活动在关于心流的文献中很常见,主要围绕着五个重要主题:体育运动,手工艺和创造性活动,社会交往,浪漫关系和冥想练习。所有这些活动对环境的影响都很小,但从事这些活动的人报告说,他们体验到了高度的心流和较高的幸福感。[37]

显然，在当今过度物质化的社会中，心流和幸福感并不总是轻而易举就可得到的。在另一项独立的研究中，我们发现，仅仅是赞成物质主义价值观就足以破坏人们体验心流的能力。看起来，消费者资本主义造成的损害并非仅仅局限于对地球的影响。我们愿意相信，物质的富足代表了社会的进步。但就某些特定方面来看，过分看重物质却阻碍了我们挖掘自身潜质的能力。

心流不是超市里的商品。不管广告商尽多大努力去劝服我们，上述研究中所述及的那些活动都不是轻易就能买到的商品。每一种活动都需要投入时间和技能——这个主题我将在后面讨论，但这种投入的回报是巨大的。它为我们提供了一条通往人类最高成就的道路，而环境成本代价只占消费主义导致的一小部分。它似乎是有所追求的人都能得到的东西。内心的比赛没有守门员，心流为我们提供了一个后增长世界的基础，它不仅比资本主义失信的诺言要好，而且要比它好得多。

写诗的人

林恩·马古利斯的开创性论文《有丝分裂细胞的起源》(*On the Origins of Mitosing Cells*)发表于1967年。这篇文章显示，我们对自然的主要隐喻从根本上是错误的，这一隐喻源自早期资本主义的社会环境，并被不经意地纳入经济学中。斗争可能是无法避免的，但我们对它的反应却并非如此。我们并没有被束缚在为了生存而必须不断竞争的令人痛苦的牢笼里，进化本身就是历史发展过程中长期合作的结果。

很难想象在当时这个想法有多么激进。她的论文被拒绝了15次之后，才最终发表在《理论生物学期刊》(Journal of Theoretical Biology)上。十多年来，主流生物学对这项研究几乎不理不睬。她写的一本详述该理论的著作的初稿也遭到了委托出版商的拒绝。然而今天，《细胞演化中的共生》(Symbiosis in Cell Evolution)已被认为是20世纪生物学的经典著作之一，它标志着进化思想中发生的一场"悄然革命"。[38]

1967年的那篇论文是以她婚后冠以夫姓的萨根发表的，尽管那时她和卡尔已经离婚了。也许这是为了致敬那段与这个男人在一起度过的时光，正因为有他，才激发了她对科学的热爱。也许当他说出本章开头所引用的那句话时，他心里想到的部分就是她的工作，"有时候，一个新的想法会被证明是正确的、有效的、美妙的。"马古利斯本人对这桩婚姻充满了信心。她写道，他们"激情四射地闯入了爱情的世界""开始的时候很艰难，结局也同样令人不愉快"。在婚礼前的某一时刻，她录制了一盘磁带，列出了种种理由，提醒自己为什么说嫁给他将是一个"愚蠢的、自我毁灭的举动"。[39]

其中的有些原因是显而易见的。人类都富有激情、兴趣广泛、热情洋溢，对自己的职业生涯有着很高的期望。尽管女权主义正在兴起，但那个时代仍然要求女性待在家里照顾孩子。在第二次婚姻失败后，马古利斯写道："要同时做一个好妻子、好母亲和一流的科学家是不可能的，没有人能做到这一点——有些东西必须放弃。"其实从一开始，就有这样一种感觉，那就是卡尔·萨根和林恩·马古利斯两个人的兴趣和方向很不相同。[40]

我们都是共生体。第一个多细胞生物是共生的产物，波特海姆桥下的地衣是共生体，人类的存在也是合作关系的生动体现。我们生来就具有相识和长时间相处的能力，因而能够创造出新颖、美妙而又与众不同的事物。1959年，在他们的第一个孩子出生后的第二天，卡尔·萨根在日记中写道：

把我们的纤维质加到红线中，感觉非常神奇。以前我从未像现在这样强烈地感觉到自己就是个传承性的生物，处于远古时代的泥浆和恒星之间的某个不确定的位置。[41]

大约十多年之后，萨根组装了第一个"时空胶囊"，将其从地球发射到太空。这是一个"漂流瓶"，宇宙中可能会有智慧生命发现它。里面有一张旅行者黄金唱片，这张唱片是一张12英寸的镀金铜碟，里面录制了精心挑选的图像和声音，用以代表地球上的生命。1977年发射到地球轨道的两个旅行者号飞船上分别携带了一张这样的唱片。直到现在，这两个圆盘仍然在那里，在银河系中孤独地飘荡着。[42]

同时，相比之下，马古利斯热情奔放，更接地气。直到20世纪90年代，她仍然被媒体描绘成"科学界的不羁地球之母"。说不定她喜欢拥有这样的名声。她经常指责那些批评她的人误解了达尔文的本意，并"沉溺于利用动物学、资本主义、竞争和成本—效益对进化论进行解释"中。在临终前的一次采访中，马古利斯被问及她是否厌倦了被称为有争议的人。"我不认为我的想法有争议，"她回答道，"我认为这些想法都是正确的！"[43]

我们都是"讲故事的人和写诗的人"，经济学是讲故事的一种形式。一个多世纪以来，经济增长的神话一直主导着我们的文化故事，科学的进程通过"隐喻"得以推进。这些都在所难免。为了捍卫这种必然性，马古利斯经常引用她最喜欢的诗人艾米丽·狄金森（Emily Dickinson）的话，她亲切地称她为邻居（这两个女人都住在马萨诸塞州的阿默斯特）。狄金森曾写道："所有的真相需要讲明，但切莫直截了当。"

　　成功之道，在于迂回

　　我们脆弱的感官难以承受

　　真理的惊喜

　　就像闪电中惶恐不安的孩子

　　需要温和的解释

　　真理的强光也必须缓缓显露

　　否则世人尽皆致盲[44]

但马古利斯也知道，我们绝不能让自己被叙事的力量所摆布。若如此，就是最终相信了虚无的故事。这也是一个"敏捷、热情、天真的女孩"想方设法要教给这个世界的经验和教训。

7 回归工作

工作和它的产物——人造物品,为世俗人生的徒劳无功与生命的转瞬即逝赋予了一种持久长存的尺度。
——汉娜·阿伦特,1958年[1]

劳动的回报是生命。这还不够吗?
——威廉·莫里斯,1890年[2]

后增长：
人类社会未来发展的新模式

  1957年10月，就在林恩·马古利斯与卡尔·萨根结婚几个月后，苏联将第一颗轨道卫星送入了太空。作为历史上偶然出现的事件之一，它戏剧性地重塑了全世界的社会秩序。"伴侣号"（Sputnik）人造卫星的发射，拉开了太空竞赛的序幕，从而加剧了军备竞赛和冷战的程度。这对美国的自尊心又是一次巨大打击——因为美国并非第一个到访太空的国家。但这件事也深深刺激了约翰·F.肯尼迪总统并促使他在1961年宣布实施阿波罗"登月计划"：在十年之内将人类送上月球。计划目标最终实现了，但令人遗憾的是，肯尼迪总统未能在生前亲眼见证这一伟大的时刻。[3]

  "伴侣号"的发射预示着人类和地球之间建立了新的联系。正如政治哲学家汉娜·阿伦特在1958年的代表作《人类的境况》一书的序言中所说："进入太空使人类在历史上第一次看到并欣赏我们的地球家园。"她提醒大家："地球是人类生存条件的精髓。"而且我们都知道，"地球自然本身可能在整个宇宙中都是独一无二的，它为人类提供了一个栖息的场所，在这里，人们无须借助于人造物体，就能够毫不费力地行走和呼吸。"

由"伴侣号"的发射，人们将目光投向了更广阔的远方。对卡尔·萨根来说，这是他探寻其他星球是否有生命的起点。当天，美国一家报纸的头条新闻报道并庆祝了此次发射事件，称其为"向逃离地球束缚迈出的一步"。阿伦特对此很感兴趣，尽管这种观点并没有让她感到惊讶。因为在同时代的科幻小说中，她已经观察到了一种深埋已久的"对人类生存境况的反抗"情绪。她也意识到人们有一个共同的梦想，即技术将会把人类从生存的争斗中解放出来。但对她而言，这一梦想可能会带来适得其反的结果，因为现代社会还无法领略其中的意义。[4]

她认为，我们不再认同那些"为了更高级、更有意义的活动，值得去赢得这种自由"的说法。她说，这个时代最突出的特点之一就是轻率。我们已然陷入了"不顾一切的莽撞行事，或是无助的困惑，或是自满地重复那些琐屑且空洞的'真理'"的状态中。这些话可能都是为后真相世界所写，那个人类逐渐发现自己置身其中的世界。她的反应是呼吁人们进行反思。她在《人类的境况》一书中写道："因此，我的建议非常简单，无非是想想我们人类正在做什么。"[5]

基于多种原因，阿伦特的作品和本书的观点产生了共鸣。人类境况既规定又限制了幸福的可能性。它把人类存在的物质性与为了实现渴望和梦想而迸发的创造性联系在了一起，这是不可避免的，也是难以遏制的。阿伦特对"积极生活"的法医学鉴定对人类工作的世界进行了精辟的分析。本章的目的则在于更细致地探索这一世界。

工作对于人类境况至关重要，它是人类繁荣的重要组成部分。正如我们所见，工作为实现希望提供了条件。然而在资本主义的枷锁下，工作掉入了一个瘫痪的陷阱。我想探索这个陷阱的本质，但我也想勾勒出一个逃生计划的轮廓。我想要说的是，后增长经济使得我们能够将工作回归到社会核心的应有地位上来。

前线的生活

新冠肺炎疫情的肆虐迫使世界上几乎每个国家进入长时间的封锁期，并使许多经济活动戛然而止，一些不同寻常的事情发生了。突然，一夜之间，我们开始领悟到哪些社会工作才是真正重要的——医疗、食品供应和基础设施等工作我们不能置之不理。医务工作者原来如此至关重要。在遏制病毒的战斗中，他们都是义无反顾，冲锋在前。农场和食品供应链上的工人、售货员和快递员也同样重要。垃圾收集和清洁工作也是如此，尤其是清洁工远比我们想象的要重要得多。

这一发现具有极大的讽刺意味。若非疫情如此悲惨，这样的发现就会显得无足轻重。在许多情况下，由于各种不同的原因，这些工作在几十年来一直被系统性地低估了。在危机暴发之前，这些从业者就长期处于被利用和被辱骂、工作过度和酬不抵劳的状态中。特别是在长期经济紧缩的背景下，医疗部门的资源被系统性地严重削减，迫使这些重要的医疗从业者面对不切实际的"生产率目标"，过着压力重重和负担过重的生活。早在新冠肺炎疫情大流行之前，一线医疗工作者就出现了职业倦怠，工作环境让人感到精疲力竭。[6]

在新冠肺炎疫情暴发前一年（2019），一项关于食品和农业的研究就有了令人震惊的、让人汗颜的发现：即使是在英国这样的富裕国家，食品生产部门中的工人们也可能无法养活自己。他们为社会提供基本服务，却不得不光顾越来越多的"食品银行"来维持生计。他们必须接受陌生人捐赠的生活必需品，而这些生活必需品还是由你自己劳动所生产，若非亲眼所见，怎会相信居然存在着这种奇特的经济价值扭曲的现象。[7]

市场经济的全部概念及其相对于自给自足经济的优势是劳动会产生所谓的剩余。每个工人都能够生产出比自己生存所需的更多的产品。这些剩余商品就可用于交易以获得收入，再用这些收入去购买其他工人生产的产品。然而，经济体系中最重要部门的工人显然产生了负剩余：如果不求助于慈善，他们就无法养活自己和家人。

在低收入和"简单劳动"行业，如送货、配送仓库和清洁服务业，情况也一样。这些部门的工人通常签订的是零时工合同（zero-hours contract），没有假日工资或疾病津贴，又做不了其他的工作，其实就是工作至生命的最后一刻。这些人被经济学家盖伊·斯坦丁（Guy Standing）称为"不稳定性无产者"。不稳定性无产者是指依靠不稳定的、低收入的工作谋生的那群人。越来越多的人发现自己处于社会底层：处于弱势地位，公民权利被剥夺和不再对生活抱有幻想。[8]

如果认为在新冠肺炎疫情大流行之前的几年，民粹主义已开始强烈影响政治，民粹主义仅仅在此扎根而已，那就错了。更准确地说，民粹主义也是经济体系扭曲的症状之一，该经济体系一步一步地为少数人攫取了资本主义的收益，并将多数人阻挡在获得基本权利和尊严的门外。但无可置疑的是，在这些行业中，日益不稳定的工资和不断恶化的工作条件正无情地迫使人们越来越感到孤立和疏离：这是你们该死的GDP，而不是我们的！

失去了对劳动的爱

阿伦特对劳动（labor）和工作（work）进行了严格的区分。两者在本质上的区别并不明显。但正如她在《人类的境况》一书中指出的那样，在世界上几乎每一种语言中这两个词都一直存在。所以，也许在现代社会，对两个词进行融合比较奇怪，也许两者的区别对于我们仍然有用。很清楚的是，阿伦特对劳动（相对于工作）特征的描述非常精确地体现了资本主义所遗留下来的活动：这场新冠肺炎疫情大流行充分显示，这些工作对人类憧憬的繁荣是多么的重要。

劳动是维持生活的条件，为健康提供了底线，为社会蓬勃发展奠定了基础。劳动者有时会游离于市场经济之外，如家务劳动、养育子女、照顾老人，他们通常是无偿服务的。然而，他们对社会以及生活本身的价值都是至关重要的。正如阿伦特所言："劳动不仅保证了个体的生存，还保证了整个物种的生命。"这类活动是最接近人类生存的生物学过程的：生长、新陈代谢和最终的衰亡。她写道："劳动的人类条件就是生命本身。"[9]

这是对威廉·莫里斯（William Morris）于19世纪末创作的小说《乌有乡消息》（*News from Nowhere*）中的精彩对话的一个有趣的回应。被称为"外乡人"（Guest）的小说叙述者，在一个被称为"乌有乡"（Nowhere）的乌托邦地区旅行，在那里人们工作是自愿的，很显然，他们工作不是为了取得报酬。有一次，一个外乡人问他的导游〔一个叫老哈蒙德（Old Hammond）的人〕："在没有劳动回报的情况下，你是如何使人们工作的？"老哈蒙德严肃地说："没有劳动回报？劳动的回报就是生命。难道这还不够吗？"[10]

对今天的我们来说，这句话听上去非常奇怪。劳动者需要忍受劳动条件恶劣和报酬不足带来的屈辱,在这样一个没有尊严的社会里,这句话也存在潜在的危险。但这只是莫里斯提出的部分观点。《乌有乡消息》是对一种制度的批判,这种制度仅把劳动视为攫取剩余的一种资源,而劳动本身从未得到过剩余。在乌有乡,商品是根据需求公平分配的。在这种环境里,生产商品所需的劳动很容易成为对其自身付出的回报。

这种回报一部分来源于我们作为实体动物所具有的天性,莫里斯和阿伦特运用不同的方式表达了这一观点。我们的动物天性赋予我们劳动的能力,这不足为奇。劳动对于生活而言是必要的,我们进化的方式赋予了我们满足生活条件的手段。当然,无论是从生物学意义来说,人类是经由分娩而繁衍的动物,还是从日常意义来看,作为动物必须为了生存而从事体力劳动,这都是正确的。劳动是人类这一物种的独特属性。

工具的发展提高了劳动的效率。再后来,工业化带来了大量的可用能源(化石燃料),这使我们可以用机器来代替繁重的体力劳动。在这个进程中,它把我们从阿伦特所定义的"劳动"一词中所包含的许多活动(尽管不是全部)中解放了出来。随着我们变得不那么活跃,不再积极主动地去适应各种劳动,我们也正在不断远离劳动带给我们的回报感,现在我们常常是"忍受"这些活动,而不是去"享受"它们。在第4章中,我提到了阿伦特的观点,即幸福只能从体力劳动的"令人痛苦的疲惫和令人愉悦的再生"中找到。对我们来说,这种观点几乎是完全陌生的。

有时候,我们迟迟都没有意识到自己对体力活动的需求,我们会开车去健身房,报名参加运动课程,进行马拉松训练,只是为了找回那种从积极的体力活动中所获得的健康愉悦感。我们在做这些事情的时候，几乎不会注意到在我们生活的社会中，体力劳动被贬损为一种不愉快、不必要和没有成就感的活动。我们默认的方案是尽可能多地将这类工作分配给那些生活在社会最底层的人，我们甚至认为不用干体力劳动是一种福利。但阿伦特和莫里斯都认为这是一种巨大的损失。

爱与圣·奥古斯丁

1906年，就在玻尔兹曼在杜伊诺猝然辞世的几个星期之后，汉娜·阿伦特在德国汉诺威出生了。她在普鲁士城市柯尼斯堡（现在的加里宁格勒）的一个中产阶级家庭长大，她的父母都是具有俄罗斯血统的犹太人，她是家里唯一的孩子。她的父亲在她七岁那年去世了，汉娜由母亲抚养长大。家里有一间书房，里面收藏的是哲学和诗歌方面的书籍。早年的文学熏陶对她的教育观念的形成有着不可磨灭的影响。"你看，所有的书都在家里的书房里，只需把它们从书架上取下来读即可。"她在晚年的一次采访中解释道："在某种程度上，可以这么说，我的问题在于要么学哲学，要么淹死自己。"于是她决定学习哲学。[11]

像密尔一样，阿伦特从很小的时候就阅读经典，不自觉地被精神生活所吸引［她后来称之为沉思生活（vita contemplativa）］。她毕生都保持着热情旺盛的探索求知欲，为她的最后一本书（未完成）提供了灵感。但与密尔不同的是，对阿伦特来说，精神生活总是通过认识到我们作为生活在物质世界中的动物的内在本性而得到平衡。这种认知是《人类的境况》一书的核心。这些观点在某种程度上和她20世纪20年代在德国成长的经历息息相关。

对犹太人来说，那并不是个好时代。阿伦特在学生时代就注意到自己受到了截然不同的对待。但是她在母亲的照料和影响下，逐渐意识到自身的价值，她变得更加坚强，有着热情如火的性格。在她15岁那年，她因引导一位同学反抗老师的侮辱而被高中开除。在马尔堡读大学期间，作为一名年轻大学生，她与自己的老师，哲学家马丁·海德格尔（Martin Heidegger）相爱，他们有过一段短暂而热烈的恋情。海德格尔对人类思想过程的关注对阿伦特产生了深刻的影响。"热情的思考"成了她一生中大部分作品的基础。

但这段恋情并没有好的结果。海德格尔比阿伦特大17岁并早已结婚生子。他为她所确定的志向与她自己的志向并不相同。海德格尔曾一度试图说服她彻底放弃哲学，理由是这不是女性应该从事的职业。政治上，他们也相差甚远。纳粹主义兴起，海德格尔积极参与当时的政治事务，并最终加入了纳粹党。而阿伦特则是全身心地抵制纳粹主义的发展，最终在柏林因收集反犹太情绪的证据而被捕。她用甜言蜜语诱骗逮捕她的警官放了她，从而得以逃出了监狱，随后被迫开始了逃亡生活，一路上她趁着黑夜穿山越岭，终于到达了当时的捷克斯洛伐克。然后再从那里出发前往巴黎。她在巴黎工作了几年，救助欧洲的年轻犹太人，安排他们前往巴勒斯坦的基布兹。[12]

后来有人问她为什么在那个时候去选择做这些接地气的并又比较务实的工作时，她承认部分是因为她对那些向纳粹屈服的知识分子不再抱有幻想（当然包括海德格尔）。"即使他们处在不同环境，我也不相信犹太人和德国的犹太知识分子的行为会有任何不同，"她解释道，"我认为这与职业有关，与身为知识分子有关。"令人惊讶的是，她和海德格尔仍然是终生的朋友。但内心的体验与她对精神世界的本能的结合，将她的作品推向了一个非常特别的方向：物质限制与人类期望之间存在同样的张力关系，这也是本书的核心所在。[13]

与海德格尔的恋情结束后不久，她就撰写了她的博士论文，内容是关于圣·奥古斯丁（Saint Augustine）著作中爱的概念。她以爱是渴望的一种形式的观点作为论文开篇。她写道："爱所渴望的美好就是生命，而恐惧回避的邪恶就是死亡。"接下来的研究，是对她后来在《人类的境况》中所探讨的同样严峻困境的一次特别的审视。"所有的'拥有'都由恐惧支配，所有的'未拥有'都由渴望支配，"她写道，"只有没有未来的现在是永恒不变的，是完全没有威胁的。"

这篇早期的作品蕴含了她论点的根源，即唯一真正的幸福在于劳动——因为劳动是存活下去的最首要和最重要的部分因素。以最纯粹的形式来看，它是一种未来已化为乌有，过去已无关紧要，只剩当前仍然存在的状态。"幸福生活是我们所不能失去的生活。"她在《爱与圣·奥古斯丁》（*Love and Saint Augustine*）一书中这样写道。我们不可避免地为了生存而战，那是我们唯一不能失去的生活。或者，正如她后来所说，劳动的回报是"人类体验活着这一纯粹幸福的方式，而这种纯粹的幸福也是所有活着的生物所共有的"。[14]

阿伦特还意识到，这种存在的幸福并没有终结我们的渴望。身为芸芸众生，我们不断痛苦地意识到自己终将死去。我们越是将自己从劳动的生理境况中解放出来，我们就有越多的时间来理解自身存在的短暂性。我们越是能够成功地维护我们的生理机能，越少沉浸于劳动的过程中，我们就越能清楚地发现自己的生活处于永无止境的不安全状态中。解决了生存斗争，我们就进入了另一种斗争。

我们对生命的热望变成了对永生的渴望。对于永恒的渴望。渴望在精疲力竭与活力充沛的无限循环之外，还渴望一些坚实的东西。这就是阿伦特对劳动和工作的认识。除了持续不断的体力劳动，还有建设世界的艰苦工作。人类对非永恒世界的独特反应是试图建造一个永恒的世界：这个世界不会完全无休止地限于再生与衰败的无尽循环中。这个世界就是阿伦特所说的人类的艺术世界。它是我们创造的总和，超越了维持身体机能和纯粹生存的活动。这就是希斯赞特米哈伊所称的"超越目标"的目标。

心流的回报

在阿伦特看来，我们从事工作是为了建立和维护人类世界的持久性。劳动包括照料和维持，而工作则是创造和创造力的领域，它需要工艺、技能和远见。工作关乎梦想的实现和事物的创造。按照阿伦特的说法，我们建设世界的活动与其说是为了活下去，不如说是为了避开对于死亡的恐惧。正如本章开篇题词中引用的她的话："工作和它的产物——人造物品，为世俗人生的徒劳无功与生命的转瞬即逝赋予了一种持久长存的尺度。"

工作带来的快乐或许不能与那些发自内心的关爱所带来的快乐相提并论，但是工艺和创造力仍然为成就提供了巨大潜力。用人类学家玛丽·道格拉斯（Mary Douglas）的话说，工作为我们提供了机会，"有利于创造一个社会性世界，并在其中找到一个值得信赖的位置"。参与社会生活的能力对我们的心理和社会健康都至关重要。对于个人而言，它提供了归属感；对于社会而言，它提供了凝聚力的机制。[15]

我们需要投入自身技能去化身为生产者、工匠、建筑师、设计师、工程师、音乐家、教师和舞者来从事建设这个世界的活动。又因为这类投入吸引了我们的注意力——我们的"精神能量"——因此它会直接带来上一章介绍提到的心流体验。希斯赞特米哈伊注意到，人们通常在工作时比在闲暇时更容易体会到心流，尤其是在一个充斥着可替代性的、被动的快乐的世界中。工作是培养技能和迎接挑战的地方。心流的条件已然存在。要在工作之外找到这些条件，需要特殊的努力和关注，而这种努力和关注往往在我们匆匆忙忙的生活中被忽略了。[16]

心流并不总是立刻令人感到愉悦。它不像进食、饮水或示爱等行为，立刻就会得到回报。它往往是需要通过艰难、令人疲惫甚至冒险的努力才能进行。运动、手工艺、音乐、艺术——这些经典的心流活动是众所周知的难以有出色表现的活动。关键在于：需要人为地同时提高挑战和技能，使表现更加出色。希斯赞特米哈伊说道：尽管如此，心流仍然是令人享受的，因为它为人们提供了"超越生存需要"的愉悦感。[17]

他对愉悦（pleasure）和满足（enjoyment）的区分方法令人向往。愉悦，是人类强大的力量源泉。但它也是一种保守的力量，不停地诱惑着我们进入舒适和放松的状态。另一方面，满足，则是"滋养精神"的，因为"它包含了战胜熵和衰变的力量的喜悦"。满足比愉悦需要更多的努力，它的回报通常有延迟性。但这并不意味着心流都延迟满足感。[18]

工作本身、注意力的分配、技能的应用、付出的努力，都可以产生内在的回报。在适当的情况下，当我们全身心沉浸在工作中时，确实能够带来人类所能体验到的最高和最强烈的成就感，正如我们在上一章所述的那样。工作本身及其所创造的世界对于心理健康和社会运转都至关重要。这种体验最有趣的一个方面是人们会暂时失去个人主体意识。心流打破了自我和世界之间的边界。

这并不是说工作是一种完全无私的付出。相反，工作的成果，即人造物品，发挥着强大的经济效应。精美的设计，出色的性能，宏伟的建筑……所有这些都会受到社会的赞誉。卓越的成就必然会受到外在回报的牵绊。良好工作得到的社会回报形式多样，多是任意的。对人类而言，渴望做好与被认为做得好都是强有力的动机。第二次世界大战之后"隐藏的劝说者"正是利用这些动机去创造消费主义文化。[19]

动机同样对良好工作的外在回报有强大的作用。名人文化几乎完全是与工作回报的占有相关联。最糟糕的情形，甚至连基本技能都不相关。回报本身往往与工艺、技能、努力和创造力无关，而是通过灵活通行的风格和人气要求来完成的，甚至是靠剽窃来的。正如愉悦会阻碍满足一样，外在关注会取代创造的内在价值。但是至少在完成工作的过程当中，心流可使我们摒弃自我意识并全力采取行动以完成该项任务。

当工作本身是共同承担任务或集体性活动的时候，这种个性损失会大大增加。澳大利亚导演彼得·威尔在1985年拍摄的电影《目击者》(*Witness*)中有一幕精彩的场景，描绘了美国的阿米什社区建造谷仓的情景。一位美国联邦警探约翰·布克（由哈里森·福特饰演）在一次暴力犯罪事件中为了保护重要的"目击证人"——一位阿米什的母亲雷切尔·拉普（由凯丽·麦吉利斯饰演）和她年幼的儿子，在遭受到了枪击后，就在此谷仓避难。布克设法挑起了紧张局势和竞争——还有他对拉普的感情也受到了考验。他的存在明显威胁到了这个社区的团结。但是在建造谷仓的时候,所有这些都被忘记了。

威尔在这一连续的镜头中完全省去了对白,他细心地将镜头对准了整个社区的人聚在一起共同工作的壮观场面。他的摄影作品颂扬了大家共同参与完成一个合作项目的和睦景象。劳动的回报完全是生理性的,工作的回报则具有深层次的心理性和内在社会性。劳动的回报是生命;工作的回报是心流,是分享"永生的暗示"。

垃圾工作

显而易见,如今的有偿雇佣完全不同于这种乌托邦式的有益健康的劳动和带来满足感的工作。就如密尔和与他同时代的人一眼就能看出的那样,早期资本主义也并非如此。早在20世纪50年代,阿伦特还在写作,资本主义制度下的劳动与工作的境况就已经引起了人们的警觉。如今情况看上去更为糟糕。如果让这种为了追求生产效率而推行自动化,继而剥夺了劳动者工作权利的趋势持续下去,那么情况可能会进一步恶化。

资本主义系统性地诋毁劳动,这种事情我们见得太多了。关怀与维护这两类基本的活动始终(且危险地)是被低估的。但是资本主义也破坏了工艺性和创造性的工作。原因非常简单。建设世界的目的是为保障我们的安全。为了成功完成这项任务,人类制造的物品必须经久耐用。它们必须具备自然界中所缺少的永久性特征。如果缺乏这种耐用性,人类世界就无法实现其基本的使命:弥补我们自身对人生无常的焦虑,减少持续破坏我们幸福感的恐惧。

但是耐用性的质量对资本主义是不利的。过时和创新一直是资本主义的口号。永久和长寿是对其结构完整性的直接威胁。资本主义需要消费主义观念。用阿伦特的话来说，资本主义贪婪的胃口会引发"极度的危险，最终世界上不会有任何事物幸免于消费或幸免于因消费而毁灭"，这种恐惧来源于维克托·勒博所提出的要求，即消费主义应成为一种生活方式，"我们在消费中寻求精神上的满足和自我意识的满足"，因为如果我们想让这个体系继续运转，那就只有如此了。[20]

当然，从长远来看，持久性本身不过是一种省事儿的短期幻想。人类的人造物品和自然界一样，受到热力学第二定律的约束。即使是最耐久的建筑物，如"云雾笼罩的塔楼，庄严的庙宇"，也会碎裂并最终崩塌。阿伦特非常清楚这一点。她所担心的是这一过程的非正常加速。持久性是为了保持资本主义发展而不断创新的第一个牺牲品。为了追求效率的提高和利润的增加，工艺和创造力让位于大规模生产。

无论是关怀所带来的发自内心的回报，还是源于工艺与创造力的心理层面的回报，都与资本主义毫不相关。《小的就是美好的》(*Small is Beautiful*)一书的作者弗里茨·舒马赫（Fritz Schumacher）认为，现代经济学家的培养使得他们相信工作"仅仅是一种必要之恶"。雇用员工被视为是生产商的一种成本，当尽一切可能去降低或消除（用机器代替人）；对于工人来说，受雇充其量也只是为了换取工资而作出的一种牺牲和忍耐。[21]

在这种反乌托邦式的格局下，舒马赫得出结论："从雇主的角度出发，最理想的状态是没有雇员而有产出；从雇员的角度出发，最理想的状态是不受雇用而有收入。"工作的世界建设功能完全崩溃。一方面，体面的工作让位于危险的、酬不抵劳的劳动；另一方面，已故的人类学家大卫·格雷伯将其称为垃圾工作：工作既不令人满意，也没有社会价值。[22]

这是阿伦特提出的**部分观点**。资本主义需要制造越来越多消费的需要削弱了生理机能维护（劳动）和创造耐久性人造物品（工作）之间的区别。服装与时尚就是一个强有力的例证。衣服维护我们的体面，它们是关怀与维护经济的一部分。但正如我们在第5章所见，时尚与我们的心理、社会和生殖的需求紧密相关：身份、差别、专业性、冷静、从属、吸引力、欲望，所有这些都受我们的外观和穿着的影响。[23]

物质需求和非物质需求之间的同化可能是无法避免的。我们有证据表明，每个社会的物质商品都具有象征意义。这可能只是人类无法消除的特质。正如经济学家凯尔文·兰卡斯特（Kelvin Lancaster）曾经所言：**商品不仅仅是商品**。它们成了一种象征性的语言，一种社会对话机制，我们通过它们来讲述彼此的故事——关于我们多么重要、多么聪明或多么受欢迎。我们阻止人们参与这个象征性的世界的想法是荒唐的。这要冒很大的风险。在一项关于欲望对消费者行为作用的**研究**中，一位受调查对象曾说："没有人会在拥挤的房间里看到你，然后说：'哇！人品真好！'"[24]

但是在消费者资本主义的控制下，商品的物质作用和象征意义之间的融合速度大大加快了。它将生产型经济推向被粉饰为不断创新的耐久性层面的持续衰退。广告业的巨大成功就是为了说服我们，服装所能满足的**生理**需求是其所能提供的最无关紧要的功能。

这一融合的目的正是阿伦特所预见的：加快对服装的消费和刺激时尚需求的增长，以满足时尚产业保持增长目标的需要。这一过程产生了自相矛盾的结果：时尚产业只有通过破坏其自身的目标才能真正生存下去。时尚非但不能缓和我们对世界人生无常的焦虑，反而还不断地激发这种焦虑。唯有这样，我们才会被说服并没完没了地沉溺于它变幻无常的吸引力中。

机器人来了

你可能会认为，在劳动问题上，社会主义会比资本主义提供更好的处理方式。也许在21世纪的社会主义确实如此。但阿伦特对20世纪中叶的社会主义和资本主义一样持批评的态度。她对马克思关注工人所遭受苦难的良苦用心极为称赞。但她认为，社会主义将劳动者从繁重无聊的劳动中解放出来的策略与资本主义一样，存在思虑不周之处。二者都是依靠机器来替代工人，并认为全社会都会从中获益。[25]

凯恩斯也持类似的信念。他在20世纪30年代所写的一篇论文里，大胆地展望了大萧条之后的"经济问题"得到解决后的时代愿景。"当前，这些变化的快速发生给我们造成了伤害，带来了许多难以解决的问题，"他写道，"但这种失调只是暂时的。"

他坚持认为，用不了几代人的时间，因技术解放，"为生存而斗争"的时代就会结束，我们将"把更多的精力投向非经济性目的"。与密尔一样，凯恩斯也将这个后增长世界视为是对生产和消费的持续竞争斗争的一种改善。在这里，我们"将再次重视结果而非手段，选择优质的而非有用的"。[26]

资本主义和社会主义都无法预见不加限制地用机器替代人工是如何破坏工作的社会功能的。尤其是在资本主义中，该功能通过系统性地追求劳动生产率被植入经济结构之中。在第2章中，我们了解到这种追求是如何既服务于一个社会又破坏这个社会的。过去，当劳动生产率以每年4%或5%的速度增长时，消费品市场快速扩张，收益分配更公平：即使对地球的影响难逃指责也没关系。随后，劳动生产率增长的停滞已加剧了社会不平等，导致资本主义的衰落。

这一历史性衰退中最奇特的地方是，它是与自动化的大规模增长同时发生的。它伴随着互联网的出现和经济的快速全球化，甚至随着智能手机的诞生、社交联系的空前密切以及人工智能的"深入"而加速。所有这些本应极大地提高我们的生产率，但就目前来看，在国家层面上，这些收益还是难以实现的，尤其是在发达经济体中。[27]

特别奇怪的是，这种难以捉摸的现象居然是我们一直以来所传承的文化基因，让我们相信"机器人即将到来"。机器人将使生产率大幅提升，比人工更便宜，更擅长制造物品，在销售方面会更具有说服力，更精于提建议，更善于教育我们的孩子，在照顾老人方面也更富有同情心。用不了多久，它们在写作和音乐制作方面也会超越人类。它们将夺走我们的工作和生计，甚至可能取代我们在地球上的地位。[28]

在这个故事的某些版本中，人类因为这一切而变得超乎想象的富裕，并过着安逸的生活。在另一些版本中，我们被一个新兴的统治民族奴役：机器人。人类将只是进化史上的一个脚注。还有一些版本中，我们将生活在一个分裂的世界里，那些拥有高度自动化生产方式的人将变得难以想象的富有；而那些不拥有这些生产方式的人则过着穷困潦倒的生活。这种反乌托邦的故事还有一个版本，这个过程本身就会逐渐停止，因为普通人没有足够的收入来购买机器人的那些令人惊奇的生产力的产出。

但如今，这种对超高生产率的巨大提升体现在哪里呢？从整体经济的层面来看，这几乎是看不见的。可以确定的是，某些行业正在逐渐复苏。即使处在边际状态（如经济学家所说），劳动生产率仍在提高。在高科技行业，在大规模制造领域，在利基战略应用方面，我们仍然能够在终止人类效用方面取得巨大进展。

2016年3月，谷歌深度思维（Deepmind）公司开发的阿尔法狗（AlphaGo）成功打破了世界围棋冠军李世石的霸主地位（也打破了其内心的平静）。我们了解到，未来，自动驾驶汽车必然成为个人的交通工具。Pepper，一个被设计成可解读人类情感的人形机器人，它大受吹捧，被标榜为"酒店业、教育甚至是个人护理行业（对于那些能负担得起其价格的人）的一场革命"。但是，这一丰厚的收益并没有分配给全社会，而是牢牢地掌控在少数几家大公司的资本所有者手中。自20世纪60年代以来，平均劳动生产率的增长一直在下降，现在已经出现了逆转。同时，你当地火车站内的售票机很可能"停止服务"，在等待一位酬不抵劳的工程师。[29]

也许机器人真的在某处等待着。也许它们会扭转一切——要么拯救我们，要么毁灭我们。很可能，它们存在着并已经在积极行动了。完全可以确信的是，技术的矛盾角色是资本主义不复存在的结局的重要部分。或许，我们正身处某种双层经济中。其中一个部门，姑且称之为"快速"部门，加速开发的技术推动了生产力的增长，并为资本所有者带来了巨大的红利。另一个部门，我们称之为"缓慢"部门，劳动生产率的增长越来越难以实现，利润率不断受到挤压，工资水平下降，投资变得困难或毫无可能。[30]

起初，这似乎是经济学中的一个抽象问题，是一个可以通过富人和穷人之间的财富再分配来解决的问题。但进一步审查后发现，还是存在很多令人担忧的事情。

在大多数情况下，"快速"行业为了大规模生产物质商品，通常使用机器替代手工劳动。"缓慢"行业本质上则取决于人类的技能和工作任务。与其说这些行业是提供物质商品，不如说是为彼此提供服务；与其说是关于我们所销售的东西，不如说是我们所花费的时间。这类行业本身对地球的损害更小。

事实证明，"缓慢"行业是一个非常理想之所。确切地说，这些行业的关怀性劳动以及工艺性与创造性工作，正是本章所要探讨的内容。但这些行业前途未卜。由于不能提供劳动生产率增长带来的快速收益和轻松获取利润，它常常被置于资本主义社会的边缘而越来越衰败。这就是所谓的灰姑娘经济，是被紧缩政策遗留的经济，是在实务中行将消失的经济，在发现我们多么迫切地需要它以前，政治家和经济学家对此置之不理。[31]

这才是至关重要的经济，这种经济提供的服务、岗位和工作都至关重要。这类经济活动能够带来繁荣：健康、就业、长寿、创造力、持久性、成就感。我们未来的福祉——或许甚至是我们的生存——都取决于这种经济的弹性。我们必须拯救这种经济，将其作为后增长社会的基础。

艺术作品

对阿伦特而言，工作最纯粹的表现就在于艺术的创造力。资本主义将其视为非生产性的或仅仅是装饰性的，但艺术在构建和维护人类世界方面起着至关重要的文化性作用。"没有其他方面能让物质世界的持久性体现得如此纯粹和清晰，"她写道，"似乎世界的稳固性在艺术的永恒中才一目了然，以至于永生不朽的预感——并非灵魂或生命的不朽，而是凡人双手所创造的不朽之物——成为有形存在，它闪耀着为人所见，它欢唱着为人所闻，它倾诉着为人所知。"32

在某种程度上，艺术作品是一面能够反映世界的镜子。颂扬其美德，揭露其弊端。让我们能够看到自身的真实面貌，并梦想着我们会变成什么样子。伦勃朗的蚀刻画《慈善的撒马利亚人》（The Good Samaritan），让我们质疑善意的道德性。卡丽尔·邱吉尔的《一大笔钱》，是对人类贪婪的严厉控诉。玛格丽特·阿特伍德的《疯狂的亚当》（MaddAddam）三部曲，探讨了社区的力量和爱的持久性。

作家本·科泰在网络电视连续剧《创业公司》（Startup）中对金钱和暴力进行了具有代表性的研究，揭露了晚期资本主义的阴暗面。主人公之一罗尼·达西（由艾迪·盖瑟吉饰演），是迈阿密小海地（Little Haiti）地区一个名为LH7的街头匪帮的副手。他突然闯入了加密货币天才少年伊兹·莫拉莱斯和她在"南海滩"的出资方尼克·塔尔曼的生活，威胁他们，要为一笔未偿付的贷款实施报复。但很快，罗尼就将阿拉克内特（与创业公司同名）视为挣脱贫困、毒品和暴力这一恶性循环的途径。

直到后来，当罗尼和家人安稳地定居在一个位于市郊的住宅区时，他才开始认识到一个更深层次的事实真相。逃离小海地是相对容易的部分，而逃脱因不公平导致的暴力则困难得多。该故事第3季讲述至一半的时候，形势依然难以预料，阿拉克内特仍在成功和失败之间徘徊，对LH7的忠诚使他最终尝到了苦果。罗尼开始明白他仍对那些留在小海地的人负有责任。但当他试图向妻子塔姆解释这一点时,她并不理解。"我们在这里很好,我喜欢这里,你也说过喜欢这里,"她恳求道,"你为什么想离开,把这一切都毁了呢?"罗尼却诅咒地回应着她的质疑。他开始意识到他们的新生活并不比原来的生活好多少。他的新工作"和做一个恶棍打手也没有什么区别"。"阿拉克内特也是一个帮派团伙,"他告诉塔姆,"它和LH7没什么分别,我们不过是在办公桌后做这件事罢了。"

作者要传达的信息很明确。在原始且不受约束的资本主义的控制下,即使是看似体面的工作也已不再光鲜了。正如盖瑟吉所饰演的角色最终发现的那样,唯一的对照是一种以尊严和尊重生命为基础的道德规范。但是在一个被权力和特权所毁坏的不健全的社会里,即使是这样不容置疑的美德,也必须为获得支持而不断斗争。街头暴力的根源永远是资本主义被玷污的良知。羞愧,耻辱,血腥。卢森堡是正确的。

艺术作品有时是为了揭示这些更为黑暗的真相,为了让我们从内心深处感受到这个世界上的苦难,为了发现潜藏在人类灵魂中的恶魔。但它的任务也是为了照亮"我们美好天性中的天使"。玛雅·安吉罗的诗作《清晨的脉搏》(On the Pulse of Morning)是将我们联结在一起的纽带,让人乐在其中。大卫·米切尔的小说《云图》(Cloud Atlas)对人类追求权利的欲望提供了生动的对比。艾丽丝·默多克的诗歌《大海啊,大海》(The Sea, the Sea)在虚荣和背叛的故事中隐藏了一颗神秘的宝石。

艺术作品帮助我们超越了阿伦特所说的"平庸之恶"。它让我们的眼界超越日常生活的局限,并揭示了我们彼此之间以及与世界之间的联结模式。除此以外,艺术的变革力量打破了过去的阻碍,并使我们了解未来的新的可能性。这可能是最重要的作品。

心智人生

　　资本主义对工作的曲解无异于一场悲剧。在资本主义的一切都交付于快速的浪费性消耗过程之际，我们将不可避免地又回到非永久性发展的状态。我们破坏有意义工作来达到目的，我们破坏了人类世界的结构。资本主义唤起了我们对永生不朽的渴望，同时又不断地提醒我们，没有什么是安全的。它不断地把我们拖向极度清醒的、刺眼的强光中，却又拒绝满足我们的要求。所有这一切都以保持其自身发展动力的名义来完成的。劳动所带来的发自内心的满足感消失了。工作的价值被毁坏了。心流、极致的体验和人类世界持久团结的机会都烟消云散了。

　　这个社会留给我们的是劳动被贬低，工作无法令人感到满足，而人造物品犹如薄雾无法持久的状况。在丛林法则的驱使下，我们再度陷入了新达尔文主义的噩梦。我们深陷于黑社会的泥潭，对金钱和权力的不懈追求困扰着我们，被法戈经济学所统治。穷人和弱势群体会首当其冲受伤害，但悲剧终将降临到每个人头上。

　　这种悲剧是完全可以避免的。有一种劳动的愿景与我们作为物质世界中的物质存在的本质是一致的。有一种工作的愿景为我们提供了学习、发展、创造、参与、帮助建设社会的机会并在其中找到自己的位置。有一种人类繁荣的愿景教会了我们发展并重视我们赖以应对挑战的技能，从而过上幸福生活。阿伦特早在60多年前就关注到了此类愿景，并以极为清晰的笔触将其记录下来。

1940年德国入侵法国时，她和第二任丈夫海因里希·布吕赫（Heinrich Blücher）一起逃往美国，在纽约市定居下来。在那里，她撰写了《人的境况》一书。20世纪60年代也正是在那里，她见证了彼时开始改变美国的非暴力抗议的新精神。她成了和平运动的热心支持者，并与美国各地校园引发骚乱的学生之间结成了紧密的联盟。1968年，正当罗伯特·肯尼迪开始总统竞选之旅时，同类的骚乱运动给她带来了希望。当芝加哥大学的和平活动者们以罢课的方式来抗议越南战争时，阿伦特所讲的课程是他们唯一愿意继续上的课程。[33]

也正是在纽约，海因里希健康状况长期不佳，汉娜有一段漫长的时间一直照料陪伴着他，直到20世纪60年代末，他的病情逐渐恶化。尽管照料海因里希十分耗费心力，但她还是心甘情愿地承担了这一责任。她曾向一位朋友吐露："没有他的生活将是无法想象的。"海因里希在1970年10月去世，她悲痛欲绝。她试图在工作中寻找一个研究课题，以便能再次将自己的注意力转移到工作中去，于是她重新投入到早期参与的一项主题为"热情的思考"的研究中去了。[34]

《精神生活》（The Life of Mind）是她最后的一部未完成的作品。《人的境况》一直被认为是这个更深奥、更令人着迷的研究题目的序曲：对我们思考能力的一种探索。她计划将这本书分为三卷，分别论述三个不同的主题。1975年11月26日（星期六），她完成了第二卷。12月4日是个星期四，她邀请了一些朋友在纽约的寓所共进晚餐，或许是为了庆祝这一成果。第三卷也就是最后一卷，它的第一页已经置于写字台上的打字机中了，但她再也不能回到这里继续完成了。那天夜晚，她突发严重的心脏病，医生赶到后，当场宣布她已经死亡，享年69岁。

打字机里的那一页除了两段引言外，其余都是一片空白，她本想以这两段引言作为第三卷的开篇。一段作为引言部分，引用了以正直而闻名的罗马元老院议员卡托的一段话，用于总结上一卷的内容，另一段引用了德国作家约翰·沃尔夫冈·冯·歌德的悲剧《浮士德》（Faust）中的一段诗：

愿我人生的道路与魔法脱离，

能够把那些魔咒完全忘记。

自然啊！我只愿做人站在你跟前，

只有做个人，才值得尽心竭力。[35]

这两段引言都不足以确切地让我们了解她未完成的最后一卷的意图是什么。针对不加掩饰的真理，二者都对此表明了一种焦躁不安的欲望，这种真理为人类在有限的物质世界的现实中充分发挥自我潜力奠定了基础。两段引言都强调了追寻真理过程中的回报，回报之一就是"思考我们正在做什么"的能力。借此我们便可以了解人的境况，找到我们在世界中的位置并从中获益。

8 希望的树冠

未来的根基将深埋地下，
希望的树冠则会伸向天际。
旺加里·玛塔伊，2006年[1]

深根固柢，长生久视之道。
老子，公元前500年[2]

旺加里·穆塔·玛塔伊（Wangari Muta Maathai）在肯尼亚山山坡上的尼耶里区长大。在20世纪40年代，肯尼亚中部高地的山麓上散布着数百棵野生的、被当地基库尤语称作 *mugumos* 的无花果树。这种树的树皮非常坚硬，呈象皮色；它们一节节的根穿过深厚的岩石层，直达地下水。树上结出一个个小而圆的果实，成熟后呈暖橙色，正在饱餐果实的小叮当鸟和蕉鹃的歌声将枝丫衬托得生机勃勃。[3]

旺加里小时候，家附近有一棵无花果树，树冠有60英尺（约18.3米）宽，罩在郁郁葱葱肥沃的灌木丛上。附近是一条小溪的源头，这条清澈的、冒着气泡的小溪为全家提供饮用水。当旺加里被派去打水和捡柴时，她的母亲总是提醒她不要从这棵树上砍木柴，甚至也不要从树下的灌木丛中拾取木柴。"为什么不呢？"小女孩会问。"因为那是一棵神树，"母亲告诉她，"我们不能利用它，不能砍伐它，也不能把它当柴烧。"[4]

1960年，旺加里离开肯尼亚前往美国。当时有一个著名的"肯尼迪空运"项目，作为这个项目的一部分，三百名年轻聪明的非洲学生将前往北美学习，旺加里是其中之一。这个计划是肯尼亚解放运动的新星汤姆·姆博亚（Tom Mboya）的创意。1959年，他筹集到了足够的资金并招收到第一批学生。但随着第二年录取日期的临近，资金早已使用殆尽。他向美国国务院提出了请求，但遭到了断然拒绝。于是，姆博亚找到了肯尼迪寻求帮助。

肯尼迪正准备参加1960年的总统竞选，他立即对姆博亚表示支持。他设法从小约瑟夫·P.肯尼迪基金会（为纪念他在二战中牺牲的哥哥而设立）筹集到资金。当（民主党）肯尼迪基金会资助这一项目的消息传出来后，（共和党）国务院奇迹般地转变了先前的决定。但是肯尼迪对这一计划的支持无疑是至关重要的。毫无争议地，凭借68%的非裔美国人的选票，约翰·肯尼迪（John Kennedy）以微弱的优势赢得了1960年的总统选举。[5]

年仅20岁的旺加里对这些事情一无所知，她来到堪萨斯州的圣斯科拉斯蒂卡山学院开始学习生物学。她在匹兹堡大学获得了硕士学位，然后返回肯尼亚攻读博士学位，之后在内罗毕大学任教。大约过了十年，她才重返肯尼亚山山坡的出生地。在那里的所见所闻令她震惊之余又伤心不已。这片土地的新主人早已砍掉了神树，种上了茶叶。树冠之下郁郁葱葱的灌木丛也消失不见了，只剩一片干涸的土地。那从神树根茎扎穿岩石之处冒出来的汩汩溪水，早已无处寻觅。[6]

一次又一次，在肯尼亚各地，旺加里发现同样的故事在不断地上演。她怀揣着对童年的回忆，对这样的损失感到无比伤感。作为一名科学家，她懂得这片土地毁灭的逻辑。没有无花果树，就不容易获取地下水；没有树荫，灌木丛就不复存在；没有树根，土壤就无法稳固。于是，山体被滑坡毁坏，饮用水干涸，鸟儿飞走了。这片土地和它的人民都遭到了重创。

旺加里意识到，她母亲讲给她的那一则简单的民间传说，为非洲农村居民的生活和其赖以生存的自然资源提供了长久的保护。"在欧洲人到来之前，"她写道，"肯尼亚人民没有将贪婪的目光聚焦在树木上以获取木材，没有将罪恶之手伸向大象以制造商业象牙，也没有向猎豹举起猎枪以获取和出售漂亮的毛皮。"但随着资本主义和举债生活方式越来越深入非洲人的生活，纯洁的寓言无法抵御严酷的现实。为了满足货币经济的要求，自然界的完整在仅仅一代人的时间里就消失了。[7]

美德之母

无花果树（mugumo）的故事显示，在全世界范围内，资本主义都不能很好地保护自然。这与1968年罗伯特·肯尼迪哀叹过的红杉减少事件如出一辙，也与东南亚的棕榈油和亚马逊的牧场事件类似。地球上的森林砍伐加剧了气候紧急状况，加速了生物多样性的丧失，耗尽了稀缺的资源，颠覆了土著民族的文化，也使人类失去了树木所带来的广泛而巨大的收益。这是由一套激励机制推动的，该机制将短期利益置于长期福利之上。同时，这也是因为受这样一种信念的鼓动：即大自然唯一的价值是通过市场交易而实现的。[8]

这样的事例都表现出人类天生的目光短浅，是对主导这些事件的经济制度的有力罪证。同样的故事在世界各地频频出现。我无意在这里重述那些失败的细节。一个多世纪以前，罗莎·卢森堡就指出，资本主义能且只能通过到自身统治疆域之外掠夺廉价资源才能真正获得发展,在非洲、亚洲和拉丁美洲源源不断发生的事情印证了罗莎·卢森堡所坚守的这一真理。[9]

建立后增长时期的经济基础,相比于哀叹资本主义长期对社会与地球造成的巨大灾难来说,需要我们作出更大的努力。正如我们需要瓦解在资本主义枷锁下人类劳作不断退化和扭曲的动力一样,我们必须在建立不同的新经济体制所仰仗的价值观作出转变之前,深入研究资本自身的运作机制。

我做这项工作的出发点是基于审慎的理念:在面对不确定的未来时所具备的采取明智行动的能力。对亚里士多德而言,审慎(希腊语为phronesis,意为"实践的智慧")是一种实践性的智慧:一种保持健康生活的能力。哲人圣·奥古斯丁认为,审慎便是知道什么是应该努力争取的,什么是不该做的。在伦理和宗教思想中,审慎被认为是四大"基本美德"之一,又由于它包含了一个人对未来的道德责任的认知,对于一些人而言,它是"美德之母"。在经济学中,审慎被用于以特殊方式反映储蓄和投资行为。[10]

当然,经济审慎与我们对这个词的非专业性解释之间仍然是有联系的。将我们的一部分收入储蓄起来,期望未来获得更多的收益,这种对于未来的考虑与审慎有着相同的意义。然而,在资本主义体制下,审慎演变成了一种累积财富的永不停歇的动力——一种对于经济活动的强大驱动力。

英语的"审慎"一词来自拉丁语prudentia。这个词是providentia的缩写,字面意思为向前看,即展望未来。在古典哲学中,远见是智慧的组成部分。一个能够预见未来的人具有足够的判断力对当前的行为作出正确的决定。本章开头引用的老子的"长生久视之道",即表达了这层含义。

意大利艺术家提香（Titian）深得审慎这一概念的内涵。他在作品《谨慎的寓言》（*Allegory of Prudence*）中展现了三个人的面孔：一个只有侧面轮廓的年长男人，正看向图画的左方（过去）；一个侧颜可见的年轻人，正在看向图画的右方（未来）；一个中年男子，面向前方，望着画外的观众（现在）。在这三人的上方有一行拉丁文铭文，翻译过来的意思大致如下："习之于过去，使当下的行为充满远见，以避免未来因此而遭受损失。"[11]

这幅画清楚地表明，即使随着年龄的增长，人们仍然需要时刻保持审慎意识。它需要我们吸取前车之鉴，未雨绸缪，同时也呼吁我们活在当下。这里存在一个有趣的悖论。阿伦特所提到的劳动的自发的快乐，只存在于我们关注当下的时刻。当人们明显地感到精疲力竭或者焕发生机之时，意识是停滞的。但是，当劳动环境比较舒适或酒足饭饱之后，我们的意识也容易从当前游离开。需要牢记的是，我们生命的存续远高于日复一日、分分秒秒的生存斗争。我们的记忆和遗憾、担忧和焦虑，不可避免地使我们分心。我们身不由己地被不确定的（但最终确定的）未来吸引着。诸般情形下，内心均须时时持审慎的态度。

核心之虫

"审慎"一词的概念化具有深远的意义，尤其是当这一概念与阿伦特对人类现状的分析结合起来之时。它提醒我们，我们不仅仅是沉浸在物质世界中的肉体的存在，我们还是具有有限生命的谋求生存的世俗的存在。了解生命之无常，有助于激励我们努力建立一个更为恒久的世界。

没有证据表明审慎行为是人类独有的现象。所有的物种似乎都在谨慎行事。松鼠囤积坚果以备未来果腹之需；鸟儿筑巢以备产卵和养护幼崽；獾筑坝是为了减缓水速、构筑安全的家园；蚂蚁群居是为了创造繁荣、勤劳、恭谨的小社会。

这是否意味着其他生物能够意识到未来将要发生的事？它们难道是为了能对未来作出更好的决定而向过去学习的吗？在某些情况下，确实如此。正如巴甫洛夫著名的训狗实验，狗被训练作出某些指定的动作并获得期望的奖赏。在其他情况下，审慎的行为可能仅仅是几千年来演化而成的本能行为。错误的行为将导致种族的灭绝，正确的行为最终将改变基因中的编码。譬如，当瞪羚群的"瞭望员"发出信号时，整个瞪羚群都会本能地知道这代表了猎豹逼近的威胁，因而迅速地跑开。[12]

不知道其他物种是否对死亡具有预感，我们确信人类是存在这种意识的。据心理学家谢尔顿·所罗门（Sheldon Solomon）所说，我们的生命限度是人类存续的"核心蛀虫"，它制造出能够"吞噬灵魂"的焦虑，同时加剧了冲突和纷争。但是，它也能够激发我们最崇高的雄心壮志。认识到生命的短暂，将促使人类以各种形式全心全意地去建设我们所处的这个世界。[13]

正如阿伦特所说，工作的目的无非是追求不朽。为了实现这一目标，我们持续不断地牺牲当前的时间、物质资源和金钱，只为了在未来的某一时间能获得收益。换言之，人类的审慎行为就是将大量的物质资源由现在转移至未来。牺牲今日之消费，换取未来之回报。

在经济学中，这一过程被称为投资，即对未来的承诺。这一投资，时而面向我们自身的未来，时而面向子孙后代、家庭或者社区的未来，时而面向整个人类社会的未来。正如一句有名的谚语所说，前人栽树，后人乘凉，社会才会有进步；抑或当非洲农村地区的穷人和没有公民权的妇女都能享受到这一切时，社会才有所进步。[14]

没有文凭的植树人

20世纪70年代中期，旺加里与内罗毕政治家姆万吉·马泰（Mwangi Mathai）结婚，并育有三个孩子。在1974年的竞选活动中，姆万吉曾宣誓要为他在内罗毕郊区的整个选区的选民创造充分的就业机会。然而，当选议会议员后，他却似乎忘记了与选民达成的"交易"。但肯尼亚不断上升的失业率已经到了无法忽视的地步，旺加里决定尝试去兑现其丈夫野心勃勃的竞选承诺。儿时家园中无花果树消失的教训依然困扰着她。伐木毁林不仅破坏了土地的稳定性，也一并摧毁了穷苦人民的生活。因此，她创办了一家以培育幼苗、植树造林为唯一目的的企业。这一商业计划致力于聘用贫穷的人为富人的花园植树。可悲的是，在贫富高度分裂的社会中，这一商业模式受到了经济崩溃的影响。穷人迫不及待地要拿到工资，富人则拒绝预付资金，旺加里需要这些资金维持公司的运营。她精心培育的幼苗只好堆放在自家的院子里。

旺加里并没有放弃。她与任职于联合国环境规划署（总部设在内罗毕）的同事们讨论了这个想法。在肯尼亚全国妇女理事会的支持下，她提出了一个计划，帮助农村妇女去改善她们的家园并改善生活的能力。这一新尝试需要一个名称。因此，她选择了一个能够反映这个项目的社会愿景的名字，按照这一项目的规划，社区居民将为植树造林自发地投入时间和资源。她借用了斯瓦希里语的哈兰比（"harambee"）一词，意为"齐心协力"。

8 希望的树冠

1977年6月5日,世界环境日,"哈兰比拯救土地"计划启动了。旺加里带着一群人在内罗毕市中心的卡姆金吉公园种植了七棵幼苗,这七棵树苗代表了肯尼亚历史上为国捐躯的七位英雄。这一项目所宣称的目标是为每一位肯尼亚人种植一棵树。不出几个月,树苗的需求大增,供不应求。于是,旺加里开始教妇女们经营自己的社区苗圃。当她向专业林务人员寻求帮助时,她遇到的是复杂的建议和冷冰冰的拒绝。她被告知,种树需要有文凭的人。[15]

旺加里和她那些没有文凭的林农们丝毫没有气馁,她们开始自学。"谁都可以挖掘一个小坑,将树苗栽进去,然后去养护它。"她说道,"动用你们作为女人的第六感吧。"她制订了一个简单的计划,只要十个步骤就能使不同社区组成小组,种树,报告进展情况。很快,遍布肯尼亚各地的妇女们都开始养育树苗、种植树木。最终,她们将一排排地种起成千上万棵树,形成"绿化带",为重建地球和肯尼亚的地貌披上了"绿色的外衣"。

成功是有代价的。世界环境日的种树活动之后不到一个月,姆万吉离开了她。旺加里与(美国生物学家)林恩·马古利斯对婚姻的思考有着强烈的共鸣,后来她这样来描写那段往事:我努力做一个政治家的好妻子,做一个优秀的非洲女人,以及一个成功的大学教师。难道是因为一个人不能兼顾这么多角色吗?抑或仅仅是因为,当时的肯尼亚还不能接受一个受过教育的独立女性去致力于改变她所处的那个不正常的社会?在她丈夫所提交的离婚申请书中,姆万吉写道,她"受教育程度太高,过于坚强,过于成功,过于固执,难以掌控"。[16]

在离婚诉讼过程中,旺加里曾一度质疑丈夫的律师向她提出的某些问题。律师却转身对法官说:"法官大人,你听到她问我的话了吗？她如果在法庭上都敢问我这个问题，那么她在家里又会对我的委托人做什么呢？"她意识到她即将败诉了。但是更糟糕的事接踵而至。几天之后，她在一本杂志的专访中批判了这一裁决，法院要求她收回这些言论。她拒绝了，结果因藐视法庭罪被判处六个月监禁。[17]

在监狱里，她感受到了狱友们的善意和对她的慷慨支持，但仅仅是在精神上。当她解释了入狱的原因后，一个女人说："我们必须为法官祈祷，以求得来日公正公平的审判。"由于她的律师们作出的努力，她几天后就被释放了。但是这一经历使她痛苦地感知到肯尼亚的政治现状。她开始确信，她必须解决肯尼亚人民尤其是肯尼亚妇女权利丧失的深层问题。[18]

投资是一种承诺

由旺加里帮助建立的"绿带运动"成为政治和社会变革的强大力量。它慢慢地从"植树运动"扩展到"植树理念"。毫无疑问，这些想法甚至比植树更不受欢迎。只要这些妇女不参与政治活动，当局对她们就会睁一只眼闭一只眼。一旦人们开始质问树木为何会消失，并通过开展斗争来争取政治自由以改变现状时，当局就再也不会容忍了。[19]

旺加里和她的同伴们遭受了长达20多年的反对和镇压。在这段时间里，她失去了工作和家庭，甚至有一段时间与孩子们失去了联系。1992年，她发现她的名字列于暗杀目标名单之中。她把自己关在家里，开始联系尽可能多的国际记者，她要让他们知道正在发生的事。她知道她即将被捕，这些记者就是见证人。三天之后，事情还是不可避免地发生了。警察对这场对峙失去了耐心，于是他们冲破路障，把她拉出家门，将她推入一辆车中，只留下她家的门大大敞开着。在她坐牢期间，由她的前夫姆万吉来保管她的财产。

获得保释后，旺加里做的第一件事就是参加绝食示威活动，抗议政府拘押政治犯。她被打晕了，住进了医院。1999年，在内罗毕郊外保护卡鲁拉森林的示威中，她和其他几个人遭到了武装警卫的袭击，头部受到了猛烈的打击。血流满面的她向当地警方报告了此次袭击事件，而警方拒绝采取行动。但外国记者目睹了这场抗议活动，因而激起了国际社会的众怒。

不久之后，政治势头慢慢地向这场运动倾斜。他们对土地和民生的长期投资开始得到回报。把公共森林定期卖给私人开发商或将其赠送给政府人员的行为剩下的日子不多了。2002年，旺加里·玛塔伊作为颇受欢迎的国家彩虹联盟的候选人，以98%的选票当选参议员。

种一棵树，这一看似简单的行为，也需要人们作出牺牲。这种牺牲并不总是像绿带运动造就的英雄那般伟大，但是它要求投入时间、精力和资源。而这里所说的投资回报，正如旺加里在本章题记里所述的，是创造的"希望之树冠"。字面上的意思，是指强壮的树根和保护性的枝叶，不仅平衡了气候和滋养了土壤，还保护了那些赖其依存的生物。从其比喻意义上说，树冠象征着我们对未来作出的有力承诺。

有时，与那些因树木生长缓慢而感到沮丧的女人们一起工作时，旺加里会提醒她们，"现在砍伐的树木，并不是砍树的人种的，而是以前的人栽种的"。对土地、林业以及稳固土壤、保护气候的投资，将过去与现在、现在与未来联结在一起，有时甚至是我们看不到的未来。[20]

我们对自己或他人进行投资与肯尼亚植树造林的道理是一样的。投资于健康，会为我们的未来生活质量和寿命提供保证；投资于技能，会提高我们寻找更高回报的工作和流动性的能力。我们在孩子、家庭、朋友身上所花费的时间，创造出了稳固的社交纽带，使我们能够分享经验，获得更大的成功。投资于工艺或艺术创造，能够使人类世界得以延续。投资，确实是我们对未来的承诺。

赌场经济

显而易见，资本主义早已远远偏离了这一美好的理想。在这种体制下，投资评价标准只是其为投资者带来的短期财务回报。投资本身被视为一个钱生钱的过程。审慎仍然很重要。在经济学中，它被正式定义为消费者为了不确定的未来而牺牲当前消费所进行的储蓄的比率。但这种审慎性几乎无法阐明储蓄的目的、投资的智慧，抑或它在创造一个更为稳定的世界中所起到的作用。

进行生产性投资需要我们建造和保持一定的有形资产，以便提供经济性商品和服务。但是在这种"实体"经济发展的同时，"金融"经济的规模和复杂性也呈现出指数级的增长。这一趋势早在全球金融危机之前就已经非常明显了。银行之间的借贷活动越来越多，他们不再愿意向非金融公司提供贷款。各种金融衍生品、对冲基金、债务抵押债券、信用违约掉期、次级抵押贷款、保险、期货市场等，构成了现行金融体系的重要内容，但只有少部分人能够理解这些产品或金融活动，在某种程度上，正是这些金融活动导致了2008年雷曼兄弟（Lehmann Brothers）的破产。

即使在外行人看来，证据也确凿无疑。金融业并不为实体经济融资，而是忙着为金融活动融资。在这场游戏中，金融机构还与评级机构相互勾结。监管部门对这些不规则行为则视而不见，有的时候，他们甚至会改变规则来推动这些活动。投机行为催生了赌场经济的发展。世界上最强大的金融机构几乎都在打赌说，未来其实并不重要。英国前首相戈登·布朗（Gordon Brown）曾经称之为"不负责任的时代"。

泡沫迟早都会破裂。2008年9月，资本市场的泡沫终于破裂了。最后，还是动用公共财政资金，即纳税人的钱，才使全球经济免于崩溃。正如我们在第2章中所叙述的那样，这种做法就是从穷人的口袋里拿出钱来去救助富人。利润的私有化和成本的社会化，从一开始就是资本主义投资的特征。若是这种功能失调的逻辑不发生任何改变，那么投资对未来的承诺就将无法实现。

就在第50届世界经济论坛（在达沃斯举办）召开前不久，全球最大的资产管理公司贝莱德，又称黑岩集团（Black Rock）的负责人拉里·芬克（Larry Fink）按惯例发表了他写给首席执行官们的"年度信函"。他在信中写道："气候变化正在快速地改变人们对投资风险的看法。我认为我们在不久的将来，就将对金融业进行根本性的重塑——可能比多数人预期的要快——届时，资本的投资领域将会进行重大的调整。"[21]

近期一项对全球可持续发展投资的评估发现，"气候金融"主要是投资于一些能降低废气排放的可再生新能源，其规模在不断增长，在美国，气候金融的年度规模已经超过了5千亿美元。但要想实现政府间气候变化专门委员会规定的温度增长不超过1.5℃的目标，对清洁能源的投资应达到1.6万亿—3.8万亿美元，当前的投资是远远不够的。在气候金融之外的投资，就更缺乏审慎性了。譬如，为了保护自然界的生物多样性而进行的投资，仅仅占到全球GDP的0.002%。[22]

与此同时，世界各国政府仍在用纳税人的钱补贴对化石燃料的投资，每年的补贴金额高达5万多亿美元。全世界GDP的6%以上都花在了短视的投资项目上，这些投资可能会使我们的地球在未来几十年内就会变得不宜居住。如若将这些不正当的补贴转而投向可再生能源和低碳基础设施，不仅能够弥补气候投资的资金缺口，还有更多的好处。[23]

芬克的声明是时代变迁的有趣信号。但投资者偏好的微小变化不足以将我们从这个不负责任的时代拯救出来。从根本上说，我们需要清除资本主义腐朽衰败的枝叶，使投资在社会中重新发挥其应有的作用。2020年年初在达沃斯举行的世界经济论坛弥漫的绝望情绪可能最具戏剧性，但鉴于新冠肺炎的全球大流行，事后来看，这一状况的讽刺意味是显而易见的。投资的应有功能是释放一种持久感对抗自然世界的变化无常。在资本主义手中，这一作用被扭曲了。为了使少数人富裕起来，它危害到了其他人的安全。

回归审慎

最近几年，要求从不可持续或有悖道德的行业中"撤资"（或取消投资），转而对能确保未来繁荣富裕的资产进行投资的压力逐渐上升。气候金融的发展就是这种"撤资—投资"运动的一种表现形式。养老基金（以及一些主权财富基金）开始从化石燃料投资项目中撤出。各国中央银行为了支持这种变化趋势，要求所有金融机构都要评估与气候有关的风险。对于加速这些投资变革的审慎监管，各国政府实行起来进展极度缓慢。但股东（和基金经理）已经开始行使其手中的权力，拒绝投资那些破坏环境、滥用供应链劳动力或治理不善的公司。那些追求道德和可持续发展的投资者们开始要求他们的资金应当有益于公众利益。[24]

事实上，一些道德基金比它们的竞争对手表现得更好，这让人感到非常吃惊，对传统的投资思维构成了挑战。但这点并非难以理解。投资的现时价值是以未来的经济业绩为基础的。而且越来越明晰的是，未来将与过去分崩离析的金融体系截然不同。[25]

未来的经济将围绕：可更新和"再生"技术；公平薪酬和透明治理；保护和恢复社会或环境资产，摒弃对社会和环境的系统性破坏；企业服务于社会以及企业与自然的和谐相处。这一新投资前景的先行者将（正当地）受益于它带来的诸多红利，其他社会成员亦将从中受益。

迄今为止，撤资—投资运动主要存在于气候金融领域。但在我看来，我们需要深刻地理解未来所面临的任务。将投资视为对未来的承诺，要求我们为未来不一样的生活而建设和维护有形基础设施。在未来，人们的生活方式不仅可以更可持续、更有弹性，还能比资本主义时代的生活更健康、更富有成就感。

很显然，新的投资组合的基础必须是我们所称的生态投资——资源将被配置到保护气候、土地、海洋、河流、森林、生物栖息地等领域，即保护我们的地球家园。投资组合的这一部分是持久繁荣的绝对先决条件，在资本主义制度下，这些大多被忽视了，只在可持续投资中才能够部分呈现出来。

接下来，我想我们可以借鉴阿伦特对劳动和工作的区分，来定义两类生产性资产：一类是有助于维持人类生命的资产（我们称之为保健型投资）；另一类是可创造一个充实持久人类世界的资产（我们称之为创造性投资）。保健型投资是指那些能够满足社会日常生活的投资：家庭、医院、学校、商店、食品供应系统和生活必需品。创造性投资则是指为人类世界提供存续性发展的投资——阿伦特称之为人工产物，如公共空间、会议场所、艺术场所、艺术品。

正如商品的物质价值和象征价值不能完全区分开来一样，这两类投资也必然是重合的。即便如此，将其区分为两种类型仍然是有用的，因为这种分类表明了投资的意向行业。一方面，我们必须优先考虑和支持那些在新冠肺炎疫情流行期间表现出其重要性的一线服务性行业；另一方面，我们必须开始认真对待投资基础设施的工作，投资适合弹性、低碳的世界的基础设施。

新冠肺炎大流行期间，为了帮助和保护其一线医疗服务行业，各个国家开始实施各种各样的封锁政策，车辆在乡村和城市突然不见踪影，取而代之的则是步行和骑单车的人流，人们回到了曾经越来越难以通行的街道。这个被长久遗忘的公共空间成了一个全新的感受共同繁荣的场所：在这里，人们迸发出活跃的、自然的和社会性个体的天性。由此，对于"宜居性"的投资，即投资于富有弹性、有成就感、有活力的零碳世界的基础设施建设，其好处是显而易见的。

归根结底，投资活动在经济中的作用与其在林业中的作用是一样的，与其对个人生活中的作用以及在社会中的作用也是一样的。创造希望的树冠，保护和维持人类繁荣所赖以生存的一切，为我们的孩子们留下一个更强大、更有生命力的世界。正如提香的《谨慎的寓言》所暗示的那样，审慎地运用会随着时间的推移而前后延伸，但它至少给延续的现在赋予了些许美德。投资于未来是使我们现今的生活变得有意义的最好的、可能也是唯一的方法。

千禧年庆典

旺加里的生活本身就是一种投资。在她的最后一本书《为地球充能》(Replenishing the Earth)中，她动情地写下了激励她工作的价值观，特别描述了公益承诺如何成为绿带运动的核心。她说，我们所仰慕的典范人物，都以无私服务作为基本准则。这些人不仅是自强的典范，他们还激励他人行动起来以谋求共同福祉。[26]

终其一生，她都在不断寻求方法，以解决肯尼亚和许多其他贫穷的发展中国家面临的各种问题：被剥夺的妇女权利，农村赚钱谋生出路的减少，土壤的破坏，童年家园中消失的无花果树。在探寻这些问题的根源时，她曾一度意识到世界上最贫穷国家背负的沉重债务负担，这并不令人感到惊讶。债务问题曾经是且将继续是功能失调的资本主义所导致的最有危害性的后果之一。

最富有的经济体以合作发展的名义，从对非洲的资金往来中获得了极大比例的好处。1970年至2002年间，非洲各国共借入5400亿美元，偿还5500亿美元，但仍欠着贷款机构近3000亿美元。对于发现的这一不公平现象，旺加里甚觉不满，她采取各种行动予以反抗。1998年，她担任2000年非洲千禧年运动的联合主席，目的是借助于千禧年庆典之际，促使取消世界上最贫穷国家的繁重债务。[27]

这场运动吸引了世界各地众多名流和政治家的目光，并最终豁免了约1000亿美元的债务。但这并不意味着这场战斗取得了胜利。今天，从非洲流出的资金——包括债务还本付息、汇出利润和资本外逃——超过流入资金的2.5倍。正如人类学家杰森·希克尔（Jason Hickel）所说，"富裕的国家不会去发展贫穷的国家，倒是贫穷的国家有效地促进了富裕国家的发展，而这一不公平现象从15

世纪末就开始了。"直到21世纪，这一现象依然存在。不断恶化的债务危机严重阻碍了非洲应对冠状病毒的能力。[28]

旺加里·玛塔伊再也不能为此而奋斗了。2011年，她因卵巢癌并发症去世。但她的工作精神继续激励着世界各地的人们。她对树木、人类及正义的倾心投入纯粹、简单，又昭显了非凡的勇气。她的坚守和个人牺牲使社区得以发展，为妇女争取了权力，给穷人提供了生活技能，避免了土壤流失，吸收了大气中的碳，使肯尼亚和世界各地的乡村地貌焕发了勃勃生机。

她本该第一个认识到非洲实现可持续发展、土壤健康和社区活力的征程远未结束，认识到金融体系崩溃带来的负面影响仍然是发展的一大障碍，但她是不会停止斗争的。她曾说，在我们漫长的前进道路上，绊倒的只是一小步。耽于此只会阻碍我们的旅程。[29]

正是这种非凡的精神使她在2004年获得了诺贝尔和平奖，被全世界人民铭记在心。她发起的绿带运动仅在肯尼亚就种植了5000多万棵树，在此激励下全球种下了数亿棵树。她的希望之冠延伸出非洲，发出耀眼的光芒照进未知的未来。[30]

9 权力的艺术

如果脚下有路,你就有力量。
释一行,2007年[1]

罗伯特·肯尼迪在1968年的总统竞选中表现出的反对越战的思想，至少有一部分是受到了越南僧人释一行（Thich Nhat Hanh）的启发，一行禅师曾前往美国游说，为祖国争取和平。

一行禅师1926年出生于越南中部顺化市。他7岁的时候，看到了一幅佛陀的画像，佛陀盘腿坐在草地上，周身散发着宁静与和平的光芒。画中形象与男孩周遭所见的冲突与痛苦形成了鲜明的对比，这将决定他的一生。16岁时，他在慈孝寺出家，成了一名越南佛教禅宗的沙弥。[2]

他完成学业时，越南正处于战争全面爆发的边缘。这个前法国殖民地正逐渐摆脱西方的影响，这使美国及其盟友感到沮丧。1954年，当法国最终从该地区撤军时，这个国家以顺化市以北的17度线为界一分为二，给因美国介入导致的长达二十年惨烈的灾难性军事行动埋下伏笔。根据官方的说法，这是南越和北越之间的内战。但每个人都明白：这实际上是美国和苏联在冷战期间展开的一场残酷的权力争夺战。[3]

9 权力的艺术

随着20世纪60年代冲突的升级，约翰·肯尼迪总统和林登·B.约翰逊总统先后都承诺对这场战争投入更多的资源，这令许多美国人感到更加不安。一行禅师亲眼目睹战争的后果。他决定要到"战争的源头"去，为和平而奋斗。1966年5月，他受邀前往纽约伊萨卡的康奈尔大学举办一次研讨会，这是他第一次离开家乡。[4]

在越南，交战双方都不愿意听取一行禅师的反战思想。但是他的思想受到了美国一些民众的热烈欢迎，他们对自己的国家卷入这场战争而深感不安。1967年1月，民权活动家马丁·路德·金（Martin Luther King）提名一行禅师为诺贝尔和平奖候选人。他在提名信中写道："这是一位和平与非暴力运动的使徒，当他的同胞正处于水深火热的战争中时，他被迫与他们分离，这场战争正日渐威胁到整个世界的理性与安全。"同年6月，在日内瓦的一次会议上，两人相遇并开始为争取和平而并肩战斗。[5]

之后不到一年，马丁·路德·金就遇难了：成为刺客枪口下的又一个受害者。在费城的一次和平示威中，一位美国记者问一行禅师，他是来自越南北部还是南部。"如果我说来自北部，他会认为我是反美派，"数年之后，一行禅师写道，"如果我说来自南部，他会认为我是亲美派。所以，我笑着说：我来自中部。"从字面意义上看，确实如此。这一回答也是对祖国处于分裂状态的拒绝，对所有在战争中遭受苦难的人民的声援，是对屈从于反乌托邦的权力观的一种抵制，其必然导致对生命的亵渎。[6]

本书描述的旅程，推翻了几个世纪以来霸占我们文化核心的假设。我们与自然的关系，我们对于斗争的反应，我们对于工作的渴望，我们的审慎意识，我们对未来的承诺：资本主义赋予了这些东西存在的某种形式，全然经不起最后几章所做的推敲。它们全部都需要进行重大的调整。

人们自然会问,这些变化将如何发生?现在能做点什么?采取何种政策才能把我们带向正确的方向?如何立竿见影、一招通用、利益翻倍?谁能引导我们从这里到达希望之地?我们越是深陷功能失调的泥潭,就越难以回答这些问题。我们又回到了第3章中所提到的十字路口。在我们决定前去都柏林时,那位气人的农民和他存在主义性的推诿式回答让人感到恼怒。是的,我知道,这里并非最好的起点。我要的只是,请指给我回家的方向!

这种冲动很容易受到同情。但首先需要解决的问题是困扰资本主义发展愿景的体系性错误。它与我们探讨过的问题有许多相似之处。但是对于一个有望成功的和持久性的后增长社会来说,这明显是一个阻碍。它关系到权力。如果不正视权力的艺术,我们对于快速解决问题的渴望,往好了说将一筹莫展,往坏了说则会背离对根本变革的需求。

制度变革

在2020年的一小段时间里,一扇几乎不可思议的机会之窗打开了,让我们得以窥见一个截然不同的政治局面。各国政府制定了一些几周前似乎无法想象的政策。政府保证工人的工资,向遭受重创的企业发放软贷款和政府补助,以维持其运转。推出休假计划、免租期和暂停破产,为公司和家庭提供了保护。重组供应链,重新调整生产设施的用途。迅速建造医院,安排志愿者。人民生计得到保障,社区之间相互合作。

这些回应措施中最不寻常的部分就是各国政府动用财政资金进

行支持的速度了。在2008年全球性金融危机之后的几年里，人们都赞同这样的说法："没有神奇的摇钱树。"每个人都确知，国家不能举借债务，增加子孙后代的负担。如果你胆敢这样做，你的家庭将会怎么样呢？[7]

大多数人接受这个论点。它似乎表达了一种熟悉的逻辑，并成为紧缩政策的理由，压垮了社会上最贫穷的人，为悲剧铺平了道路。但这是大错特错的——十几年来，作为非主流经济学的"现代货币理论"一直持这种观点。斯蒂芬妮·凯尔顿（Stephanie Kelton）在《赤字神话》（*The Deficit Myth*）一书中已经把这种情形讲得非常清楚了。政府不是家庭。政府发行本国货币的主权权力仅仅受到通货膨胀和意识形态的限制。[8]

我们从中学到了两件事。第一，不可否认的是，根本性的变革是可能的，即使在西方资本主义国家。第二，渐进主义无法实现这种根本性改变。匆匆忙忙出台的一系列保护人民和保障生命的措施，并不是各种政治意识形态经过长期政策协商的结果。当需要实用主义，实用主义就会随叫随到。当速度至关重要，反应几乎是即刻的。实施规模不是递增的，但速度很快且具有系统性。

时间很紧张，理智占了上风，资本主义的意识形态被搁置到一边。政府资金不再是共产主义的阴谋，而是动用财政资金进行灾难管理的一种必不可少的工具。权宜之计司空见惯。有些国家没有认识到这一点，其新冠肺炎死亡率在排行榜上表现最差。那些早早就摒弃了教条，将健康置于生产效率之上的国家，将新冠肺炎疫情带来的不幸降到了最低，令人几乎难以置信。其间的差别普遍是按人类悲剧的规模来衡量的。

新冠肺炎大流行为可能的艺术上了一课。当人们将注意力集中到复苏问题上时，大量建议纷至沓来，人们要求用同样的速度和规模来改造社会。应对气候紧急情况；对抗物种的毁灭性损失；保护土壤、河流、湖泊和海洋的完整性。解决不平等造成的破坏性影响；为基础工人摆脱工作的不稳定。打击各种肮脏的寻租行为。使人类不再沉浸于物欲横流之中。保护弱势群体。增强医疗保健系统和改善社会关切。抵制肥胖。建立有的放矢和惠及所有人的教育体系。优先考虑耐久性而不是造成浪费的便利性。发展工艺，支持创造性。建立一个人们通力合作的社会，去创造一个可持续且充满意义的人类世界。

简言之，这些建议的目的都是建立一个后增长社会：从资本主义的失败中挣脱出来。再重申一次，这是因为在所有领域中，渐进主义的做法很明显是不够的。环境保护主义者乔纳森·波里特（Jonathon Porritt）大胆地将这一状况写进了《地狱里的希望》（*Hope in Hell*）一书中，他直言不讳地揭露了各国政府未能应对气候紧急问题的状况。他写道：在接下来的十年中，采取渐进式变革是没有任何希望的，我们"不要再假装慢慢吞吞的渐进主义是对灾难性的生态危机的适当回应，在某种程度上，生态危机是造成这一流行病的原因之一"。[9]

有200位著名的艺术家和科学家公开强烈呼吁，不要在新冠肺炎大流行结束后"恢复正常"，他们提出的最终观点非常相似，一致认为"新冠肺炎大流行是一场悲剧"，但这场危机"让我们去审视什么才是至关重要的"。我们看到的很简单：只"调整"是不够的，因为问题是系统性的。[10]

那些在2019年走上街头要求政府采取气候行动的人提出的战斗口号是"制度改变而不是气候变化"。波里特雄辩道：如果那些当权者未能履行他们的职责，把我们从气候紧急状态中解救出来，那么唯一有效、合法的回应就是非暴力不合作。灭绝反抗（Extinction Rebellion）运动非常明确地提出了这个论点。这就是人们走上街头抗议的动机。

权力的意志

我们面临着这样一个难题。想要改变的人往往没有权力，掌权的人却不想作出改变。任何一种变革的可能性都取决于按社会规则所进行的权力分配。社会的规则在于国家，国家的权力从根本上在于其统治权。而国家的统治权由西方民主政体赋予，相对特殊。政治权力与经济增长的实现总是别别扭扭地纠结在一起。

在《无增长的繁荣》一书出版后的几个月里，一次偶然机会，我见到英国财政大臣的一位高级顾问，滑稽的是，这次见面倒是解释了增长与权力之间的联系。我很高兴获准参加这次会议。财政部无疑是推动后增长时代经济对话的重要机构之一。

所以，我尽可能仔细地列出书中的论据，包括分离的极限、幸福的悖论、关爱和创造性经济的基础。特别顾问一副认真倾听的样子。最后，他郑重其事地只问了我一个问题：如果财政部官员参加七国集团会议，却发现英国的GDP在世界上的排名下滑了，那将是怎样的景象呢？

我目瞪口呆。与其说是因为问题本身，倒不如说是因为我自己的幼稚。我怎么会忘了官场上这些显而易见的行事方式呢，即使是在权力的最高层也是如此。他的职位比你高，而强权总是正确的。正如哲学家尼采痛心地观察到的那样，权力的意志仅仅是一种有意识的支配欲，在文明的外表下表现出来，伪装成政治进步。彼时彼刻，我仍旧认为国家能在避免熵恶化而致混乱中发挥一定的作用，我的信心并没有完全消失，但肯定有所动摇。我记得我找了个借口，早早离开了这次会议。[11]

我不会完全放弃形成后增长时代政体这个令人困扰的问题，否则我就不会继续调侃它了。但在那次会议中，我自然而然地开始理解了政治学家丹尼尔·豪斯克诺斯特（Daniel Hausknost）所称的转型"玻璃天花板"的问题。我亲眼目睹了它对实现可持续性发展所施加的限制。在资本主义熔炉中所锤炼的社会契约的合法性，建立在一个虚假的承诺之上，这是致命的：每个人得到的更多。而这一承诺反过来又很容易被政治权力的变动所腐化。[12]

经济学家（前希腊财政部长）亚尼斯·瓦鲁法基斯（Yanis Varoufakis）在他关于资本主义历史的精辟著作《与我女儿交谈》（*Talking to My Daughter*）一书中，颇有说服力又令人不安地概述了资本主义的惊人能力，能制造财富和权力的严重不对称，并使之合法化。他认为，这是由于资本所有者控制了技术进步带来的盈余，因而提高了劳动生产率。[13]

要获得这些剩余，反过来必须依赖于资本主义内生的某些关键的结构化动态。首先就是以牺牲人类价值观为代价，尽可能多地将生活商品化，这一过程永不满足。脱离这些价值观，我们就会不断被引向消费替代品和取代物，这使得整个系统得以运转，却无力滋养我们的灵魂或减轻我们的焦虑。

接下来就是货币制度了。现行货币体系以牺牲社会需求为代价，让资本所有者受益。货币和债务脱离了其社会根源，成为剥削的工具，并按比例分配盈余以获得货币权力。如果国家得以保留了（或重新获得了）对这一权力的控制，可想而知的是，它可能已经减少了资本主义的不平等程度，而现在，这些不平等预言了资本主义的衰落。但事实并非如此。直到这场新冠肺炎的灾难发生，才迫使国家不得不如此。最后，如果一个政体不是系统地将权力者的权利凌驾于普通人之上，这两个动态本身就不可能存在。

前两种动态问题的解决方案在本书中已经有所述及。在外汇市场之外，生活的繁荣景象由更少物质形式的繁荣所带来。疾病大流行给社会带来破坏性威胁，主权货币是已采取的拯救措施中最基本的手段。当然，在资本主义国家手中，这种能力并不足以保护社会。中央银行使出浑身解数，"不惜一切代价"拯救股票市场，但在保护普通人的生计、医疗保健系统的稳定或气候状况的完整性方面，却没有做到同样的慷慨解囊。

那么，一个国家要在后增长时代取得进步，不可避免地，我们就需要重新审视将权力授予国家时所依据的假设前提。有人认为，真正的权力属于人民，这种观点是正确的吗？这真正的权力是否足以创造出她和其他许多人希望看到的世界改变——尤其是当它必须面对国家的制度化权力以及富人的既得利益时？是否存在重新开始的空间——一番适合后增长世界目标的新的权力景象吗？

慈悲之莲

一行禅师还是顺化的一个年轻僧侣时，就领会到了不执迷是通往觉悟之路。但是从很早的时候起，他就对传统佛教教义中固有的保守主义感到不甚自在。这个被佛陀的宁静所鼓舞的小男孩不仅仅渴望自己得到安宁，他还请求佛教对他身边的苦难作出回应。20世纪50年代，受戒后，他开始在佛教现代化运动中发挥积极作用，使佛教更加贴近普通人的生活和苦难。

前提很清楚。如果在修道院静修中寻得的安宁不足以让人感到由衷的快乐，那么它就必须以某种方式被带回这个世界。它必须转化为行动，必须坚定地为他人的苦难而抗争。这些年轻的行动主义者并不满足于个人的满足感，他们开始相信非暴力抗议——一行禅师称之为同情行动——对于战争导致的不公正来说，是必要的回应行动。"当炸弹开始落下，"他说，"你不能待在大厅冥想。"这就是从苦难的土壤中生长出来的慈悲之莲。[14]

为了践行这一原则而采取的行动令人吃惊。20世纪60年代初，就有几位僧侣自焚，以抗议这场战争的暴行和不公正。一行禅师试图向当时的西方人解释这些可怕的"自焚"行为，他将这些行为形容为爱而不是绝望。但是为了教给当时的越南年轻人一些不那么激烈（和更富有悲悯之情）的抗议方式，他创建了社会服务青年学校（School of Youth for Social Service），培训了数千名青年志愿者，有僧侣也有非宗教人士，这些志愿者重新安置难民，帮助他们重建生活。[15]

社会服务青年学校的社会服务很快就派上了用场。1964年，在冲突最激烈的时候，这个国家遭遇了人们记忆中最严重的洪水灾害。11月7日下午，越南中部开始下暴雨，持续了整整6天。洪水冲走了房屋，甚至整个村庄。六千多人丧生。全国人民都被动员起来参加救灾工作。但是没有人愿意冒险到那些受灾最严重的地区去，这些地区仍然暴雨肆虐。[16]

就在此时，一行禅师组织了一小队志愿者，乘坐七艘艇，沿着秋盆河（Thu Bon River）一路前行，船上堆满了食物和医疗用品。他们有时被困在交火地带，有时会生病。志愿者们一路进入山中，把救援物资带给需要的人，不管这些人在战争中处于哪一方。这种对众生毫无保留的慈悲心，是一个基本的戒律，一行禅师后来称之为入世佛教（Engaged Buddhism）。[17]

毫无疑问，正是对于非暴力抗议活动的共同关注，当一行禅师和马丁·路德·金相遇时，两人才能紧密地连接在一起。一行禅师的悲悯行为与非暴力不合作运动密切相关，马丁·路德·金的新社会运动也正是建立在这个基础之上。对于不公平现象，两人都致力于采取非暴力行动。有意思的是，他们之前走过了如此不同的道路，可谓殊途同归。

反抗的种子

1963年4月，马丁·路德·金因在阿拉巴马州的伯明翰参加反对种族隔离的示威游行而被捕入狱。就是这次在监狱里，他写就了那封著名的伯明翰狱中来信（*Letter from a Birmingham Jail*），呼吁他的教友们认可非暴力直接行动的合法性。

他引用了圣·奥古斯丁的观点，认为"不公正的法律根本就不是法律"，同时引用了圣·托马斯·阿奎那的观点加以解释，认为我们应认识到这些法律"并非根植于永恒的自然法则"。他写道，"任何贬低人类人格的法律都是不公正的"，种族隔离是不公正的，因为它"扭曲了灵魂，损害了人格"。[18]

圣雄甘地也在监狱里度过了很长一段时间，马丁·路德·金深受他的影响。在一次审判中，甘地说道："本人的拙见是，不与恶合作是我们的义务，就如同我们必须与善合作一样。"1906年，甘地在狱中阅读了美国自然主义者亨利·梭罗（Henry Thoreau）所写的关于公民不服从的著名论述。这对他的思想产生了深远的影响。他采纳了梭罗所使用的"公民不服从"（civil disobedience）一词来描述非暴力抵抗运动，这一运动最终终结了英国在印度的统治。[19]

1849年出版的《论公民不服从》（On the Duty of Civil Disobedience）一书详细解释了梭罗为什么不愿意缴纳税款：因为他不愿意提供资金以支持美国在墨西哥的战争和奴隶制。这篇短文是对国家和个人之间道德关系的一种深度审视。梭罗担忧的问题，与2019年世界各地抗议政府对气候变化不作为而涌上街头抗议的灭绝反抗者和学校罢工者基本相同。他问自己，当国家不再代表我们的道德利益时，我们还能有什么选择？他的答案就是：公民不服从。[20]

在哈佛大学，梭罗读过约翰·洛克（John Locke）的哲学思想。洛克关于"社会契约"的思想是现代政府理念的基础。一般说来，洛克于1689年出版的《政府论》（第二篇）（Second Treatise of Government）一书仍然是西方自由民主政体的基础。洛克认为，国家权力的合法性只取决于它是否承诺"在上帝面前平等地"保护人民的权力。洛克的论点与我们在第6章中接触的"自然状态"观点的起源相同：霍布斯在《利维坦》一书中毫不客气地将这种状态描述为"战争状态"。[21]

没有什么比霍布斯的生动描述更能准确地表现20世纪60年代在越南发生的这场残酷的战争了。第二次世界大战中日本侵略者留下的遗产；共产主义激发的民族主义者的反抗；法国殖民政权撤出该地区后形成的权力真空；人民内部的分裂；美国控制该地区的野心。所有这一切都像极了一场骇人的"全民战争"。

历史学家马克斯·黑斯廷斯（Max Hastings）在其对于战争的史诗性描述中写道："如果说美国的战争领导者经常炫耀其惨无人

道，那么北越的领导层则同样是以残暴对残暴。"很显然，越南处于战争状态。但这绝不是一种自然状态。这是一种令人生厌的权利冲突，冲突双方在这片远离他们自己民主国家数千里之外的舞台，上演了几十年的不合法演出造成的结果。越南战争可谓人类历史上一次合法政府最惨痛的失败。[22]

我们的权力观，就像科学一样，致命地取决于比喻的说服力。霍布斯用"全民战争"来表示所有自由都服从某种形式的绝对主权。他表示，只有达到这种程度的权力，才能够防止自然状态演变成战争状态。在特定的历史背景下，这一论点只不过是反映了一场不当的权力争夺，代表的是专制君主的利益，而其政治目的（如在英国内战中）与普通民众的需要或利益几乎没有共同之处。[23]

令人钦佩的是，洛克一心反对这种高度政治化的国家观。他提出的自然状态并没有那么残酷。事实上，他坚持认为，应该由自然法则支配，每个人都有义务……人人平等、独立。任何人都不应伤害他人的生命、健康、自由或财产。[24]

洛克认为，最关键的是，赋予政府的确保这一结果的权力充其量只是相对的。它由人民为人民而赋予，必要时又必须由人民收回。"所有权力都是为了达到某种目的而以信任为基础所授予的，并受到该目的的限制。无论何时，只要该目的显而易见地遭到忽视或反对，就必须放弃这种信任，将该权力交回到那些原授予这些权力的人的手中。"[25]

洛克关于"社会契约"的设想非常清楚地预见到，在某些特定的情况下，特别是当人类立法与自然法则不一致时，人民有权利和义务去抵制国家。洛克并没有将公民不服从作为抵制国家的优选方式。但是，在缺乏确保善政的可靠方法的情况下，这是对意图忽视其公民合法利益的国家的一种必要限制。

梭罗进一步发展了这种观点。他认为，社会进步的表现是逐渐趋向于越来越尊重个体的人权。他提议道，除非国家承认个人拥有更大的权力和更高的独立性，而国家的权力和权威都产生于此，否则永远不会有一个真正自由和开明的国家。他认为，从目前来看，公民不服从在反对政府的道德败坏中至关重要。但是，也许我们的政治进程仍然处于一种不完善状态。"如我们所知，对于政府来说，民主就是最后可以改善之处吗？"梭罗在文章结尾问道。"我终于想象出一个对所有人都公正合理的国家，这让我自己感到非常兴奋。"[26]

这也许看来像是有点偏离了本书的主题。但是，回溯公民不服从观点的由来，从金和甘地到洛克和霍布斯，我想说的是：我们今天仍然面临着公民不服从的巨大需要，这不仅表示某个政府存在一些实质性的问题，更显示了国家本身的架构方面存在不完善之处。一种对权力艺术时而致命的误解，迫切地需要进行纠正。

噩梦般壮观

资本主义和佛教在公民不合作方面的奇妙交会，背后隐藏着更加不可思议的巧合。两者关于权力艺术的解决之道均不甚令人满意，但两者均始于对人类生存的相同基本条件的相同认知。这些条件在本书前面已有所述及。

佛教的"第一圣谛"教导我们，苦难是人生本有的。我们都熟知苦难的缘由。在这本书中，我们曾多次谈及这些缘由。苦难起源于我们作为物质世界中有限存在的本性。从我们出生的那一刻直至死亡的瞬间，我们的生活都局限在这些境况中。在很多方面，佛教的起点与对资本主义核心要义的理解是完全相同的。人生就是为了生存而进行的苦苦挣扎。苦痛是不可避免的。

存在主义哲学家欧内斯特·贝克尔（Ernest Becker）用一种特别生动的方式对此进行了解释。他在其经典著作《拒斥死亡》（*The Denial of Death*）一书中写道："创世就是一场发生在一个星球上的梦魇奇观，几亿年来，这个星球浸透了万物生灵的鲜血。"我们在这个星球上所做的一切"都将在造物的恐惧、荒谬怪诞、万物之下的恐慌这样的活生生的真实中完成。若不然，就是虚幻"。[27]

当然，这是一种比喻。但它描述了深层的现实，与第一圣谛非常近似。我们身边满是苦难。苦难是生活的先决条件和必然结果。如我们所见，资本主义也信奉这一比喻所蕴含的意义。但尽管这两种意识形态的渊源相同，随后却出现了巨大的分歧。

资本主义的发展历程既奇特又充满了矛盾。资本主义的基本做法是将生存奋斗转化为不可避免的竞争，并将这种竞争融入文化制度中：市场规则，商业道德，消费社会的规则。一点也不奇怪，同样的表达方式也被纳入了国家的组织结构中。这一点在霍布斯身上最为明显，他的《利维坦》一书就是针对竞争性的"全民战争"所提供的一种便捷疗法。但它在洛克的社会契约理论中也有所体现，其存在也许更多的是一种缺省而非特别设计。不过，已然如此。

洛克提出的适度包容"生命、健康、自由和财产"的社会契约理念已逐渐退化，社会契约成了保护私有财产的一种集体保险政策。政府成了财产权的终极执法者。结果是国家变成了一个执行俱乐部，其主要职能就是保护财产拥有者的利益。显然，这样轻巧的融合将穷人、边缘人群和无产者的利益排除在外。

这正是当今日益高涨的民粹主义表达不满情绪的一种表现。一个假装关心公共利益却充当了精英阶层捍卫者的政府,似乎比一个坦然承认"全民战争"并使残暴行径合法化的政府还要糟糕。蚕食正派行为,让社会倒退。仇外情绪、种族主义和性别歧视卷土重来。这既是对政府代表民众的权力不信任的结果,也是后真相时代媒体操纵的结果。

但还有更糟糕的事。国家政体的结构设置没有为其他物种留出权利的空间。它没有考虑到自然保护问题。从来无法有效地维护子孙后代的利益。国家对于第一圣谛并没有真正的热情,只有敷衍的做作,以及只惠及一小撮人的极其有限的互惠利他行为。难怪那些被剥夺了财产和权力的人的唯一的道德诉求就是公民不服从。[28]

这种格局下的权力会瓦解,落到市场或军事力量手中。对于这种有限且危险状况的证据,在需要时可从本应存在于自然界的竞争逻辑中借鉴到象征性的证明:这是捕食者和猎物的领域,猎人与猎物的关系。对于一个国家来说,维持其秩序的最好方式是军事实力或经济力量,无论是在该国境内还是境外。

致命的自负

一行禅师在《权力的艺术》(*The Art of Power*)一书中指出,在西方社会,人们所认为的权力就是佛教徒所说的欲望:对于财富、财产、物质、地位、舒适、性的欲望,以及在追求这些东西的过程中对他人的控制力。这个神话已失灵,导致资本主义国家不得不弱化它黯淡的预兆。如果没有更多的东西来奖励那些被排除在财富所有权之外的人,社会契约将遭受难以承受的致命打击:弱式群体的权利受到不断压制。[29]

当然，这正是增长神话的由来。它的责任就是保证将会有更多更多。没有这种持之以恒的积累，资本主义就无法运转。如果我们用社会契约将财产权固定下来，并将获取利润的特权置于生命和健康权之上，那么公民不合作就成了无产者唯一的筹码。若如此，我们所在的国家的合法性就完全建立在虚妄不实的诺言之上，完全不符合自然社会的状态。

这样做带来的副作用少见且自相矛盾。经由不懈的权力之争来解决生存竞争，这个危险的现实不敢以清晰的面貌呈现于世人眼前。必须用一层错综复杂的伪装加以掩饰，好让损害变得没关系、无关紧要或在别处发生，伤害不到我们。贝克尔的"拒斥死亡"的观点对于将资本主义作为一种社会愿景的可接受性来说，是绝对必要的。

（因新冠肺炎疫情）隔离早期的时候，有一回，真是难得一见的诚实，美国总统出乎意料地承认了。他说："我希望我们能回到过去的生活……我们拥有有史以来最伟大的经济。没有死亡发生。"正如作家扎迪·史密斯（Zadie Smith）在2020年隔离期间的生活写照中所指出的，死亡"就是我们作为一个整体存在的真相，但美国从来没有从哲学上将存在视为一个整体"。否认成了这场游戏的先决条件。[30]

这场游戏获得成功的"甜蜜"的回报之一，就是有能力让这种否认变得完美。很大一部分"战利品"分给了社会孤立。就像一个舒适的和拥有特权的封闭的茧——可预见的熵向外和向下发散，但从来没有真正触及我们的生活。对于那些无法承受这种否认的人来说，尽管这些承诺从未兑现，但仍然具有相当的诱惑力。消费主义的致命自负。正如贝克尔所描述的，现代社会就像一个"酗酒和吸毒"的人一样，丧失了自我意识。或者恰似血拼购物，"也是一样的"。[31]

不得不承认，的确有一种"真正的力量"存在于民众中。但首先，他们必须从自身的惰性状态中振作起来。接下来，他们必须在投票选举中表达自己的观点。如果这些都不起作用，就必须走上街头（进行抗议）。偶尔——也许太过经常总是悲剧的——最有可能爆发更为激烈的抵抗形式，就像在越南所发生的事情那样。但这些做法可能都不足以实现民众所要求的系统性巨变，甚至会出现许多反乌托邦式的结果。我们需要一些不同的东西。

不竭的渴望

佛教与资本主义的起源几乎完全相同。苦难无处不在。然而，两者采取的策略却几乎截然相反。"第二圣谛"断言，痛苦（dukka）是渴望（tanhe）的结果。我们对财富、名望、性甚至舒适的不竭渴望一直无法得到满足。这种渴望就像是火上浇油。在追求这些东西的过程中，人们还寻求统治他人的权力，这让事情变得更加糟糕。这种力量只会加剧苦痛。

在达沃斯论坛上盛行的"前沿资本主义"是对这一现实状况的真实写照。"美国优先"并不关心美国以外的那些国家是繁荣还是灭亡。金融行业薪酬存在的巨大差距，都是在颂扬赤裸裸的生存竞争中所追求的那些狭隘的自我价值观的风气。那些主张将欲望作为社会繁荣的推动力的人忘记了社会契约的微妙之处。那么，如果制造痛苦的是权力呢？对于权力持有者来说，只要遭受苦难的是别人，就无所不可。

佛教拒绝按照这种架构行事，因为这样既不道德，也不明智。被欲望所支配会加剧人们的痛苦。不仅那些没有权力的人如此，那些利用经济或军事力量来满足其欲望的人亦如此。在某种意义上，我们已经了解了这一现实。甚至我们的基本生活需要，在欲望泛滥的环境中受到污染。这一观点很有意思，在亚里士多德和圣·奥古斯丁的哲学中，甚至神经生物学的最新知识也持相同的看法。如此看来，这些思想已经存在于两千五百年前的思想体系中了。

对这些问题的回应同样令人吃惊。佛陀坚持说，只有把自己从欲望中解脱出来，才能减轻苦难。至于如何实现这一看起来不可能的壮举，佛陀继而给出了一些具体的教导。

与其说佛教本身是一种宗教，倒不如说是一本关于如何生活、工作、爱甚至呼吸的实用建议的攻略，它能让我们从欲求中挣脱出来。权力的实现，并不像资本主义所坚持的那样，只能通过对他人的支配进而不断地刺激欲望才能达成。力量来自我们不受欲望支配的能力。

我并没有这么天真，认为一个国家进入后增长时代，需要人们都要学会克制自己的欲望。没有人比一行禅师更清楚地认识到，佛教在西方世界的推广必须适应其实际状况。他一生的大部分时间都致力于完成这一使命。就算是佛教，也不指望他的信徒们没有欲望。正如加拿大歌手凯瑟琳·道恩·朗（Kathryn Dawn Lang）所言，渴望可能是人类生活中不可缺少的元素。人对于财富、感情、性、巧克力的那种"不竭的欲望"，也许是一种对更深层次的东西错位的向往。它们不可名状、不能穷尽。[32]

也许我们的渴望是"生命对自己的渴望"的一部分。也许我们永远无法摆脱它。没关系，这不是重点。关键是资本主义和佛教的并存形成了鲜明且有趣的对比。这两种意识形态的出发点是相同的，都认为苦难是生活的内在构成部分，但发展方向却截然相反，因而得出的结论也完全不同。我们没有权力或者说不希望去评判哪种结局是正确的，或者说是最好的，或者更可取。但确信无疑的是，我们可以从这一古老的哲学智慧中学到一些东西，把我们从资本主义国家陷入的僵局中解救出来。

很明显，这一教训不能赋予一个国家劝服其公民放弃欲望的权责。让当权者试图说服那些没有权力的人接受他们的贫乏状况或放弃生活中的机会，没有什么事情比这一做法在道德层面上更让人质疑了。但我们也不能纵容一个国家向民众传输虚假的梦想和无法实现的承诺。或者，更糟糕的是，这一体系故意激起人们的渴望后却又残忍地甚或故意地不让这些欲望得到满足。作为这一制度的主要辩护者和维护者，其处境并不令人满意。纯粹是为了维持腐败和不公正的特权而已。

统治的意义远超于此，它必须提供更多的东西。1809年，（美利坚合众国第三任总统，《美国独立宣言》的起草者）托马斯·杰斐逊（Thomas Jefferson）曾写道："一个好的政府的首要的和唯一的任务，就是关心人类的生活和幸福，而不是毁灭它们。"以此作为出发点，我们必然会得出这样的结论：国家有责任使得——而不是阻止——其公民能够追求真正的繁荣：确保他们有能力追求健康和积极的生活；为心理健康和社会福祉创造条件；形成发现心流（flow）的能力；鼓励创造性，使创造者和受益者均从中得益；孕育出超凡脱俗的艺术作品；甚至保护人们在自己的国度里自由无欲。[33]

如果上述因素定义了政府的职责，这些因素也许能用以界定政府可采取的组织架构。或许这些因素揭示了一个政府所应具备的品质。梭罗也许是对的。在通往民主的道路上，还有很长的路要走。当财富是通往政治权力的门票时，当民选官员受到企业政治献金的影响时，当政治地位是获得金钱利益的通行证时，那么，一个充满仁爱之心和公正无偏的国家的理想已经被财富和特权不可救药地玷污了。我们真的能称之为民主吗？

我们应该规范一个党派筹措资金的行为吗？我们是否应该要求执政者宣誓并承担法律责任？公职人员在就职之前应否接受训练或通过测试，或具备某种可靠的品行？他们的收入应该被限制吗？我们是否应该要求他们放弃物质财富？我们是否应该获得证据，证明他们拥有某种特殊的力量，能够抵制对权力的渴望？政治家应该学习经济学吗？经济学家应该学习医学吗？

从自由主义的角度来看，这些问题听起来非常怪异。但我认为，这些问题应该予以考虑。这不仅仅是因为我们最终还没有实现民主，而是因为我们已经把这种前景的希望都抛到了九霄云外。我们恰恰在最需要建立一个高效运转、法制健全的国家的时候，却放弃了这一理想。

在大约两千五百年前，老子就写道，"夫唯道，善贷且成"。越南的一行禅师对这一古老传统的智慧也深以为然。他认为，权力就是把自己从不竭的欲望中挣脱出来。

没有人认为能够轻而易举地获得自由。但通往自由的道路对于每个人都是敞开的。在古老的佛教和道教传统中，是这一过程本身将带给人们力量。正如本章开头的铭文中所引用的一行禅师的话，"如果脚下有路，你就有力量。"[34]

这一愿景与我们当代的权力观念形成了鲜明的对比，为本章作出了最好的注解——事实上，在某种意义上，也是整本书的最好注解。或许我们至少能够做到的，是要求一些证据证明我们的政治家们拥有这种力量。

回家之路

1966年6月1日,一行禅师抵达了美国。几天后,在华盛顿的一次会议上,他提出了一项和平建议,敦促美国停止轰炸越南,并向冲突双方提供援助。他说,美国应该开始艰难而艰辛的重建与调解工作,而不是战争。

就在他提出这些建议的同一天,南越政府宣布他为叛徒,这实际上是把他流放在远离家乡数千英里之外的异乡了。不久之后,他因受到监禁的威胁而被迫离开美国。一行禅师最终定居在法国,在那里,他建立了一个名为梅村(Plum Village)的实验社区,并把它从一个小农庄发展成为一个繁荣的疗养中心。时隔39年之后,他才回到了自己的祖国。[35]

回忆起39岁时突然发现自己无家无国可归的经历,一行禅师说,半夜醒来时会有一种恐慌感,不知道自己身处何地。他经常梦到自己回到顺化的寺庙里,在那里,他最初接受的训练是做个小沙弥。"我梦见自己爬上一座绿树成荫的青山,当爬到半山腰时,我会突然清醒过来,意识到自己被放逐了。"他回忆道:"我必须深深地呼吸几次,才能记起来我身居哪个国家哪个城市。"88岁时,他经历了一次严重的中风,几乎不能再讲话,他回到了顺化的修道院,度过了他的余生。[36]

流亡时,年轻的一行禅师不顾一切地想办法回家,这使他对于家有了深刻的理解。"我们真正的家是现在,"半个多世纪后,他写道,"不管此地此时发生了什么事。"这就是家。他坚持认为,家不是一个抽象的概念,而是一个"坚定的现实",我们要学着亲身去体验。让我们自己走上通往这种体验的道路的,是我们所拥有的最大的力量。最后,他解释说,没有回家的路,"家就是路"。[37]

10
威尼斯的海豚

希望长着羽毛,栖息在灵魂里
——哼着没有歌词的旋律
——永不停歇
艾米莉·狄金森,1861年[1]

知足之足,
常足矣。
——老子,公元前500年[2]

资本主义存在一系列系统性错误。它颠覆了人类健康的平衡原则——固执地坚持认为越多越好。它贬低关爱性质的行为——不断降低关爱者的价值。它过度刺激消费欲望——毫不留情地激起各种不满。它加速物质产出——但这很危险，破坏了自然世界的完好。

资本主义颠覆了建设世界的任务。它使我们对安全的无休止追求变成了无情和不可避免的不安全。那些充满希望的投资却成了反乌托邦式的赌场。它一步步地将回报赋予资本，罔顾普通人的生计。所有这些，都破坏了金融稳定，加剧了不平等，损害了我们的健康。

教训是非常明确的，所有这一切本不该如此。虽然令人震惊但却显而易见的是，冠状病毒危机暴露了资本主义长期以来一直否认的事实：政府是有可能干预社会的良性运行的。让员工"休假"，保障生活来源，投资于医疗。政府可以利用其对金钱的主权将其作为合法的改革工具——基于意识形态的原因，这一权力为那些会从不幸中获利的人（从内心深处）所拒绝。

正如我希望本书已经揭示的那样，资本主义的废墟中蕴藏着基础性复兴（fundamental renewal）的种子。数量多并不总是优点；斗争不是生存的唯一方式；竞争也并非对斗争的唯一回应；苦差事不是劳动唯一的报酬；生产力不会耗尽工作回报；投资不是毫无意义的积累财富；拒绝也不是我们对消亡的唯一回应。

这些教训来自对资本主义规则和缺陷的高度关注，也来自我们在2020年遇到的这一非同寻常的社会现象。基于多种原因，这些经验意义深远。不仅对于那些生存下来的人们生活具有独特的意义，也因为它能够快速地将我们从资本主义的框架中拯救出来，进入后增长时代。无论这一过程多么短暂，这一教训的影响将是深远的。

长着羽毛的东西

2020年3月17日，星期二，圣帕特里克节。距离罗伯特·肯尼迪踏上堪萨斯州的停机坪，开始那场倒霉的总统竞选已经过了52年。在意大利因新冠肺炎疫情封城两周后，社交媒体上流传着一则趣闻轶事。有迹象表明，大自然开始从持续不断的经济性活动的冲击中复苏。威尼斯的河道里出现了海豚！[3]

第二天，又传来一则更不寻常的消息。一群大象溜达进了中国云南省的一个村庄，饮用了玉米酒，在附近的茶园里酣然入睡。这两个故事迅速传播开来，社交网络中弥漫着兴奋与激动的情绪。地球正在自我治愈！大自然按下了重置按钮！但也间或出现了一些略显恶毒的观点：我们才是病毒。暗指如果没有我们，自然界的一切都会变好。

这让人想起林恩·马古利斯曾经表达过的一种观点。她对细菌在地球上生存的时间如此之久非常感兴趣,她对细菌的适应能力和再造能力赞赏有加。[4]

没有细菌,我们甚至不会存在。但没有我们,它们却安然无恙,就像人类出现之前的几十万年一样。林恩认为,细菌唯一不能做的事情就是讲话。但如果仔细倾听,你可以听到它们在歌唱。每逢此时,她就会哼起一首20世纪50年代的老歌,《离开你我也过得非常好》(Gonna Get Along without Ya Now)。当然,完全有可能的是,她在唱这首歌的时候,所想到的并不是整个人类物种,而只是其中的一两个成员。[5]

这两则新闻故事播出几天后,《国家地理》(National Geographic)杂志发表了一篇文章,驳斥这两篇报道。文章说,这些报道是假的,这只是个骗局,就这么简单。假新闻,没有哪只海豚会蠢到冒险游到威尼斯的河道里去,即便是现在。[6]

读者们勃然大怒,各种说法蜂拥而至。"哇,"有人说,"这就像在商场里,你的孩子正开心地坐在圣诞老人的大腿上,你却对孩子说:圣诞老人不是真的。人们乐于接受这种幻想,为什么要用真相毁了我们的生活?"另一些人则去谴责那些始作俑者,他们评论:为了得到"点赞",人们真是无所不用其极。大量恶搞的模仿消息接踵而至。讽刺新闻网站洋葱新闻(The Onion)上登载了一篇文章,声称白犀牛已经占领了曼哈顿市中心。一道亮光打出"地球正在愈合"的字样,旁边的配图是一只色泽斑斓的海豚,正在假想的哈德逊河中欢蹦乱跳。事实上,这张图片只不过是平面设计师丽莎·弗兰克(Lisa Frank)的一幅艳丽的迷幻设计作品。[7]

令人诧异的是,一张山羊来到威尔士兰杜德诺镇的照片竟然是真的。而在亚利桑那州,还真有一窝野猪从山上下来,闯入了一户

10 威尼斯的海豚

人家的后院。北京的天空是蔚蓝的，显得更加清澈起来。在印度的旁遮普省，30年来第一次看到了200千米外的喜马拉雅山脉。显然，人们真的看到了海豚。它出现在意大利撒丁岛卡利亚里的一个港口。没那么神奇，但依然非同寻常。如此看来，某种程度上的治愈在一些地方真的发生了。[8]

急惰的新闻频道先是把这些报道炒得沸沸扬扬，之后再对自己上当受骗感到气急败坏，未经调查地去揭穿真相。有些人据此认为，所有这一切都表明没有人是可信的。人们都被关在家里，一项"深度伪造"正密谋策划从紧张兮兮的市民那里窃取最后一丝理智：辨别事实和虚构的能力。[9]

有些事情很可能一直发生着。声名远扬的环保组织灭绝反抗（Extinction Rebellion）（有人认为这个组织非常有趣）发布过一段视频，视频中，比利时总理谈道，必须立即采取行动以应对气候和环境危机。当然，确实如此。但实际上他并没有讲过这些。真是令人遗憾。有些假消息甚至出自某些身处要职之人，但这些人只是想利用当前糟糕的局势为自己谋取利益而已。通过假消息广为流传以制造混乱，混乱是获得控制权的基础。[10]

但是说到出现海豚的话题，好吧，有一种解释更简单，也更友好。最初发布这个消息的是意大利的推特用户。推特里讲得很清楚：威尼斯清澈的水流；米兰的天鹅；卡利亚里的海豚。有些混乱源于一次单纯的误解，有些则是因为仓促的重复。这一切的罪魁祸首都是人类那种复杂深邃的情感：希望！诗人艾米莉·狄金森（Emily Dickinson）曾将其形容为"栖息在灵魂深处的长着羽毛的东西"。[11]

埋藏的宝藏

林恩·马古利斯最喜爱的诗人对"隔离"并不陌生。狄金森一生的大部分时间都在隐居,很少或者说始终也没离开过她在马萨诸塞州阿默斯特的家。当地人有时称她为"仙女"(The Myth)。她穿着一件朴素的白色长袍,站在狄金森家老宅的顶楼,俯瞰着阿默斯特西部的墓地。传说这位"白衣女士"都是躲在紧闭的大门后面与偶尔来访的客人进行交谈的。[12]

说句公道话,我们确实不知道这些传说中有多少是真的。这位美国最负盛名的女诗人的生活至今仍然不为人知。人们还在对她的文学遗产争论不休,从她的作品中很难直接了解这位女诗人。她一生中只发表了10首诗,且全都是匿名的。她于1886年去世,享年55岁,在这之前,她曾经指控她的姐姐拉维尼亚毁掉了她的所有作品。

对于世界来说幸运的是,她指控的罪名只有部分成立。葬礼几天之后,拉维尼亚在狄金森房间的一个箱子的底层抽屉里发现了宝藏。这里有800首诗,写在40个小小的笔记本里(被称为"诗集")——每个笔记本都是手工仔细缝制的。笔记本旁边,还有数百封信件、诗和信诗——信诗是狄金森特有的作品形式。其中有近500张——许多是用铅笔写在纸片上的——是给她嫂子苏珊·亨廷顿·狄金森(Susan Huntington Dickinson)的便条,苏珊是她哥哥奥斯汀的妻子。

这些给苏(或苏西、苏珊)的信和诗谈及一段非同寻常的关系,藐视了过于简单化的人物特性塑造。这两个女人是一生的陪伴和知己。她们从小就是朋友,都热爱诗歌。三十多年来,她们都是近邻。在一张照片中能看到,两栋房子之间的草地上有一条老旧的小路。很显然,她们对于彼此都非常重要。[13]

不可思议的是，在狄金森去世四年后出版的第一卷《狄金森诗集》中，完全没有出现这些信息。书中根本就没有提到苏。对此，最可能的解释是，当时负责出版诗集的梅布尔·卢米斯·托德（Mabel Loomis Todd）是奥斯汀的情妇。删去所有与苏珊有关的内容，是将对手从历史中抹去的绝佳方法。

如果上述证据可信，托德甚至从一些原始手稿中抹去了苏珊的名字，并时不时地把信件中"Susan"名字中的第一个字母"S"和最后两个字母"an"删除，将其改为"us"（我们）。不过，重写历史，对于后人来说是一件比较困难的事。我们永远无法全然确信未来的技术不会揭开昨日的罪行。在狄金森离世100多年以后，一位神通广大的狄金森研究学家，玛莎·内尔·史密斯（Martha Nell Smith）利用红外线和计算机成像技术，证实了评论家约翰·厄斯金（John Erskine）所称的"简直美国传记（史上的）之耻辱"的骗局。[14]

奇怪的是，诗人在世时，托德本人实际上从没有见到过她。她第一次见到的诗人，躺在敞开的棺材里，（苏珊）亲切地为她穿上白袍，领口插着一束紫罗兰。那些广为流传的关于狄金森是一个古怪失意的老处女的说法，可能是梅布尔（Mable）干的。"仙女"的说法也许是为了掩饰某个暧昧的真相，或者是为了吸引读者。让我们大方点，如果是后者，那确实奏效了。1890年，《艾米莉·狄金森诗集》（*The Poems of Emily Dickinson*）一经问世即广受好评。第一卷在出版的头两年重印了11次。[15]

自此之后，狄金森的作品就没有脱印过，她作为一个作家的声誉也快速提升。然而，令人惊讶的是，直到1955年，她的诗才全部出齐，完全按照诗作者想要的形式。100多年之后，人们才有胆量提起艾米莉与其嫂之间的关系。但即使现在，这些说法仍然存在争议。《纽约时报》对《小心翼翼敞开我心扉》(Open Me Carefully)的评价是"彩虹般绚丽、令人迷惑和爆炸性的"。诗集收录了狄金森与其嫂的私信往来，直到1998年才等到了迟来的出版。[16]

根据这些书信往来，非常清楚的是，艾米莉·狄金森的隐居生活一点也不像是悲伤的监禁，那是梅布尔·托德为19世纪末观众的敏感情绪所创造出来的。亲密私信的编辑们对此直言不讳。"她懂得爱、拒绝、原谅、嫉妒、绝望和激情"，编辑们写道，"多年来，心爱的人近在咫尺却无法触及，这使她感受到强烈的喜悦和失意"。翻开《小心翼翼敞开我心扉》，这一结论确实很难辩驳。[17]

它是艾米莉对生活的看法，这一点从苏珊·狄金森为诗人写的感人至深的讣告中就可得到验证，这份讣告是诗人去世后几天内写就的。"她对这个世界并不失望，近两年之前也算不上是一个病人，不缺乏同情心，也不是因为她不能胜任脑力劳动或社会性职业，"她写道，"但是，她的'灵魂之网'——诗人布朗宁（Browning）称其人——太过罕见，所以对于她的价值和工作来说，家宅神圣的宁静最为适宜。"[18]。

隔离之狂

我知道有些人还在因新冠肺炎疫情期间隔离的经历而心烦意乱，他们会读到宅家期间"神圣的宁静"，带着怀疑和羡慕。但不是每个人都这么幸运，这是显而易见的。

如果资本主义统治下的社会是健康的，一段时间的隔离所造成的损害可能不会如此深远。但事实并非如此。工作的变化无常、金融的不稳定、政体之间的紧张、一个分裂和贫穷的社会，这些都是事实，甚至在大流行之前已然如此。灾难来临之际，富人和特权阶层幸免于难，基层劳动者则成了新冠肺炎疫情的最大受害者，而他们远比我们所认为的更为重要。处于社会边缘的少数族裔由于长期收入过低和面对病毒时防护不足，首当其冲地受到这一流行病的影响，在隔离状态下受害最深。

穷人的情形最糟糕。但没有人能够全身而退毫发无伤。几乎是一夜之间，这一流行病就张开了其危险的翅膀（传遍了全球），全球的经济交流和社会交流放缓了，这种情况是前所未有的。现实状况令人震惊。互惠互利是社会的基础，它产生的教化力量是支持资本主义的一项关键道德论据。交换被视为一项不可或缺的美德。然而一夜之间，它却成了迫在眉睫的危机，几乎变成了全然的恶习。

扎迪·史密斯（Zadie Smith）在其关于疫情隔离的文集中写道："当一个陌生的世界展现在我们面前时，关于之前的世界，它揭示了什么？"社会结构的分解，支持性系统的崩溃，家庭分散隔离，悲伤无可慰藉，紧张局势升级，各种关系都受到考验，动乱越来越多。根据联合国按时间顺序记录的全球家庭暴力"影子流行病"，家庭暴力案件比平常增加了20%。同时，心理健康危机的比例之高也同样令人不安。孤独与沮丧，困惑与悲伤。过去的这一年来，人们的生活受到了各种各样的影响，重塑了我们对这个世界的感知。[19]

病毒为社会树起了一面镜子。它的映象既朦胧又暗淡，就像幽灵一样，难以辨认其面貌。

与艾米莉·狄金森不同的是，我们并非主动选择了封闭。现代性也没有为我们被剥夺自由做好准备。压力很大。我们毫无准备地陷入了对资源的依赖之中，而这些资源长期处于休眠、开发不足和不受重视的状态。"从社会中挣脱出来后，我们是否从一个束缚着我们的制度中解脱出来,成为商业和媒体的奴隶?抑或长期处于系统之外使我们麻木?"小说家奥特萨·莫斯菲格(Ottessa Moshfegh)问道,"我们的思想真的自由了吗?"[20]

凝视隔离之镜的时间越长,就可以从镜中的阴影图像中分析出更多清晰而令人不快的真相。隔离不仅仅是一种反常现象,也是我们内心深处普遍存在的焦虑的升华。我们被束缚在地球上,我们被禁锢在自己的身体里,我们被局限在文化和习俗的围栏中,我们被限制在分配给我们的时间内,我们是拥有无限的想象和梦想能力的生命体。然而,我们却是自己生活的囚徒。

外部世界的忙碌就像一个精心设计的诡计,分散了我们对冷酷现实的注意力。毫无遮掩,我们只能在恐惧中挣扎。难怪我们会害怕,难怪我们被关得发狂。我们的第一本能是反抗,挣脱,否认。否认是不可避免的,但其影响有时是灾难性的。联合起来否认新冠肺炎,时不时地制造街头的混乱,使得疫情不可避免地一波一波发生,这些都见证了这种本能的力量。

但这些并不是面对当前困境时唯一的回应方式。扎迪·史密斯承认:"即使在我们个人的内心深处,各种反应也混杂交织在一起。这种情形下,不正是每个人都发现自己的能力在恢复,哪怕只是为失去而哀悼的能力吗?"[21]

并不仅仅是哀悼的能力。我们勇敢地努力适应现状。那些长期被遗忘的技能——或者被认为无关紧要而舍弃的技能——在匆忙中复活了。被认为毫无价值的活动被赋予了新的意义和目的。一些有价值的东西被重新发现,埋藏的财宝被小心翼翼地挖掘出来,各种关系被重新建立起来,回忆得以重现。因为有更多的时间思考。少了对错过机会的恐惧,因为大家都错过了。人们更加注重依靠更少而过得好的生活技能。

时间不再那么紧张，日子也没那么疯狂了，我们也不再因为没完没了地去各种地方而分心。日常生活历经磨练，终从简单归于自然，返璞归真。

令人惊讶的或许是，就在隔离一个月后，相当一部分人就发现自己希望其中一些改变能持续下去。一项研究显示，85%的被调查者发现，当隔离结束时，他们真的很希望现状能保持下去。只有不到10%的人希望完全恢复正常。几个月后，要求建立新经济常态的呼声如潮，证实了这些回应。[22]

隔离释放了我们的想象力，去想象一个更美好的未来，相信可以建立一个更健康的世界，去享受被忘记或从未了解的东西。干净的空气，减少的车流，蓝蓝的天空，更少的飞机尾迹。有更多时间陪伴彼此，减少了追求成功的压力，对陌生人释放更多的善意。噪声少了，与自然的接触多了。匆匆忙忙的事少了，安静沉思的空间多了。威尼斯的海豚！希望这样的事情越来越多总没有什么错吧。

半个多世纪以前，罗伯特·肯尼迪在堪萨斯大学发表演讲时，最后引用了剧作家乔治·萧伯纳（Bernard Shaw）的话。在萧伯纳所著的内容博大的进化论剧本《回到玛土撒拉》（*Back to Methuselash*）中，他通过传说中的蛇向《圣经》中的夏娃解释："你看到了存在的事物，你会问：为什么？但我梦想的是从未存在过的事物，我问的是'为什么不呢？'"为什么不，这才是幻想家的语言。[23]

难以忘却的苦痛

在堪萨斯州发表演讲后不久，罗伯特·肯尼迪前往印第安纳波利斯的一个黑人聚居区举行竞选集会。这次聚会是约翰·刘易斯（John Lewis）组织的，他是一位28岁的民权活动家，两个人曾经在一起工作过。1968年4月4日晚，肯尼迪抵达该市时，市长打来电话向他致意，电话里，市长力劝他不要参加集会。那天晚上的早些时候，马丁·路德·金在孟菲斯遭到枪杀。市长认为，罗伯特·肯尼迪可能会不安全。[24]

"你也许不想去那儿，"罗伯特·肯尼迪回答说，"但今晚我要带着我的10个孩子和怀孕的妻子去那里，就是睡在大街上，我们也会非常安全。"这不是虚张声势或傲慢无礼。他与刘易斯的长期合作而形成的可信性和道德上的权威性，使他能够站在一帮黑人居多的人群面前，这些人还没有听到这一悲惨的消息，而他将成为向他们通报这一消息的人。[25]

他和他们一起哀悼这一损失，背诵了希腊诗人埃斯库罗斯的诗句："在我们的睡梦中，无法忘记的痛苦一滴一滴地落在心头，我们在自己的绝望中，违背了我们的意愿，直到智慧来临。"他如是说。他同情这些人。"对于你们中的黑人来说，鉴于这种不公正的行为，都会对所有白人充满仇恨和不信任。我只能说，我自己心里也有同样的感觉。我的一个家人被杀了……他是被一个白人杀死的。"他如是说。同时，他指出了前进的方向：

在美国，我们需要的不是分裂；在美国，我们需要的不是仇恨；在美国，我们需要的不是暴力或目无法纪；我们需要的是爱和智慧，对彼此的同情，以及对那些仍然在我们国家受苦受难的人的正义感，无论他们是白人还是黑人。[26]

听众们默默地听着，偶尔鼓一下掌。这一消息的宣布引起了一阵恐怖的喘息。但肯尼迪的语气让人感受到悲伤和尊敬。没有暴力行为发生。那天晚上，印第安纳波利斯市非常平静。国内有些地方则发生了严重的骚乱。人们用这种方式去表达对于受到不公正对待的愤慨。1968年的夏天，整个国家都处于混乱之中。就像2020年的夏天一样。

刺杀事件发生三天后，蓝调歌手尼娜·西蒙（Nina Simone）在纽约长岛的韦斯特伯里音乐节上进行表演。在专门为了纪念马丁·路德·金的激动人心的环节上，乐队演唱了一首名为《为什么？》（注：这首歌主题是纪念马丁·路德·金）的歌曲，这是他们在他死后第二天写的。就在这首歌曲结束前，西蒙穿插进来，发表了一篇关于死亡和失去的即兴演讲，这篇演讲包含了愤怒、绝望、悲伤和希望等多种感情。这是她自己与所有这些情绪进行斗争的悲痛写照。在即兴演讲快要结束的时候，她几乎发不出声音了，她请求大家安静，以便把重要的事情做完。然后是一片寂静。在一片寂静中，她轻轻地拨动了和弦。慢慢地，她开始了最后的副歌。曲终人散没有答案。这只是一颗破碎的心在哭泣，绝望地质问接下来会发生什么。[27]

让自由之声响起

接下来可能会发生的事情是，在某个人的引导下，政治活动将朝着一个更富有同情心、更仁慈、更美好的方向转变，而这个人坚信这一切将会发生。肯尼迪对一个充满尊严和价值的包容和平等的社会的设想正是1968年那个时代所需要的。现在却比以往任何时候都更需要它。事后看来，当时这一愿景应该是经过了非常缜密的思考而构想出来的，这真是令人震惊。这里面包含了堪萨斯的思想，印第安纳波利斯的包容,加利福尼亚的感恩:这些都不是空谈。这一愿景是建立在对这些问题的深刻理解以及对于我们在历史上地位的清醒认识的基础之上的。

在开始竞选活动的前一年,肯尼迪在一本他称为《寻找一个新的世界》(To Seek a Newer World)的书中描绘了这一愿景的构成要素。一如既往,他是从一位诗人那里获得的灵感,这次是丁尼生的诗《尤利西斯》(Ulysses)。在这首诗里,诗人想象着与诗歌同名的英雄即将踏上他最后的英雄之旅:

礁石上的灯标开始闪烁:

长昼将尽,月亮缓缓爬升,

无数声音在周围低吟。来吧,我的朋友们,

让我们探寻一个崭新的世界,尚未晚矣。[28]

在马丁·路德·金遇刺两个月后,那个本可以带领美国走向一个全新世界的人(指罗伯特·肯尼迪)也遇害了。而那个曾经激励和支持他的年轻的黑人社会活动家约翰·刘易斯仍在继续沿着这条路前进。

这一反对不公正的非暴力抗议活动又持续了52年。1986年,约翰·刘易斯当选为国会议员,成为亚特兰大的代表,随后他16次连任。他的同事们称他为"国会的良心"。他在2019年12月的特朗普弹劾投票中讲道:"当目睹一些不正确、不公正、不公平的事情时,道义上你就有责任去说些什么。"他坚持认为,国会肩负着"站在历史正确一边的使命和担当"。[29]

在刘易斯的一生中,他一次又一次目睹了黑人所遭受的不公正的对待,有时候这些不公正是法律和秩序的力量造成的。他多次呼吁,当少数族裔的最基本权利仍被残酷地摧毁时,世界却在宣扬进步,这是虚伪的。即使到了80岁,他也从来未曾忘记他们的名字。当弗洛伊德(Floyd)于2020年5月25日死于警察之手时,刘易斯说道:"埃米特·蒂尔是我的乔治·弗洛伊德,"他还说,"他是我的雷沙德·布鲁克斯、桑德拉·布兰德和布伦纳·泰勒。"[30]

蒂尔(Till)是一个14岁的芝加哥小孩,1955年被两个白人男子杀害,他被指控在密西西比州的钱市(Money)性侵一个白人店主。他被拷打、枪杀,被用带刺的铁丝捆起来,最后扔进了塔拉哈奇河。这两个人被宣告无罪。指控者后来承认她撒了谎。在蒂尔的葬礼上,他的母亲坚持把棺材敞开,这样人们就能看到她儿子所遭受的一切。当时约翰·刘易斯只有15岁。[31]

他活了很长时间,65年之后,他又见证了"黑人的命也是命"(Black Lives Matter)运动的发生。他相信,这次将会有所不同。他在接受哥伦比亚广播公司(CBS)"今日清晨"(This Morning)节目的采访时说:"人们现在明白了这场斗争的意义。这是在通往全人类自由和正义的漫长道路上迈出的又一步。"在那次采访之后不久,2020年7月17日,他因胰腺癌去世,这个病是在一年之前被诊断发现的。[32]

他最后的遗言——在葬礼当天公开发表——是继续斗争的热情呼吁。他在《纽约时报》上写道:"我的一生,已经尽我所能去证明和平之路、爱之路和非暴力是最好的路径。……现在轮到你们让自由之声响起了。"[33]

镜子里的鬼魂

隔离的镜子被焦躁不安的鬼魂缠住,就像波特海姆桥上冰冷的石头一样，勾勒出深渊那不变的轮廓。我们可以转身远离那些幽灵，或者我们能够鼓足勇气回望它们。

就像艾米莉·狄金森所做的那样。

艾米莉·狄金森的隐居与我们今天的隔离具有共同的特征，都是局限在家里。她那个年代的社区，本身就存在社交距离。尽管很少见面，她还是经常给朋友送些小礼物，或是对陷入困境的邻居说些安慰的话。她对当地的小孩子很友善，给他们做些姜饼放在篮子里，从楼上的窗户吊下来。她定期给九十多个不同的记者写信。

1875年，她的母亲在中风后卧床不起时，艾米莉照顾了她近七年，在这个过程中，她学会了如何爱她的母亲。"我们从未亲密过……当她是我们的母亲时，"她写道，"——但同一块地上的矿井通过隧道相接了，当她成为我们的孩子时，这种情感就产生了。"[34]

对狄金森来说，与死亡对抗是件至关重要的事情。承认痛苦是减轻痛苦的第一步。这一原则与一行禅师的工作具有异曲同工之妙。他把这一精髓精炼为入世佛教的戒律之一。他写道："不要回避苦难，也不要在苦难面前闭上眼睛。想办法和那些受苦受难的人在一起。通过这种方式，唤醒自己和他人，认识到世界上苦难的现实。"[35]

把我们的视线从苦难中移开，用"更多"来衡量一个人的成功，这种倾向反映了社会的另一面。这一现象不仅是对我们这个社会的善意，甚至是对我们自己发挥全部潜力的能力，都产生了令人惊讶的、主要是消极的影响。我们在对心流的研究中从自身发现了这一点。

我们想弄明白为什么有些人更容易体会心流。我们已经了解到（第6章），物质至上主义会削弱这种能力。我们还发现，长远来看，能够全身心投入一项工作中的人更容易产生心流。但我们无法真正把这些现象联系起来，直到我们发现：第一，那些更倾向于避免不受欢迎的感觉的人,往往具有较差的自我管理能力;第二,那些生活态度比较现实的人,更倾向于避免成为不受欢迎的人。[36]

把这些东西联系在一起,我们的研究表明,人越是物质主义,就越倾向于避免成为不受欢迎的人;而这反过来又削弱了发展我们体会心流能力所需要的意志力。回避痛苦,避免挫折,拒绝苦难,这些都摧毁了人类达成最充实状态的能力。另外,因准备好了面对黑暗,人们解放了思想去体会心流。

艾米莉·狄金森是这一理论的有趣的践行者。诗歌是她毕生的事业,隐居是她进行写作的工作室。她有意把对物质的需求置于身体需要的最低限度。在这种与世隔绝的环境中,她创作了一首首深入反映其日常生活的诗歌。诗歌是一种语言,她通过这种语言与世界交流。这是一种带来希望的哲学,它"哼着没有歌词的曲调,永不停止。"[37]

她的诗歌常常贯穿着强烈的死亡意识:对失去的恐惧,不可避免的分离,生存的苦痛。她毫不畏惧,决心永远不偏离这一主题,并用一种深思熟虑的、神秘的目光审视着它的力量。她用隐喻表达对死亡的探索,她的意象常常来自对大自然的热爱。在她的诗中,死亡是信使,是向导,有时更像是朋友:

我不能为死亡停留,

它便和善地为我驻步。

马车上只载着我们俩

和不朽。[38]

一位评论员曾经说过,她是用诗作为"不朽的仲裁者",用这样一种方法在充满死亡的世界里探索意识之谜。尽管它不断传递着人类通过工作创造世界的信息,大多数人还是不会像狄金森那样去探求死亡这一主题。对死亡的思考与资本主义中的否认几乎完全不同。[39]

对她来说，死亡有时候未免难以承受，我们大家都是这样。她的母亲死于1882年，她的小侄子，也就是苏的儿子吉布（Gib），一年后也去世了。他只有8岁。1884年秋天，她抱怨道："对我来说，死亡太过痛楚，我还没来得及振作起来，死亡又一次不期而至。"之后的几个月，她的健康状况一直不好，但她还是时不时地写点什么。[40]

1886年的头几个月，她的病情恶化了。她最后的一封信是写给两个小表妹路易丝和弗朗西丝·诺克罗斯的便条，非常简短地写着："小表妹，回电，艾米莉。"5月13日，她陷入了昏迷。5月15日上午，她的呼吸变得困难而短促。"这一天糟透了，"她的哥哥奥斯汀在日记中写道，"就在工厂六点的汽笛声鸣响之前，她停止了那艰难的呼吸。"苏珊给她洗了澡，准备下葬。[41]

足矣

这段旅程将终于何处？封锁结束后我们又将置身何地？我们还敢于去梦想一个崭新的世界吗？我写作本书的部分目的就是从"镜中幽灵"中寻求对人类处境的了解。对我们来说，他们的智慧有时是难以企及的。他们漫步在人类聚居地上空的极乐世界里。但山间那些众神踏过的小路，即使是凡人也可以追随而行。

在我们原始动物天性的快乐之外，还有对我们自身死亡的深刻认识。它用可怕的事实不断地提醒我们生活的样貌，人类在创建世界中所起的作用一目了然。对于耐久性的渴望驱动了人类的各种疯狂建造行为。从本质上讲，经济增长就是这种狂热的化身，其目标不亚于带来永生。但在资本主义统治下，这注定是要失败的。理解这种失败也是这本书的目的之一。

这并不是说工作是没有意义的。相反，我要说工作是人类繁荣的基本要素。工作中我们有可能体会到对心流状态最深刻的体验，它有助于我们对永生无止境的追求。在工作的腐化中这些回报消失了，而不是从工作本身中消失了。

这段旅程将终于何处？现在尚未得知。对抗死亡的工作永远也不会终结。接受现实，用真诚的态度感知苦难。但永远不要放弃希望。这正是艾米莉·狄金森所谓的"长着羽毛的东西"所表达的深意。永远不需要放弃人类获得成功的可能性，它永远也不会放弃我们。

生活中的物质缺乏从来都不能够限制我们去体验最强烈、最活跃、最不可能、最深刻的人类情感。正如路德维希·玻尔兹曼所指出的那样，在熵世界中的不可能性，只会被它存在的连续性所超越。

爱——不是孤独——才是狄金森隐居生活的可取之处。确实如此。奥特萨·莫斯菲格曾写道："没有爱，生活就是在消磨时间。"扎迪·史密斯坚持认为，没有了爱，"不管是何种情形，不管在何处，真的只剩下时间，而时间总显得太多"。[42]

诺贝尔文学奖获得者加缪（Albert Camus）在其1947年的小说《鼠疫》（*The Plague*）中也得出了类似的结论，这个故事写的就像现在发生的事情。尽管在这座鼠疫肆虐的城市，居民们尽可能快地恢复了正常的生活并将过去发生的事忘到了脑后，但幸存者们"现在知道了，如果只有一件事是人们可以永远渴求，而且有时能够得到的话，那就是人类的爱"。[43]

现实已经输给了资本主义。我们痴迷于追求"更多"，而模糊了人类内心脆弱的平衡，并贬损了能让我们重归平衡的诗歌。汉娜·阿伦特在《人类的境况》中写道，在我们所有的活动中，"诗歌最接近思想"。[44]

在她去世前不久，她又回顾了初恋情人马丁·海德格尔的作品。他探索了一种先验哲学，在这种哲学中，思想是通向无限的、永恒存在的大门。

经历过从"谬误之领域"退而转向思想的舞台，海德格尔认为，权力意志是历史上所有混乱的根源。[45]

狄金森的诗歌堪比海德格尔的哲学，这一点不奇怪。他们俩都在寻找某种超然的东西。某种存在于生命喧嚣之外的重要的东西。阿伦特亦如此，只是方式略有不同而已。她说，"每一种活动，即使是纯粹思想的过程，也只有在绝对安静的思考中才能形成"。在我们完全自由的地方，那些转瞬即逝的意识可能是生命最宝贵的奖赏。

达到这种状态并非易事。对于一行禅师来说，这都是技巧性问题。他认为，回家的路都是始于呼吸又终于呼吸，这种最简单的交流往往能获得意想不到的效果。这是最基本的成功。它的启示不会耗尽人类的快乐天性。对于每个人来说，它简单易行，只要活着就可以，且是免费的。

吸气，呼气。

有时，这一礼物会从我们这里被强行夺走。当然最终我们都得放弃它。与此同时，偶尔它不断地慰藉，足以支撑我们；足以给我们以宁静，超越我们永恒的渴望；足以让我们看到一个现实世界，远离为了生存而进行的无休止斗争。

"知足之足，常足矣。"这是两千五百年前的中国哲学家老子说过的一句话。不理解这一道理，这是资本主义致命的自负。

不管是个体，还是整个社会，让我们回到正确的轨道上来，感知这一切吧。这是本书所述之最重要的教训。挑战是巨大的。回报亦必如此。

注 释

序言

1. "早晨的脉搏"摘自《早晨的脉搏》,作者:玛雅·安吉罗,版权所有©玛雅·安吉罗,1993。经兰登书屋许可使用。兰登书屋是企鹅兰登书屋有限责任公司的旗下品牌。玛雅·安吉罗在1993年1月20日美国总统比尔·克林顿的就职典礼上朗诵了这一首诗(安吉罗,1993)。朗诵现场可参见在线地址:https://www.youtube.com/watchilwM9nTt2F0Kdc.

2. 莎士比亚,《暴风雨》,第二场,第一幕。

3. 伯格,1967年,第22页。

4. 世界经济论坛的历史:https://www.weforum.org/about/history. "一切都会好的",出自:诺维奇的朱利安所著《神圣之爱的启示》。在线地址:https://www.gutenberg.org/files/52958/52958-h/52958-h.htm.

5. 默克尔在达沃斯:https://www.theguardian.com/business/live/2020/jan/23/davos-2020-javid-merkel-soros-us-brexit-trump-trade-wef-business-live? page=with:block-5e299d708f0879d539efd9c5. 也可参见:https://www.bundesregierung.de/breg-en/news/speech-by-federal-chancellor-dr-angela-merkel-at-the-2020-annual-meeting-of-the-world-economic-forum-in-davos-on-23-january-2020-1716620.

6. 姆努钦:https://time.com/5770318/steven-mnuchin-greta-thunberg-davos/.

7. 阿尔卑斯山的降雪减少：https://time.com/italy-alps-climate-change/.

8. 塞巴斯蒂安·库尔茨在达沃斯：https://www.weforum.org/events/wor ld-economic-forum-annual-meeting-2020/sessions/a-conversation-with-sebastian-kurz-federal-chancellor-of-austria-db08d177be.

9. 最温暖的一月：https://edition.cnn.com/2020/02/13/weather/warmest-january-noaa-climate-trnd/index.html. Insider trading: https://fortune.com/2020/03/20/senators-burr-loeffler-sold-stock-coronavirus-threat-briefings-in-january/.

10. 在选择副标题时，我受到了沃尔夫冈·斯特雷克2016年的那篇颇具挑衅性的文章《资本主义将如何终结》（*How Will Capitalism End*？）的影响。在此，我还应向彼得·弗雷泽的杰出著作《四个未来》（*Four Futures*）致敬，该书使用了相同的副标题（弗雷泽，2016）。

| 1 | 增长的神话

1. 肯尼迪在堪萨斯大学的演讲，1968年3月18日：https://www.jfklibrary.org/learn/about-jfk/the-kennedy-family/robert-f-kennedy/robert-f-kennedy-speeches/remarks-at-the-university-of-kansas-march-18-1968.

2. 关于堪萨斯州那一天的细节，来自：哈伯斯塔姆，1968年；肯尼迪，2018年；纽菲尔德，1969年；肯尼迪的演讲稿作者亚当·沃林斯基的个人回忆。

3. 肯尼迪在堪萨斯州立大学的演讲，1968年3月18日：https://www.k-state.edu/landon/speakers/robert-kennedy/transcript.《快乐的咆哮》（*Happy Roar*）：纽菲尔德，1969年，第232页。

4. 这一轶事来自亚当·沃林斯基对那一天的描述（来自私人信件）。

纽菲尔德（1969年，第232—235页）对这次旅行的描述中也有记载。

5. 纽菲尔德（1969年，第234页）将罗伯特·肯尼迪当天的第二次演讲描述为即兴演讲。沃林斯基叙述了从KSU回来的旅途中重写这次演讲稿的原因，解释了为什么这次演讲稍微有一些非正式的性质。

6. 小众热潮：https://www.youtube.com/watch？v=kmkmJk7LHdk；https://www.youtube.com/watch？v=YgLSH-VvwRY。科学证据，可参见：IPBES 2019；IPCC 2018；克莱恩，2019年；波利特，2020年。

7. 罗伯特·肯尼迪在堪萨斯大学的演讲全文可以在网上找到（见注2）。YouTube上也能找到演讲的录像：https://www.youtube.com/watch？v=z7-G3PC_868.

8. 有关GDP出现的更详细的历史，参见：科伊尔，2014年；菲奥拉蒙蒂，2015年；菲利普森，2015年。

9. 为了符合当时的偏好，罗伯特·肯尼迪在演讲中提到了国民生产总值（GNP），这一术语在今天的使用频率较低，远低于国内生产总值（GDP）的使用频率。正式地讲，GDP衡量的是一国境内生产的商品和服务的价值，而GNP衡量的是一国公民生产的商品和服务的价值，无论他们生活在国境内还是国境外。如果将这两项指标用作国家进步的衡量指标，两者之间存在着关键和重要的区别。因此，对于那些过去十年来出现"经济奇迹"的国家（例如爱尔兰和葡萄牙）用GNP代替GDP，所谓的"奇迹"看起来就没有那么神奇了。

惠特曼的步枪和斯派克的刀，指的是1966年夏天在美国引起恐慌的两个臭名昭著的连环杀手所使用的武器。事实上，他把这一段演讲的起源放在了比堪萨斯之行更早的时间点上——沃林斯基证实了这一怀疑，他记得这段演讲的内容是1966年在犹他州盐湖城的一次活动中首次使用的。目前还没有正式的记录。

10. 国内生产总值（GDP）和增长率的历史数据可在世界银行的世界发展指标数据库中找到，网址为：https://databank.worldbank.org/source/world-development-indicators.

11. 对于增长的批判，参见：达莉莎等，2014年；杰克森，2017年；卡利斯等，2020年；雷沃斯，2017年；特雷贝克和威廉姆斯，2019年；维克多，2019年。

12. 在肯尼迪机场，卡尔森和道格拉斯，参见：https://www.audubon.org/magazine/may-june-2012/rachel-carson-and-jfk-environmental-tag-team.

13. 参见：《加尔布雷思简介》，1958年，第11页。

14. 施莱辛格，1956年，第10页。

15. 欧盟：https://ec.europa.eu/environment/beyond_gdp/background_en.html. 经济合作与发展组织：https://www.oecd.org/statistics/measuring-economic-social-progress/. 世界经济论坛：https://www.weforum.org/agenda/2020/01/gdp-alternatives-growth-change-econom-ic-development/. 疯子、理想主义者和革命者，参见：杰克森，2017年，第21页。首相们：https://www.gov.uk/government/speeches/pm-speech-on-wellbeing.

16. 有关概述，请参见：科莱·沃克和杰克森，2019年。另可见：库比斯泽夫斯基等，2013年；网址为：https://treasury.govt.nz/information-and-services/nz-economy/higher-living-standards/our-living-standards-framework.

17. 斯蒂格利茨：https://www.theguardian.com/commentisfree/2019/nov/24/metrics-gdp-economic-performance-social-progress.

18. 戴利，1968年。有关论文的讨论和出版情况，见维克多，2021年，第4章。

19. 戴利的工作也受到了他的博士生导师、罗马尼亚裔数学家尼古

注 释

拉斯·乔治斯库·罗根的影响,当时罗根专注于进行经济作为热力学系统的基本"熵"性质的研究。更多内容可以参见第5章。

20. 生态经济学:科曼和施塔格尔,2005年;科斯坦扎,1991年;戴利和科布,1989年;戴利和法利,2011年;马丁内斯·阿利耶,1991年。另可见:《生态经济学期刊》:https://www.journals.elsevier.com/ecological-economics. 稳定状态:戴利,1974年,第15—16页;还可参见:戴利,1977年;2014年。

21. 密尔,1848年,第593页。

22. 肯尼迪枪击案,参见:纽菲尔德,1969年,第289—304页。另可参见:http://jfk.hood.edu/Collection/Weisberg%20Subject%20Index%20Files/K%20Disk/Kennedy%20Robert%20F%20Assassination%20 Clips/Item%20054.pdf.

| 2 | 谁杀死了资本主义?

1. https://www.nytimes.com/2019/10/14/opinion/benioff-salesforce-capitalism.html? auth=login-email&login=email.

2. 译自卢森堡(1915)的《朱尼厄斯小册子》的摘要,沃特斯(1970年)。

3. 有关专家,是指伦敦国王学院的欧洲政治和外交学教授阿南德·梅农。他在《2016年英国变革欧洲项目回顾》中写到了这段经历,参见网站:http://ukandeu.ac.uk/2016-a-review/#.

4. 对于后代的影响,参见:联合国特使菲利普·阿尔斯通的关于英国贫困影响的毁灭性报告:https://www.ohchr.org/Documents/Issues/Poverty/EOM_GB_ 16Nov2018.pdf. 后真相:戴维斯,2019年。另可参见：https://www.nytimes.com/2016/08/24/opinion/campaign-stops/the-age-of-post-truth-politics.html.

5. https://www.db.com/company/en/davos-the-world-economic-forum.htm.

6. 困难年度：https://www.nytimes.com/2020/01/30/business/deutsche-bank.html. 资产：https://ycharts.com/companies/DB/assets.

7. 有关这些统计数据的详细分析，请参见：杰克森，2019年。更新的统计数据可在以下网址找到，例如：https://data.worldbank.org/indicator/NY.GDP.MKTP.KD.ZG. 也可参见：https:// stats.oecd.org/Index.aspx.

8. 参见：杰克森，2019年。也可参见：https://www.ft.com/content/1043eec8-e9a7-11e9-a240-3b065ef5fc55.

9. 科利尔：https://www.weforum.org/agenda/2020/01/the-future-of-capitalism-by-paul-collier-an-extract/. 也可参见：Collier，2019年。贝尼奥夫：https://www.cnbc.com/2020/01/21/stakeholder-capitalism-has-reached-a-tipping-point-says-salesforce-ceo-benioff.html. 也可参见：贝尼奥夫为《纽约时报》撰写的评论文章（注1）。达沃斯宣言：https://www.weforum.org/agenda/2019/12/davos-manifesto-2020-the- universal-purpose-of-a-company-in-the-fourth-industrial-revolution/.

10. 历史的终结：福山，1989年和1992年。

11. 唤醒资本主义：https://www.nytimes.com/2020/01/23/opinion/sunday/davos-2020-capitalism-climate.html.

12. 萨默斯，2014年；另可参见：https://www.ft.com/content/87cb15ea-5d1a-11e3-a558-00144feabdc0. 新常态，参见：加尔布雷斯，2014年；杰克森，2019年；斯托姆，2017年。

13. "长期停滞"一词最早由阿尔文·汉森1938年在美国经济学会

（American Economic Association）就任会长时发表的就职演说中所提出的（汉森，1939），用以描述经济基本面所面临的严重的增长范式问题。另可参见：特林斯和鲍德温，2014年。金发姑娘，参见：福特，2015年。

14. 科利尔，2019年，第4页。另可参见：注9中科利尔的网页链接。

15. 企业的商业活动：弗里德曼，1962年。

16. 斯密，1776年，第1册，第11章，第3部分。

17. https://www.ft.com/content/10b7f566-f3fd-11e8-ae55-df4bf40f9d0d. 我们能否吸取过去的教训，为未来构造新的愿景，这是一个非常重要的问题。我们在本书中的不同地方都会回到这个问题上来。我们在此要说的是，一项政策建议在以前年代无论多么成功，若要重新采用，都必须要与当前已经变化了的环境相适应。

18. "赤字支出"是指政府支出的增长超过税收收入的增长。这是经济学家约翰·梅纳德·凯恩斯针对20世纪30年代的大萧条所提出的政策建议，也是罗斯福"新政"的基础。"滞胀"这个词用以描述通货膨胀和失业率同时较高的现象，滞胀现象在20世纪70年代的石油危机期间尤为突出。我在第9章还会再次回到赤字和主权债务政治这个问题上来。

19. 野蛮的控诉：https://www.dramaonlinelibrary.com/playtext-overview?docid=do-9781408169520&tocid=do-97814081695 20-div-00000121. 一大笔钱：丘吉尔，1990年，第88页。

20. 考试教材：https://www.ocr.org.uk/Images/26o99o-caryl-churchill-topic-exploration-pack.pdf.

21. 有关这些发展的较完整历史，请参见：杰克森，2017年，第2章。另可参见：佩斯顿，2017年；特纳，2015年；伍尔夫，2015年。

22. 关于不平等，参见：杰克森，2019年；皮凯蒂，2014年；皮凯蒂等，2016年。

23. 萨默斯，2014年，第68页。

24. 笨重的债务：费尔克森，2011年。紧缩，参见：斯图克勒和巴苏，2015年。健康之不平等：马尔默等，2020年。

25. 共产主义的发展：https://www.scmp.com/economy/china-economy/article/3040822/china-2020-gdp-growth-target-be-set-around-6-cent-top.

26. 马克思，1867年，第1卷，第24章。关于"坏的资本主义"，参见：鲍莫尔等，2007年。关于增长的必要性，参见：海尔布朗纳，1985年。另可参见：杰克森和维克多，2015年。

27.《资本的积累》：卢森堡，1913年。尤尼乌斯小册子，参见：沃特斯，1970年。

28. 这一段中的市场实际上是指整个经济体中所有交换的总和——包括商品和服务的买卖。

29. 参见：古德温，1967年。

30. 萨默斯（2014）一直是需求观点的积极支持者，他将需求主要归因于宽松的货币政策。戈登（2016）则认为，问题出在供给侧。在早期，人们试图找出增长率放缓的原因（如卡尔多，1966年）时，确定了一个关键因素，即经济成熟时的需求结构一直处于动态的变化之中。

31. 参见：艾尔斯和瓦尔，2009年；杰克森，2019年。

32. 施特雷克，2016年，第71页。另可参见：https://newleftreview.org/issues/II87/articles/wolfgang-streeck-how-will-capitalism-end.

| 3 | 有限与无限

1. 参见：艾伦·麦克阿瑟的TED演讲：https://www.ted.com/talks/dame_ellen_macarthur_the_surprising_thing_i_learned_sailing_solo_

around_the_world？language=en.

2. 来自：卢梭，1762年，第2卷。

3. 波特海姆大桥：https://www.britainexpress.com/attractions.htm？attraction=2974.上议院的上诉人是一个由五位贵族组成的团体，他们试图通过指控国王的亲信犯有叛国罪来削弱国王的权力：https://archives.history.ac.uk/richardII/lords app.html.

4. 诺福克郡的湖区：https://www.broads-authority.gov.uk/.比藤：https://www.theguardian.com/environment/2017/nov/09/bittern-numbers-in-uk-at-record-high-says-rspb.另可参见：https://timjackson.org.uk/plays/tj_cry_of_the_bittern/.

5. https://www.futureworlds.eu/w/1/a/a8/Predicament_PTI.pdf.另可参见：梅多斯等，1972年。

6. 里根：1983年9月20日在南卡罗来纳大学集会仪式上的讲话。在线地址：https://www.presi dency.ucsb.edu/documents/remarks-convocation-ceremonies-the-university-south-carolina-columbia.

7. 有关绿色增长和脱钩的讨论概要，请参见：杰克森和维克多，2019年。

8. 克鲁格曼：https://www.nytimes.com/2014/09/19/opinion/paul-krugman-could-fighting-global-warming-be-cheap-and-free.html.

9. 相对脱钩是指每单位美元产出的碳（或物质）排放强度下降。

10. 有关数据，请参见：杰克森，2017年，第5章。

11. 新冠肺炎疫情期间的碳排放：https://www.independent.co.uk/news/science/coronavirus-environment-co2-emissions-air-pollution-lockdown-a9523926.html.

12. 支持者：可参见（例如）：http://newclimateeconomy.report/ 2015/.

另可参见：麦克菲，2019年。

13. 卡罗尔，1871年。

14. http://www.lathams-potter-heigham.co.uk/historical_lathams.asp.

15. 威廉，1923年，第231页。

16. 此处使用的翻译可在以下网址找到：The translation used here can be found at: https://chaucer.fas.harvard.edu/pages/knights-tale-0.

17. 上帝死了：尼采，1882年，第3卷，第125节。宇宙学的扁平化，参见：威尔伯，1996年，第16—17页。

18. 泰尔哈德·查尔丁，1968年，第32页。

19. "今天如果推自己一把，做那些不可能的事情，假以时日，就会出现奇迹。"，据说是第二次世界大战期间美国陆军服役部队的座右铭。《纽约时报》，1945年11月4日。引自：https://www.bartleby.com/73/1183.html.

20. 威尔伯，1996年，第5页。

21. 没有更多了，参见：注1。

22. 来自：艾伦·麦克阿瑟的TED演讲，参见：注1。关于循环经济，参见：杰克森，1996年；韦伯斯特，2016年。

23. 射击大桥：https://www.flickr.com/photos/convolvulus/4002415769/.

24. 卢梭，参见：注2。

25. 贝里：https://harpers.org/archive/2008/05/faustian-economics/.

| 4 | 繁荣的本质

1. 密尔，1873年。

2. 摘自：《童年回忆中的不朽信息》，第一次发表在华兹华斯的《散文诗》中，共两卷。全文的在线地址：https://www.poetryfoundation.org/poems/45536/ode-intimations-of-immortality-from-recollections-of-early-childhood.

3. 理性主义圣人，参见：罗西，1970年，第8页。

4. 密尔，1873年。

5. 心理疾病是增长最快的疾病类型之一，请参见：https://www.oecd.org/health/mental-health.htm. 年轻人心理疾病和自杀的代价，参见：https://www.who.int/en/news-room/fact-sheets/detail/depression. 美国的自杀率，参见：https://www.nimh.nih.gov/health/statistics/suicide.shtml#part_154 969.

6. 密尔的故事主要来源于他的《自传》（密尔，1873）。另可参见：罗西，1970年。

7. 密尔，1861年。

8. 参见：伊斯特林，1974年；2013年。

9. 参见：英格尔哈特等，2008年。

10. 参见：杰克森，2017年，第4章的数据和分析。

11. 数据来自美国综合社会调查，参见：https://www.washingtonpost.com/business/2019/03/22/americans-are-getting-more-miserable-theres-data-prove-it/. 并非所有国家都会呈现出这种趋势。来自世界幸福感调查的数据表明，在过去的一段时间里，许多国家报告的幸福感只是略微改善了。参见：https://ourworldindata.org/happiness-and-life-satisfaction.

12. 幸福差距：剥夺，参见：https://core.ac.uk/reader/207294868. 西德诉东德，参见：https://ourworldindata.org/there-is-a-happiness-gap-between-east-and-west-germany.

13. 关于不平等加剧，参见：皮凯蒂，2014年。关于较不平等社会中的较低幸福感，参见：威尔金森和皮克特，2009年；2018年。

14. 关于幸福与产出的背离，参见：伊斯特林，1974年。另可参见：杰克森，2017年，第4章。关于幸福，参见：莱亚德，2005年；2020年。

15. 斯蒂林格，1961年，第184页。

16. 斯蒂林格，1961年，蒂103页。

17. 森，1984年，1990年。对于应该用"良好运转"还是应该用"能力"来衡量人类进步的问题，有一点复杂。有关讨论，参见：罗伯恩斯和范德文，2007年；亚里士多德，2004年。

18. 关于密尔的功利主义和亚里士多德的幸福主义之间差异的讨论，参见：努斯鲍姆，2004年。我认为"平衡"的结构概念比森所积极阐释的亚里士多德的思想中的自由主义观念更有见地。在我看来，鉴于亚里士多德认为德行介于不足与过剩两种恶习之间（见下文），那么，当考虑在一个资源有限的星球上繁衍生息对于人类的意义这样的问题时，这一概念确实非常有用。

19. 参见（例如）：https://www.ons.gov.uk/peoplepopulationandcommunity/wellbeing/articles/personalandeconomicwellbeingintheuk/whatmattersmosttoourlifesatisfaction.

20. 阿伦特，1958年，第108页。

21. 在这一点上，玛莎·努斯鲍姆（2006）的作品非常有趣。她是阿玛蒂亚·森的合作者，她提出了一份"人类核心能力"的具体清单，其中就包括了这里面的很多因素。

22. 等级制度：马斯洛，1943年。二元性：马斯洛，1954年。

23. 老鼠乐园：https://www.brucekalexander.com/articles-speeches/rat-park/148-addiction-the-view-from-rat-park. 成瘾的对立面：哈利，2014年。另可参见：https://www.ted.com/talks/johann_hari_everything_you_think_you_know_about_addiction_is_wrong？language=en#t-859481.

24. 纪伯伦，1923年，第8页。

25. 泰勒和米尔，参见：罗西，1970年，第3—63页。灵魂伴侣（Seelenfreundin）：哈耶克，1951年，第56页。

26. 尽可能接近：罗西，1970年，第56页。最引人注目的是，参见：罗西，1970年，第57页。

| 5 |　　爱与熵

1. 莎士比亚，《暴风雨》，第4幕，第2场。

2. 玻尔兹曼方程：S=klogW，其中：S是熵，k是常数，W是状态的概率。

3. 这个讲座在几个地方被提及，包括：布罗达（1983）撰写的玻尔兹曼传记和布莱克莫尔（1995）对他晚年生活和哲学思想的描述（第161页）。

4. "可用能量（或有效能）"在物理学中有一个正式的定义，有效能意味着能量应具有足够的质量，从而可以有效地完成工作。布罗达（1976）提出了这一种说法，他进行的概念重建当然包含了这些内容。弗拉姆（1983）则描述了玻尔兹曼对达尔文的迷恋。除了本章的解释之外，我为BBC广播四台制作的广播剧还利用各种来源的资料，对那次讲座的内容进行了一定的虚构：https://timjackson.org.uk/plays/tj_papas_clean_suit/.

5. 我在《物质问题》一书中已经对其中的一些含义进行了探讨（Jackson 1996），其包括对基础热力学的较为详细的看法。

6. "卡路里"（calorie）一词通常是千卡（kilocalorie，kcal）的简写。它用以衡量食物中所包含的能量：1千卡大约等于4.2千焦耳。

7. 关于体重与非传染性（生活方式）疾病之间的联系，参见：https://www.who.int/news-room/fact-sheets/detail/obesity-and-overweight. 识别的风险因素：https://www.thelancet.com/journals/landia/article/PIIS2213-8587（20）30274-6/fulltext.

8. 血糖指数（GI）是根据食物中碳水化合物对血糖水平的影响而对其进行的相对排名。GI值低（55或更低）的碳水化合物在消化、吸收和代谢方面更慢，导致血液中的葡萄糖以及胰岛素水平更低，回升也更慢。参见：https://www.gisymbol.com/about-glycemic-index/. 也可参见：https://www.hsph.harvard.edu/nutritionsource/carbohydrates/carbohydrates-and-blood-sugar/.

9. 五分之一的儿童：https://www.who.int/nutgrowthdb/jme-2019-key-findings.pdf. 五分之二的成年人和肥胖者：https://www.who.int/news-room/fact-sheets/detail/obesity-and-overweight. 儿童中的肥胖症：https://www.medicalnewstoday.com/articles/319710#Childhood-obesity-10-times-higher. 也可参见：https://www.cdc.gov/nchs/data/hestat/obesity_child_11_12/obesity_child_11_12.htm. 关于生活方式疾病的快速增加及其与肥胖之间的关系：https://www.telegraph.co.uk/global-health/climate-and-people/mapped-global-epidemic-lifestyle-disease-charts/.

10. 地图可以在这里找到：https://assets.publishing.service.gov.uk/government/uploads/system/uploads/attachment_data/file/296290/obesity-map-full-hi-res.pdf.

11. 关于体育活动水平的不足，参见（例如）：古特霍尔德等，2018年。有关体育活动的数据也可通过世界卫生组织全球卫生观测站获取，网址为：https://www.who.int/gho/ncd/risk_factors/physical_activity/en/. 关于快餐业的兴起，可参见：https://www.franchisehelp.com/industry-reports/

fast-food-industry-analysis-2020-cost-trends/.

12. 年轻人缺乏活动：https://www.who.int/gho/ncd/risk_fact ors/physical_activity/en/.

13. 关于糖，参见：卢斯蒂格，2014年。另可参见：《糖，苦涩的真相》：https://www.youtube.com/watch？v=dBnniua6-oM.

14. 关于新冠肺炎的共病性，参见：戈尔德等，2020年。另可参见：https://www.cdc.gov/mmwr/volumes/69/wr/mm6913e2.htm？s_cid= mm6913e2_w. 肥胖是公认的导致新冠肺炎疾病严重程度的危险因素：https://www.thelancet.com/journals/landia/ article/PIIS2213-8587（20）30274-6/fulltext.

15. 糖对背部和关节疼痛的影响：https://www.spinemd.com/vtfc/news/this-just-in-over-consumption-of-sugar-contributes-to- muscle-joint-pain；艾瓦齐和阿巴迪，2012年.

16. 关于奖励学习的更多信息，参见：斯特林，2020年。另可参见：https://greattransition.org/publication/why-we-consume.

17. 埃丁顿，1929年，第74页。

18. 玻尔兹曼著名的熵定律最早发表于1877年（玻尔兹曼，1877；弗拉姆，1983）。熵最早是由鲁道夫·克劳修斯于1865年进行了定义（弗拉姆，1883）。

19. 开放耗散系统的热力学是在第二定律最初提出近一个世纪之后形成的，尤其是由诺贝尔奖获得者、物理学家伊利亚·普里戈金发展起来的，它以玻尔兹曼对熵过程性质的认识作为基础。对于非平衡热力学的一个可用指南，可参见（例如）：普里戈金和斯坦格斯（1984）的书《混乱中的秩序》。对于第二定律在不可逆性方面的含义的探讨，参见：考夫尼和海菲尔德（1991）的《时间之箭》。

20. 这一框架内有许多类似的构想。最初的来源被认为是C.P.斯诺：https://en.wikiquote.org/wiki/Thermodynamics.

21. 太阳也是我们几个世纪前所储备的煤炭、石油和天然气等可用能源的原始来源。《来自太阳的免费礼物》，乔治斯库·罗根，1971年，第21页。

22. 微小的薄雾：乔治斯库·罗根，1975年，第371页。

23. 物质商品的象征意义。参见：贝尔克，1988年；贝尔克等，1989年；道格拉斯和伊舍伍德，1996年。

24. 关于对心理健康的破坏，参见：阿姆斯特朗和杰克森，2015年；迪特马尔等，2014年；卡斯尔，2002年。1964年4月4日，《买不到我的爱》登上了美国公告牌百强单曲榜的榜首；披头士乐队占据了排行榜的前五名：https://www.beatlesbible.com/songs/cant-buy-me-love/.

25. 参见：注1。

26. 布罗达，1983年，第33页。

| 6 |　　经济学是讲故事的

1. 马古利斯，1999年，第9页。

2. 萨根，1996年，第304页。

3. 有关马古利斯故事的详细信息，可参阅（例如）：萨根，2012年及其中的感谢。也可参见：马古利斯，1999年，第19页。

4. 马古利斯，引自：萨普，2012年，第59页。

5. 叙事经济学：希勒，2019年。德拉吉，参见：https://www.cusp.ac.uk/themes/aetw/blog-tj_eubef19/. 大流行病的回应，参见：https://www.nytimes.com/2020/03/23/business/economy/federal-reserve-how-rescue.html.

注 释

6. 麦克罗斯基，1990年，第5页；罗蒂，1979年，第12页；麦克法格，1988年，第34页。

7. 达尔文，1859年。他的名著《物种起源于自然选择》的另一个书名是《在生命的斗争中保护受欢迎的种族》。

8. 关于这一比喻及其与可持续发展能力的相关性的更详细的讨论，参见：杰克森，2003年。案例可参见：温特斯，1997年；盖尔，1972年；罗斯扎克，1992年。关于当今的仇外心理，参见：诺里斯和英格尔哈特，2019年。

9. 达尔文，1887年，《我的几个出版物》。

10. 关于马尔萨斯，例如，参见：卡利斯，2019年；里德利，2015年。生活中存在苦难的想法显然不是他凭空想像出来的。事实上，我想在这本书的结尾再讨论这个问题。它对于探索繁荣的真正含义具有重要的意义。

11. 维多利亚时代的定义诗：https://www.bl.uk/collection-items/in-memoriam-ahh-by-alfred-lord-tennyson. 自然的圣殿：达尔文，1803年，坎托四世。

12.《利维坦》：霍布斯，1651年。

13. 库恩，1970年。

14. 罗斯扎克，1992年，第153页。

15. 生产过剩：参见：肯威，1980年，第25页。

16. 参见：迪希特，1964年；杰克森，2002年；里德利，1994年。

17. 参见：https://newint.org/features/2012/05/01/consumer-culture-idealism.

18. 参见：道格拉斯，1976年：道格拉斯和伊舍伍德，1996年；杰克森，2006年。

19. 威廉，1955年，第61—62页。另可参见：杰克森，2017年，第

6章。

20.《无悔的生活》,斯密,1776年,第5卷,第2章,第2部分。另可参见:森,1984年,第79页。

21. 参见:https://newint.org/columns/essays/2016/04/01/psycho-spiritual-crisis.

22. 勒博,1955年,第7页。

23. 理查德·道金斯(1976)在《自私的基因》一书中详详细细地解释了这一切事情发生的原因,他使用的隐喻完全来自于文化画布。

24. 开创性的论文:萨根,1967年。行走的群族:https://science.sciencemag.org/content/252/5004/378。另可参见:马古利斯,1999年。

25. 米格尔,2020年,第6页。

26. 贪婪与需求:参见(例如):高夫(2017)对热量(气候变化)、贪婪与需求之间关系的有趣分析。

27. 盖亚是个坚强的女人:https://www.edge.org/conversation/lynn_margulis-chapter-7-gaia-is-a-tough-bitch.

28. 参见:施瓦茨,1999年;2006年。

29. 例子参见:https://www.pbs.org/wnet/nature/the-good-the-bad-and-the-grizzly-what-to-do-if-you-encounter-a-bear/117/.

30. 交感神经系统是我们身体自动神经系统的一部分,能够对感知到的危险作出反应:https://www.livescience.com/65446-sympathetic-nervous-system.

31. 斯特林,2020年,第152页。

32.《内心的博弈》:盖尔维,1975年。

33. 心流:希斯赞特米哈伊,1990年;2000年;2003年。奇妙的经历,引自:希斯赞特米哈伊的TED演讲:https://www.ted.com/talks/mihaly_csikszentmihalyi_flow_the_secret_to_happiness？language=en.

34. 心流的特征：希斯赞特米哈伊，2000年。

35. 直升机滑雪和直升机滑雪板（滑雪者乘坐直升机到达高山上的着陆点，以避免搭乘单调乏味的滑雪电梯上山）对环境的破坏性极大，因而在一些国家是被禁止的。达沃斯是欧洲为数不多的几个允许直升机滑雪的地方之一：http://www.swissskivacations.com/pages/en/Davos_Skiing_Snowboarding.html#heli- skiing.

36. 希斯赞特米哈伊，2003年，第94—95页。这种区别与汉娜·阿伦特关于劳动和工作的区别有着强烈的共鸣——见第7章。

37. 低影响的心流：伊沙姆等，2018年。物质主义与心流：伊沙姆等，2020年。

38.《论起源》：萨根，1967年。细胞进化中的共生：马古利斯，1981年。安静的革命：萨普，2012年，第63页。另可参见：马古利斯，1999；https://vimeo.com/ondemand/symbioticearthhv/303309866.

39. 马古利斯，1999年，第19页。

40. 参见：https://www.washingtonpost.com/local/obituaries/lynnmargulis-leading-evolutionary-biologist-dies-at-73/2011/11/26/gIQAQ5dez N_story.html .

41. 引自：多里恩·萨根（2012年，第3页）的母亲生平事迹纪念册简介。

42. 旅行者：https://voyager.jpl.nasa.gov/golden-record/.

43. 不羁的地球母亲/资本主义批评家：https://science.sciencemag.org/content/252/5004/378. 做正确的事：https://www.discovermagaz ine.com/the-sciences/discover-interview-lynn-margulis-says-shes-not-controversial-shes-right.

44. 实话实说：富兰克林，1999年，#1263；约翰逊，1955年，

#1129。另可参见：https://www.poetryfoundation.org/poems/56824/tell-all-the-truth-but-tell-it-slant-1263.

| 7 |　　回归工作

1. 阿伦特，1958年，第8页。

2. 老哈蒙德对莫里斯《乌有乡消息》中关于工作激励问题的回答：莫里斯，1890年，第15章。

3. https://www.space.com/11772-president-kennedy-historic-speech-moon-space.html. 另可参见：精彩的纪录片《阿波罗11号》（导演：托德·道格拉斯·米勒）。

4. 阿伦特，1958年，第1—2页。

5. 阿伦特，1958年，第4—5页。重点补充部分。

6. 护理部门的压力：例如，加拉格尔，2020年。另可参见：https://www.nytimes.com/2012/05/27/opinion/sunday/lets-be-less-productive.html.

7. 参见：英国皇家艺术学会食品、农业和农村委员会的报告《我们这片土地的未来》：https://www.thersa.org/reports/future-land.

8. 不稳定：斯坦丁，2011年。

9. 阿伦特，1958年，第8页。

10. 莫里斯，1890年。关于乌托邦工作观的深入讨论，另可参见：梅尔等，2020年。

11. 摘自：1964年对冈特·高斯的访谈录《尚存何物？语言犹存》。阿伦特，2013年再版，第17页。

12. 她在阿伦特的2013年再版中讲述了这段旅程。另可参见：杨-布鲁尔，2004年。

注 释

13. 阿伦特，2013年，第20页。

14. 《爱与圣·奥古斯丁》：阿伦特，1929年，第11页。劳动报酬：阿伦特，1958年，第106页。阿伦特关于劳动的内在幸福的观点当然是一种潜在的危险的观点：或许有点太接近于纳粹集中营的"工作让你自由"的口号。但是，承认自由从事工作的回报并不意味着纵容强迫他人从事艰苦的劳动。

15. 道格拉斯，1976年，第207页。事实上，道格拉斯谈的是消费者的目标，但她所讲的话与工人的目标同样相关。

16. 希斯赞特米哈伊（2003）：精神能量，第95页；沉浸与工作，第99页。

17. 希斯赞特米哈伊，2003年，第98页。

18. 内分泌学家罗伯特·卢斯蒂格（2018）认为，这些差异属于神经化学方面的。快乐（或奖赏，按他的说法）与多巴胺这种化学物质有关；满足（成就）与血清素有关。斯特林（私人信件）认为，我们只是对奖励学习过程（多巴胺）之外的东西了解不够，从而无法确定这一点。显然，我们对于人脑功能的认知方面尚存在巨大差距，这为进一步的探索留下了有趣的空间。

19. 隐藏的说服者：帕卡德，1957年。

20. 阿伦特，1958年，第133页。勒博，1955年，第7页。

21. 舒马赫，1974年。这篇文章的正文最初写于1966年，也可以在以下网址找到：https://centerforneweconomics.org/publications/buddhist-economics/.在舒马赫的文章中，佛教徒对于工作的概念概括为三重境界："给我们一个机会，来利用和发展我们的能力；通过与其他人一起完成一项共同的任务，能够克服我们的自我中心；为存在之人提供其所需要的商品和服务。"这些思想与本章所讲的工作愿景具有强烈的共通之处。

22. 格雷伯，2018年。另请参见：https://www.strike.coop/bullshit-jobs/.

23. 关于消费者行为的文献尤其能够生动地说明这些问题。参见（例如）：罗斯·贝尔克与其同事的作品：贝尔克，1988年；贝尔克等，1989年；贝尔克等，2003年。这些研究提出了这样一些建议：物质商品在使精神状态保持正常方面发挥了极大的作用，体现了我们对于受尊重的心理需求。贝尔克（1988）阐释过物质商品的这种作用。我也在不同的场合讨论过这个问题：参见（例如），杰克森，2013年。

24. 商品不是商品：兰卡斯特，1966年。消费者的欲望：贝尔克等，2003年。

25. 阿伦特，1958年，第133页。

26. 凯恩斯，1930年，第361页。值得一提的是，许多关于增长放缓和后增长的分析都认为，在后增长社会的经济中，工作的最佳方式就是减少工作时间。参见（例如）：库特和富兰克林，2013年；达莉莎等，2014年；卡利斯等，2020年。

27. 杰克森，2017年；2019年。具体参见：杰克森，2019年，图3。

28. 参见（例如）：埃文特，2016年；福特，2015年。过去的半个多世纪以来，在不同的时期，科幻小说和大众媒体中都充斥着大量这种文化模因的例子。有关讨论，参见：席勒，2019年。

29. 自动驾驶车辆：https://techcrunch.com/2020/07/30/self-driving-startup-argo-ai-hits-7-5-billion-valuation/. 阿尔法狗：https://deepmind.com/research/case-studies/alphago-the-story-so-far.

30. 在经济学中，这种现象有一个精确的名称，被称为鲍莫尔成本病，是以发现这一现象的经济学家威廉·鲍莫尔的名字来命名的（鲍莫尔，2012；鲍莫尔和鲍恩，1966）。他把这两个部门分别命名为进步部门和停滞部门。我非常感谢我在萨里大学的同事本·格兰特,他提议采用(稍微)不那么轻蔑的词语:快和慢,我们两个都更倾向使用这两个字。有关鲍莫尔病及其影响的更多解释,请参见:杰克森,2017年,第8章。

31. 灰姑娘经济,参见:杰克森,2017年,第8章关于这一观念的讨论。

32. 阿伦特,1958年,第167—168页。

33. 杨-布鲁尔,2004年,第416页。

34. 不可思议的:海勒,2015年,第109页。

35. 玛丽·麦卡锡在为阿伦特所写的"编辑刊后语"中讲述了这个故事:阿伦特,1978年,第241页。从歌德的《浮士德》(第二卷,第五幕,11404-7)引用的诗句是德语的,我做了翻译。德语原文如下:

Könnt' ich Magie von meinem Pfad entfernen,

Die Zaubersprüche ganz und gar verlernen,

Stünd' ich, Natur, vor dir ein Mann allein,

Da wär's der Mühe wert, ein Mensch zu sein.

| 8 |　　希望的树冠

1. 玛塔伊,2006年,第289页。

2. 摘自《道德经》第59节。采用了几个不同的译本。参见(例如):勒吉恩,1997年,第71页。也可参见:http://taoteching.org.uk/.

3. 旺加里的生活故事的详情主要取自她的自传(玛塔伊,2006)。她的名字本身就是一个关于殖民主义和性别不平等的传奇故事。她出生于旺加里·穆塔(Wangari Muta),很小的时候就起了一个教名，叫米里亚姆（Miriam），人们期望她以旺加里为姓氏。她父亲的姓（Muta）被删除了。成为天主教徒后，她抛弃了教名米里亚姆，变成了玛丽·乔·旺加里（Mary Jo Wangari）。结婚后，她改名为旺加里（Wangari），随丈夫姓马泰（Mathai）。离婚时，他要求她放弃他的姓氏，于是她加了一个"a"变成了玛塔伊（Maathai），并将她父亲的姓氏放了进来。她的余生都以旺加里·穆塔·玛塔伊（Wangari Muta Maathai）为名。为了保持前后一致，也为了尊重她的名字，多数情况下，我都称她为旺加里（Wangari）。

4. 玛塔伊，2006年，第45页。也可参见：玛塔伊，2010年，第4章。

5. 肯尼迪空运公司：https://www.jfklibrary.org/learn/about-jfk/jfk-in-history/john-f-kennedy-and-the-student-airlift.

6. 当她回来的时候，肯尼迪和汤姆·姆博亚都死了——都中了刺客的子弹，成了受害者。肯尼迪46岁，姆博亚只有38岁。

7. "在欧洲人到来之前"：玛塔伊，2006年，第175页。

8. 棕榈油和雨林：https://www.ran.org/mission-and-values/. 红杉的毁灭：https://www.savetheredwoods.org/about-us/faqs/the-threats-to-the-redwoods/. 亚马逊的牧场：https://globalforestatlas.yale.edu/amazon/land-use/cattle-ranching. 对土著人民的影响：http://www.ipsnews.net/2017/12/indigenous-people-guardians-threatened-forests-brazil/. 土壤侵蚀：https://www.worldwildlife.org/threats/soil-erosion-and-degradation.

9. 对于这些失败的深入和精辟的概述，请参见（例如）：希克尔，2018年；克莱恩，2019年；波里特，2020年。

10.《弗龙尼斯》，参见：亚里士多德，2004年，第6卷。圣·奥古斯丁论审慎：引自圣托马斯·阿奎那，《神学概要，审慎》。在线地址：

https://www.newadvent.org/summa/3047.htm. 关于宗教中的谨慎，参见：https://catholicstraightanswers.com/what-is-virtue-and-what-are-the-four-cardinal-virtues/. 关于经济审慎，参见：查理尔，1996年；维加诺，2017年。也可参见：https://www.adamsmith.org/the-theory-of-moral-sentiments.

11. 参见（例如）：https://www.nationalgallery.org.uk/paintings/titian-an-allegory-of-prudence.

12. 巴甫洛夫的狗，参见：https://www.simplypsychology.org/pavlov.html.

13. 动物的死亡意识：道格拉斯·汉密尔顿等，2006年。"核心蠕虫"：所罗门，2015年。焦虑吞噬灵魂：杰克森，2013年。

14. 关于投资是一种承诺，参见：杰克森，2017年，第9章。另可参见：https://www.cusp.ac.uk/themes/aetw/wp2/. 众所周知的谚语：通常被认为是古希腊谚语。但可参见：https://www.roger-pearse.com/weblog/2017/08/26/a-society-grows-great-when-old-men-plant-trees-in-whose-shade-they-know-they-shall-never-sit-an-ancient-greek-proverb/comment-page-1/.

15. 拯救土地：玛塔伊，2006年，第5章。

16. 玛塔伊，2006年，第146页。

17. 玛塔伊，2006年，第146—149页。

18. 为法官祷告：玛塔伊，2006年，第150页。

19. 植树理念：玛塔伊，第173页。

20. 那些之前来过的人：玛塔伊，第289页。

21. 拉里·芬克来信：https://www.blackrock.com/corporate/investor-relations/larry-fink-ceo-letter.

22. 气候融资和融资缺口：https://www.climatepolicyinitiative.org/publication/

global-landscape-of-climate-finance-2019/。IPCC的1.5摄氏度情景旨在将全球变暖限制在比工业化前平均水平高不超过1.5摄氏度（IPCC 2018）。生物多样性投资：苏迈拉等，2017年。

23. 化石燃料补贴：https://www.imf.org/en/Publications/WP/Issues/2019/05/02/Global-Fossil-Fuel-Subsidies-Remain-Large-An-Update-Based-on-Country-Level-Estimates-46509.

24. 撤资—投资运动：https://www.divestinvest.org/.

25. 可持续发展基金的卓越表现，参见（例如）：https://www.morningstar.com/content/dam/marketing/emea/shared/guides/ESG_Fund_Performance—2020.pdf. 另可参见：https://www.theguardian.com/money/2020/jun/13/ethical-investments-are-outperforming-traditional-funds.

26. 玛塔伊，2010年，第158页。

27. 1970—2002年的非洲债务：玛塔伊，2006年，第280页。

28. 关于资金流：希克尔，2018年。关于2000年纪念日，参见：韦尔比，2016年，第154页。另可参见：https://jubileedebt.org.uk/blog/jubilee-2000-anniversary-call-photos-memories. 关于新冠肺炎疫情的影响，参见：https://www.economist.com/middle-east-and-africa/2020/04/11/africas-debt-crisis-hampers-its-fight-against-covid-19.另可参见：https://www.theguardian.com/business/2020/aug/03/global-debt-crisis-relief-coronavirus-pandemic.

29. 绊倒：2006年5月，第164页。

30. 绿带运动的影响：https://www.goldmanprize.org/blog/green-belt-movement-wangari-maathai/.

| 9 | 权力的艺术

1. 一行禅师，2007年，第16页。

2. 一行禅师的生平详情可以在很多地方找到，包括他自己的回忆录《活在此时此刻》(*At Home in the World*)（一行禅师，2016）。另可参见：https://plumvillage.org/about/thich-nhat-hanh/biography/. 他在2013年接受奥普拉·温弗瑞的采访时，讲述了自己早期的灵感来源。https://www.youtube.com/watch？v=NJ9UtuWfs3U.

3. 越南战争：黑斯廷斯，2018年。

4. 战争的源头：一行禅师，2016年，第184页。

5. 和平使徒：https://plumvillage.org/letter-from-dr-martin-luther-king-jr-nominating-thich-nhat-hanh-for-the-nobel-peace-prize-in-1967/.

6. 参见：https://www.mindfulnessbell.org/archive/2016/02/dharma-talk-the-eightfold-path-2.

7. 神奇的摇钱树：https://www.youtube.com/watch？v=gUtJEfB9Hi4. 对于秉持同样观点的尖刻讽刺回应，参见：https://www.youtube.com/watch？v=9oqb6IrLhwA.

8.《赤字神话》：凯尔顿，2020年。

9.《地狱里的希望》：波里特，2020年，第8页。

10. 调整是不够的：https://www.lemonde.fr/idees/article/2020/05/06/please-let-s-not-go-back-to-normal_6038793_3232.html.

11. 尼采在《查拉图斯特拉这样说》(1883)中首次写到了权力的意志。在《超越善与恶》(1886)中，权力的意志作为一个主题再次被重新讨论。关于《权力意志》的一套笔记是在尼采死后出版的，参见：尼采，1901年。

12. 玻璃天花板：豪斯克诺斯特，2020年。另可参见：豪斯克诺斯特和哈蒙德，2020年。

13.《与我女儿交谈》：瓦鲁法克斯，2017年。

14. 当炸弹落下时：https://www.lionsroar.com/in-engaged-buddhism-peace-begins-with-you/.

15. SYSS：https://eccemarco.wordpress.com/2016/02/02/mindfulness-in-times-of-war-the-school-of-youth-for-social-service/.

16. 参见：https://saigoneer.com/vietnam-heritage/6505-hoi-an-s-great-flood-of-1964-1#.

17. 七艘船：https://www.lionsroar.com/headline-july-2010/. 入世佛教：https://www.lionsroar.com/the-fourteen-pre-cepts-of-engaged-buddhism/.

18. 伯明翰狱中来信：https://www.africa.upenn.edu/Articles_Gen/Letter_Birmingham.html.

19. 以我所见：https://www.crf-usa.org/black-history-month/gandhi-and-civil-disobedience.

20. 梭罗，1849年。

21. 论梭罗对洛克的解读，参见：萨特尔迈耶，1988年。洛克的《政府轮》：洛克，1689年。

22. 黑斯廷斯，2018年。相关评论，参见：https://www.nytimes.com/2018/11/20/books/review/max-hastings-vietnam.html

23. 相关评论，参见：卡夫卡，1983年。

24. 这种说法常常被简化为更吸引人但从历史的角度看不太准确的说法："生命、自由和财产"。当然有时也会有这样的说法：生命、自由和对幸福的追求。这两个都没有完全抓住洛克在自然法方面所寻求的东西。

注 释

25. 洛克，1689年：自然法-第6节；有条件的权力-第149节。

26. 梭罗，1849年，第27页。

27. 贝克尔，1973年，第283页。

28. 有意思的是，洛克的"自由"的自然权利虽然属于国家的职能，但却是一种高度专业化的权利：主要是通过市场的所谓自由来兑现的。没有权力的人基本上无法获得自由，这些人天生就容易受到资本的掠夺和伤害。

29. 一行禅师，2007年，第16页。

30. 回归原先的生活：https://www.whitehouse.gov/briefings-statements/remarks-president-trump-vice-president-pence-members-coronavi-rus-task-force-press-briefing-14/. 有关封锁的论文：史密斯，2020年，第11—12页。

31. 酗酒和吸毒：贝克尔，1973年，第284页。

32. 朗（指K.D.Lang）的歌曲《无尽的渴望》在1993年获得格莱美最佳流行女歌手奖。她后来成为一名佛教徒。2017年，她讲述了这首歌与佛教轮回思想之间的关系：https://www.theguardian.com/music/2017/sep/26/kd-lang-ben-mink-how-we-made-constant-craving.

33.《好政府的任务》：华盛顿，1871年，第165页。

34. 老子，参见：艾迪斯和伦巴多，2007年；勒金，1997年。道路的力量，参见：注2。

35. Plum Village（梅村）与晚年生活：https://plumvillage.org/about/thich-nhat-hanh/biography/.

36. 一个反复出现的梦：一行禅师，2016年。

37. 一行禅师，2016年，第178—179页。

|10| 威尼斯的海豚

1.艾米莉·狄金森：富兰克林，1999年，#314；约翰逊，1955年，#254。另可参见：https://www.poetryfoundation.org/poems/42889/hope-is-the-thing-with-feathers-314.

2.老子：我（参阅了很多译本并）对各种译本进行了演绎，例如：阿迪斯与伦巴多，2007年，#46；勒金，1997年，第56页。

3.威尼斯的海豚：https://twitter.com/LucaVII_/status/1239863383354224641?s=20.

4.云南的大象：https://twitter.com/Spilling_The_T/status/1240387988682571776?ref_src=twsrc%5Etfw. 大自然已经按下了重置按钮：https://www.telegraph.co.uk/travel/news/corona-virus-nature-environment-swans-venice-clear-skies-china/. 也可参见：https://twitter.com/MotherJones/status/1264677705913643011.

5.听他们唱歌：https://dailycollegian.com/2008/04/detecting-bull-detecting-dna/. 也可参见：https://vimeo.com/ondemand/symbioticearthhv/303309866.

6.《国家地理》伪造的动物故事：https://www.nationalgeographic.co.uk/animals/2020/03/fake-animal-news-abounds-social-media-coronavirus-upends-life.

7.圣诞老人是真的：https://www.nationalgeographic.com/animals/2020/03/why-do-people-want-so-badly-to-believe-this-fake-story-is-true/. 纽约的白犀牛：https://www.theonion.com/thousands-of-formerly-endangered-white-rhinos-flood-cit-1842410309. "地球正在愈合"模因：https://twitter.com/meesterleesir/status/1249373249265455104.

8.兰杜德诺的山羊：https://www.facebook.com/JasonManford/photos/pcb.

10157146434479352/10157146433029352/. 亚利桑那州的野猪：https://www.facebook.com/photo.php？fbid=10223569160165902&set=p.10223569160165902&type=3. 北京的蓝天：https://www.scmp.com/news/china/society/article/3079477/covid-19-lockdowns-brought-blue-skies-back-china-dont-expect. 旁遮普省的能见度：https://edition.cnn.com/travel/article/himalayas-visible-lockdown-india-scli-intl/index.html.

9. 深度伪造：https://www.dailysabah.com/life/ai-and-deepfake-covid-19-poses-new-challenges-for-detecting-deceptive-tech/news；也可参见：https://apnews.com/86f61f3ffb6173c29bc7db201c10f141？utm_source=pocket-newtab-global-en-GB.

10. 比利时总理：https://www.brusselstimes.com/all-news/belgium-all-news/politics/106320/xr-belgium-posts-deepfake-of-belgian-premier-linking-covid-19-with-climate-crisis/. 高位之困惑：https://edition.cnn.com/2020/08/05/tech/twitter-trump-restrict/ index.html.

11. 原创推特：https://twitter.com/duppli/status/1239491423243821058. 长着羽毛的东西，参见：注1。

12. 狄金森的一生：西沃尔，1980年；史密斯，2002年；沃尔夫，1986年。

13. 老旧的小路，参见：史密斯，1992。

14. 揭穿骗局：https://www.nytimes.com/1998/11/29/magazine/beethovens-hair-tells-all.html. 有点丢脸：引自Smith 2002，第65页。

15. 参见：沃尔夫，1986年，第537页。

16. 她的所有著名诗歌：杰克森，1955年. 给苏珊的信：哈特和史密斯，1998年。《纽约时报》的评论：https://www.nytimes.com/1998/12/13/books/two-belles-of-amherst.html. 关于这两个女人之间爱情的描述最早出现在由艾米莉写给苏珊的信而集结成的一本诗集中，这本诗集由苏珊的女儿玛莎于1914年整理出版。狄金森的几位传记作者曾经暗示狄金森和其兄嫂可能是情人，但最具说服力的证据却是马里兰州的英语教授玛莎·内尔·史密斯提出的（史密斯，2002）。

17. 她懂得爱：哈特和史密斯，1998年，第17页。

18. 哈特和史密斯，1998年，第266—268页。

19.《陌生的世界》，史密斯，2020年，封底。影子流行病：https://www.bbc.co.uk/news/av/world.53014211/coronavirus-domestic-violence-increases-globally-during-lockdown. 心理健康：https://edition.cnn.com/2020/08/06/health/us-coronavirus-mental-health-problems-wellness/index.html; 另可参见：菲弗鲍姆和诺斯，2020年。

20. 莫斯菲格：https://www.theguardian.com/commentisfree/2020/apr/30/lockdown-novel-self-isolation-coronavirus-pandemic-ottessa-moshfegh.

21. 史密斯，2020年，第22页。

22. 某些方面维持现状：https://www.thersa.org/about-us/media/2019/brits-see-cleaner-air-stronger-social-bonds-and-changing-food-habits-amid-lockdown. 不想恢复正常状态：https://www.theguardian.com/world/2020/jun/28/just-6-of-uk-public-want-a-return-to-pre-pandemic-economy？CMP=Share_iOSApp_Other.

23.《回到玛土撒拉》：萧伯纳，1921年，第一部分，第一幕。

24. 肯尼迪在印第安纳波利斯，参见：肯尼迪，2018年。

25. 非常安全：https://www.theguardian.com/us-news/2020/jul/26/john-lewis-robert-kennedy-civil-rights.

26. 罗伯特·肯尼迪对马丁·路德·金之死的评论：https://www.jfklibrary.org/learn/about-jfk/the-kennedy-family/robert-f-kennedy/robert-

f-kennedy-speeches/statement-on-assassination-of-martin-luther-king-jr-indianapolis-indiana-april-4-1968.

27. 尼娜·西蒙评论说：遗憾的是，我无法真实地再现那天所说的话。尽管完全是即兴的，但后来它出现在一家音乐公司制作的一张专辑上，这家公司花了25年的时间去争取她所有作品的版权，最终在2012年她的丈夫（兼经纪人）安德鲁·斯特劳德去世后而如愿以偿：https://www.factmag.com/2015/05/07/sony-battling-nina-simones-estate-over-secret-copyright-deal/. 所以，现在连她所说的话都属于资本主义了。不过好消息是，可以链接下面的网址，免费听到她的歌曲：https://www.npr.org/2008/04/06/89418339/why-remembering-nina-simones-tribute-to-the-rev-martin-luther-king-jr？t=1596923892211.

28. 丁尼生，《尤利西斯》：https://www.poetryfoundation.org/poems/45392/ulysses.

29. 国会的良心：https://www.nytimes.com/2020/07/17/us/john-lewis-dead.html？action=click&module=RelatedLinks&pgtype=Article.

30. 不能忘记的名字：https://www.nytimes.com/2020/07/30/opinion/john-lewis-civil-rights-america.html.

31. 埃米特·蒂尔的故事：泰森，2017年。

32. 很长很长的一段路：https://www.youtu/be/cxJHHKZQg.

33. 临终遗言：https://www.nytimes.com/2020/07/30/opinion/john-lewis-civil-rights-america.html.

34. 地下的矿藏：哈贝格，2001年，第607页。

35. 入世佛教：https://www.lionsroar.com/the-fourteen-precepts-of-engaged-buddhism/.

36. 伊萨姆等，2020年。

37. 参见：注1。

38. 因为我无法停止：富兰克林，1999年，#479；约翰逊，1955年，#712。另可参见：https://www.poetryfoundation.org/poems/47652/because-i-could-not-stop-for-death-479.

39. 不朽的仲裁者：德里克，1983年，第58页。另可参见：哈根布赫，1974年。

40. 死亡太过痛楚：哈贝格，2001年，第623页。

41. 最后一天：哈贝格，2001年，第627页。

42. 没有了爱（莫斯菲格），参见：注20。没有了爱（史密斯），参见：史密斯，2020年，第24页。

43. 《鼠疫》：加缪，1947年，第245页。

44. 诗歌：阿伦特，1958年，第170页。

45. 海德格尔的先验哲学：杨-布鲁尔，2004年，第474页。

参考文献

Addiss, S. and S. Lombardo (trans.) 2007. *Tao Te Ching – Lao Tzu*. Boston and London: Shambhala.

Angelou, M. 1993. *On the Pulse of Morning*. New York: Random House.

Arendt, H. 1929. *Love and Saint Augustine* (ed. J.V. Stock and J.C. Stark). Chicago: University of Chicago Press (reprinted 1966).

Arendt, H. 1958. *The Human Condition*. 2nd edition. Chicago: University of Chicago Press (reprinted 1998).

Arendt, H. 1978. *The Life of the Mind*. New York: Harcourt Brace Jovanovich.

Arendt, H. 2013. *The Last Interview – and Other Conversations*. London: Melville House.

Aristotle 2004. *The Nicomachean Ethics* (trans. H. Tredennick and J.A.K. Thompson). London: Penguin.

Armstrong, A. and T. Jackson 2015. *The Mindful Consumer: Mindfulness Training and the Escape from Consumerism. Big Ideas Series*. London: Friends of the Earth. Online at: https://tim jackson.org.uk/news_mindful-consumer/.

Avent, R. 2016. *The Wealth of Humans: Work and Its Absence in the 21st Century*. London: Penguin.

Ayres, R. and B. Warr 2009. *The Economic Growth Engine: How Energy and Work Drive Material Prosperity.* Cheltenham: Edward Elgar.

Baumol, W. 2012. *The Cost Disease: Why Computers Get Cheaper and Health Care Doesn't.* New Haven and London: Yale University Press.

Baumol, W. and W. Bowen 1966. *Performing Arts: The Economic Dilemma.* New York: Twentieth Century Fund.

Baumol, W., R. Litan and C. Schramm 2007. *Good Capitalism, Bad Capitalism, and the Economics of Growth and Prosperity.* New Haven and London: Yale University Press.

Becker, E. 1973. *The Denial of Death.* New York: Free Press.

Belk, R. 1988. Possessions and the Extended Self. *Journal of Consumer Research* 15: 139–68.

Belk, R., M. Wallendorf and J. Sherry 1989. *The Sacred and the Profane in Consumer Behavior: Theodicy on the Odyssey. Journal of Consumer Research* 16: 1–38.

Belk, R., G. Ger and S. Askegaard 2003. *The Fire of Desire: A Multi-Sited Inquiry into Consumer Passion. Journal of Consumer Research* 30: 325–51.

Berger, P. 1967. *The Sacred Canopy: Elements of a Sociological Theory of Religion.* New York: Anchor Books.

Blackmore, J. 1995. *Ludwig Boltzmann: His Later Life and Philosophy, 1900–1906: Book 1: A Documentary History.* Dordrecht: Springer.

Boltzmann, L. 1877. *On the Relationship between the Second Fundamental Theorem of the Mechanical Theory of Heat and Probability Calculations regarding the Conditions for Thermal Equilibrium* (trans.

K. Sharp and F. Matschinsky). Translated into English: *Entropy* 17(4)(2015): 1971–2009. Online at: https://doi. org/10.3390/e17041971.

Broda, E. 1976. *Erklärung des Entropiesatzes und der Liebe aus den Prinzipien der Wahrscheinlichkeitsrechnung* [An Explanation of the Entropy Law and of Love by Means of Probabilistic Reasoning]. *Physikalische Blätter* 32(8): 337–41. Online at: https://onlinelibrary. wiley.com/doi/pdf/10.1002/phbl.19760320801.

Broda, E. 1983. *Ludwig Boltzmann: Man, Physicist, Philosopher* (trans. L. Gray and the author). *Woodbridge*, CT: Ox Bow Press.

Camus, A. 1947. *The Plague* (trans. R. Buss). London: Penguin Modern Classics (reprinted 1987).

Carroll, L. 1871. *Through the Looking-Glass*. Online at: https://www.gutenberg.org/files/12/12-h/12-h.htm.

Case-Winters, A. 1997. *The Question of God in an Age of Science: Constructions of Reality and Ultimate Reality in Theology and Science*. *Zygon* 32(3): 351–75.

Charlier, C. 1996. The Notion of Prudence in Smith's *Theory of Moral Sentiments*. *History of Economic Ideas* 4(1/2): 271–97.

Churchill, C. 1990. *Serious Money*. London: Methuen.

Collier, P. 2019. *The Future of Capitalism: Facing the New Anxieties*. London: Penguin.

Common, M. and S. Stagl 2005. *Ecological Economics: An Introduction*. Cambridge: Cambridge University Press.

Coote, A. and J. Franklin (eds) 2013. *Time on Our Side: Why We All Need a Shorter Working Week*. London: New Economics Foundation.

Corlet Walker, C. and T. Jackson 2019. *Measuring Progress–Navigating the Options*. CUSP Working Paper no. 20. Guildford: Centre for the Understanding of Sustainable Prosperity. Online at : https://www.cusp.ac.uk/themes/aetw/measuring-prosperity/.

Costanza, R. 1991. *Ecological Economics: The Science and Management of Sustainability*. Washington, DC: Island Press.

Coveney, P. and R. Highfield 1991. *The Arrow of Time: A Voyage through Science to Solve Time's Greatest Mystery*. London: HarperCollins.

Coyle, D. 2014. *GDP: A Brief but Affectionate History*. Princeton: Princeton University Press.

Csikszentmihalyi, M. 1990. *Flow: The Psychology of Optimal Experience*. New York: Harper & Row.

Csikszentmihalyi, M. 2000. *The Costs and Benefits of Consuming*. Journal of Consumer Research 27(2): 262–72.

Csikszentmihalyi, M. 2003. *Materialism and the Evolution of Consciousness*. In T. Kasser and A. Kanner (eds), *Psychology and Consumer Culture: The Struggle for a Good Life in a Material World*. Washington, DC: American Psychological Association.

D'Alisa, G., F. Damaria and G. Kallis (eds) 2014. *Degrowth: A Vocabulary for a New Era*. London: Routledge.

Daly, H. 1968. *Economics as a Life Science*. Journal of Political Economy 76(3): 392–406.

Daly, H. 1974. The Economics of the Steady State. *The American Economic Review* 64(2): 15–21.

Daly, H. 1977. *Steady State Economics*. Washington, DC: Island

Press. Daly, H. 2014. *From Uneconomic Growth to Steady State Economics*. Cheltenham: Edward Elgar.

Daly, H. and J. Cobb 1989. *For the Common Good: Redirecting the Economy Toward Community, the Environment, and a Sustainable Future*. Boston: Beacon Press.

Daly, H. and J. Farley 2011. *Ecological Economics: Principles and Applications*. Washington, DC: Island Press.

Darwin, C. 1859. *On the Origin of Species by Means of Natural Selection*. Online at: *https://www.gutenberg.org/files/1228/1228-h/1228-h.htm*.

Darwin, C. 1887. *The Autobiography of Charles Darwin*. Online at: *https://www.gutenberg.org/files/2010/2010-h/2010-h.htm*.

Darwin, E. 1803. *The Temple of Nature*. Online at: *https://www.gutenberg.org/files/26861/26861-h/26861-h.htm*.

Davies, W. 2019. *Nervous States: How Feeling Took Over the World*. New York: Vintage Press.

Dawkins, R. 1976. *The Selfish Gene*. Oxford: Oxford University Press.

Derrick, P. 1983. Emily Dickinson, Martin Heidegger and the Poetry of Dread. *Atlantis* 5 (1/2): 55–64.

Dichter, E. 1964. *The Handbook of Consumer Motivations: The Psychology of Consumption*. New York: McGraw-Hill.

Dittmar, H., R. Bond, M. Hurst and T. Kasser 2014. *The Relationship between Materialism and Personal Wellbeing – A Meta-Analysis. Journal of Personal and Social Psychology* 107: 879–924.

Douglas, M. 1976. Relative Poverty, Relative Communication. In

A. Halsey (ed.), *Traditions of Social Policy.* Oxford: Basil Blackwell.

Douglas, M. and B. Isherwood 1996. *The World of Goods.* 2nd edition. London: Routledge.

Douglas-Hamilton, I., S. Bhalla, G. Wittemyer and F. Vollrath 2006. *Behavioural Reactions of Elephants towards a Dying and Deceased Matriarch. Applied Animal Behaviour Science* 100 (1-2): 87–102. Online at: https://www.sciencedirect.com/science/article/abs/pii/ S0168159106001018.

Easterlin, R. 1974. *Does Economic Growth Improve the Human Lot? Some Empirical Evidence.* In P.A. David and M.W. Reder (eds), *Nations and Households in Economic Growth: Essays in Honor of Moses Abramovitz.* New York: Academic Press, Inc..

Easterlin, R. 2013. *Happiness and Economic Growth: The Evidence.* Discussion Paper No 7187. Bonn: Institute for the Study of Labour (IZA).

Eddington, A. 1929. *The Nature of the Physical World: The Gifford Lectures 1927.* New York: The Macmillan Company.

Eivazi, M. and L. Abadi 2012. Low Back Pain in Diabetes Mellitus and Importance of Preventive Approach. *Health Promotion Perspectives* 2 (1): 80–8. Online at: https://www.ncbi.nlm.nih.gov/pmc/articles/ PMC3963658/.

Felkerson, J. 2011. $29, 000, 000, 000, 000: *A Detailed Look at the Fed's Bailout by Funding Facility and Recipient.* Levy Economics Institute Working Paper no. 658. New York: Levy Economics Institute. Online at: http://www.levyinstitute.org/pubs/wp_698.pdf.

Fioramonti, L. 2015. *The World after GDP: Politics, Business and Society in the Post-Growth era.* Cambridge: Polity.

Flamm, D. 1983. Ludwig Boltzmann and His Influence on

Science. *Studies in History and Philosophy of Science A* 14(4): 255–78.

Ford, M. 2015. *The Rise of the Robots*. London: Penguin.

Franklin, R. 1999. *The Poems of Emily Dickinson*. Cambridge, MA: Harvard University Press.

Frase, P. 2016. *Four Futures: Life after Capitalism*. New York: Verso Books.

Friedman, M. 1962. *Capitalism and Freedom*. Chicago: University of Chicago Press.

Fukuyama, F. 1989. The End of History. *The National Interest* 16, 3–18.

Fukuyama, F. 1992. *The End of History and the Last Man*. London: Penguin.

Galbraith, J.K. 1958. *The Affluent Society*. 40th anniversary edition. London: Penguin (reprinted 1998).

Galbraith, J.K. 2014. *The End of Normal: The Great Crisis and the Future of Growth*. New York: Simon & Schuster.

Gale, B. 1972. Darwin and the Concept of a Struggle: A Study of the Extra-Scientific Origins of Scientific Ideas. *Isis* 63: 321–44.

Gallagher, A. 2020. *Slow Ethics and the Art of Care*. Bingley, UK: Emerald Publishing Limited.

Gallwey, T. 1975. *The Inner Game of Tennis: The Ultimate Guide to the Mental Side of Peak Performance*. London: Pan Macmillan (reprinted 2015).

Georgescu-Roegen, N. 1971. *The Entropy Law and the Economic Process*. Cambridge, MA: Harvard University Press.

Georgescu-Roegen, N. 1975. Energy and Economic Myths. *Southern Economic Journal* 41(3): 347–81.

Gibran, K. 1923 *The Prophet*. London: Wordsworth Editions (reprinted 1996).

Gold, M.S., D. Sehayek, S. Gabrielli, X. Zhang, C. McCusker and B. Shoshan 2020. COVID-19 and Comorbidities: A Systematic Review and Meta-Analysis. *Postgraduate Medicine*, 14 July (online first). Online at: https://www.tandfonline.com/doi/full/10.1080/ 00325481.2020.1786964.

Goodwin, R. 1967. A Growth Cycle. In C. Feinstein (ed.), *Socialism, Capitalism and Economic Growth*. Cambridge: Cambridge University Press.

Gordon, R 2016. *The Rise and Fall of American Growth: The US Standard of Living since the Civil War*. Princeton: Princeton University Press.

Gough, I. 2017. *Heat, Greed and Human Need: Climate Change, Capitalism and Sustainable Wellbeing*. Cheltenham: Edward Elgar.

Graeber, D. 2018. *Bullshit Jobs: A Theory*. New York: Simon & Schuster.

Guthold, R., G. Stevens, L. Riley and F. Bull 2018. Worldwide Trends in Insufficient Physical Activity from 2001 to 2016: A Pooled Analysis of 358 Population-Based Surveys with 1.9 Million Participants. *The Lancet Global Health* 6(10): E1077–86. Online at: https://doi.org/10.1016/S2214-109X(18)30357-7.

Habegger, A. 2001. *My Wars Are Laid Away in Books: The Life of Emily Dickinson*. New York: Random House.

Hagenbüchle, R. 1974. Precision and Indeterminacy in the Poetry of Emily Dickinson, *Emerson Society Quarterly* 20(1): 33–56. Online at:

https://web.archive.org/web/20160303221225/http://www.hagen- buechle.ch/pdf/precision.pdf.

Halberstam, D. 1968. *The Unfinished Odyssey of Robert Kennedy.* New York: Open Road Media (reprinted 2013).

Hansen, A. 1939. Economic Progress and Declining Population Growth. *The American Economic Review* 29 (1): 1–15.

Hari, J. 2014. *Chasing the Scream: The Search for the Truth about Addiction.* London: Bloomsbury.

Hart, E. and M. Smith (eds) 1998. *Open Me Carefully: Emily Dickinson's Intimate Letters to Susan Huntingdon Dickinson.* Middleton, CT: Wesleyan University Press.

Hastings, M. 2018. *Vietnam: An Epic History of a Divisive War, 1945–1975.* London: William Collins.

Hausknost, D. 2020. The Environmental State and the 'Glass Ceiling' of Transformation. *Environmental Politics* 29 (1): 17–37. Online at: https://doi.org/10.1080/09644016.2019.1680062.

Hausknost, D. and M. Hammond 2020. Beyond the Environmental State? The Political Prospects of a Sustainability Transformation. Introduction to a special issue of *Environmental Politics* 29 (1): 1–16.

Hayek, F. 1951. John Stuart Mill and Harriet Taylor: Their Friendship and Subsequent Marriage. London: Routledge & Kegan Paul.

Heilbronner, R. 1985. *The Nature and Logic of Capitalism.* New York: W.W. Norton and Company.

Heller, A. 2015. *Hannah Arendt: A Life in Dark Times.* New York: New Harvest.

Hickel, J. 2018. *The Divide: A Brief Guide to Global Inequality and Its Solutions*. London: William Heinemann.

Hobbes, T. 1651. *Leviathan*. Online at: https://www.gutenberg.org/files/3207/3207-h/3207-h.htm.

Inglehart, R., R. Foa, C. Peterson and C. Welzel 2008. Development, Freedom and Rising Happiness: A Global Perspective 1981–2006. *Perspectives on Psychological Science* 3(4): 264–85.

IPBES 2019. Global Assessment: Policy Makers Summary. Intergovernmental Science-Policy Platform on Biodiversity and Ecosystem Services. Online at: https://ipbes.net/news/Media-Release- Global-Assessment.

IPCC 2018. *Special Report Global Warming of 1.5 Degrees*. Geneva: Intergovernmental Panel on Climate Change. Online at: https://www.ipcc.ch/site/assets/uploads/sites/2/2019/06/SR15_Full_Report_High_Res.pdf.

Isham, A., B. Gatersleben and T. Jackson 2018. Flow Activities as a Route to Living Well with Less. *Environment and Behavior* 51(4): 431–61.

Isham, A., B. Gatersleben and T. Jackson 2020. Materialism and the Experience of Flow. *Journal of Happiness Studies*, 17 July (online first). Online at: https://doi.org/10.1007/s10902-020-00294-w.

Jackson, T. 1996. *Material Concerns: Pollution, Profit and Quality of Life*. London: Routledge.

Jackson, T. 2002. Evolutionary Psychology in Ecological Economics: Consilience, Consumption and Contentment. *Ecological Economics* 41(2):

289–303.

Jackson, T. 2003. Sustainability and the Struggle for Existence: The Critical Role of Metaphor in Society's Metabolism. *Environmental Values* 12: 289–316.

Jackson, T. 2006. Consuming Paradise? Towards a Social and Cultural Psychology of Sustainable Consumption. In T. Jackson (ed.), *The Earthscan Reader in Sustainable Consumption*. Abingdon, UK: Earthscan.

Jackson, T. 2013. Escaping the 'Iron Cage' of Consumerism. *Wuppertal Spezial* 48: 53–68. Wuppertal: Wuppertal Institute for Climate, Environment and Energy. Online at: http://www.sustainablelifestyles.ac.uk/sites/default/files/newsdocs/ws48_0.pdf.

Jackson, T. 2017. *Prosperity without Growth: Foundations for the Economy of Tomorrow*. London: Routledge.

Jackson, T. 2019. The Post-Growth Challenge: Secular Stagnation, Inequality and the Limits to Growth. *Ecological Economics* 156: 236–46. Online at: https://doi.org/10.1016/j.ecolecon.2018.10.010.

Jackson, T. and P. A. Victor 2015. Does Credit Create a Growth Imperative? A Quasi-Steady State Economy with Interest-Bearing Debt. *Ecological Economics* 120: 32–48.

Jackson, T. and P. A. Victor 2019. Unravelling the Case for (and against) 'Green Growth'. *Science* 366 (6468): 950–1.

Johnson, T. (ed.) 1955. *The Complete Poems of Emily Dickinson*. London: Faber & Faber (reprinted 1976).

Kaldor, N. 1966. *Causes of the Slow Rate of Economic Growth of the United Kingdom: An Inaugural Lecture*. Cambridge: Cambridge University

Press.

Kallis, G. 2019. *Limits: Why Malthus Was Wrong and Why Environmentalists Should Care.* Stanford: Stanford University Press.

Kallis, G., S. Paulson, G. D'Alisa and F. Demaria 2020. *The Case for Degrowth.* Cambridge: Polity.

Kasser, T. 2002. *The High Price of Materialism.* Cambridge, MA: MIT Press.

Kavka, G. 1983. Hobbes's War of All against All. *Ethics* 93(2): 291–310.

Kelton, S. 2020. *The Deficit Myth: Modern Monetary Theory and How to Build a Better Economy.* London: John Murray.

Kennedy, K. 2018. *Robert F. Kennedy: Ripples of Hope.* New York: Center Street.

Kenway, P. 1980. Marx, Keynes and the Possibility of Crises. *Cambridge Journal of Economics* 4: 23–36.

Keynes, J.M. 1930. Economic Possibilities for Our Grandchildren. In *Essays in Persuasion.* New York: W.W. Norton & Co.

Klein, N. 2019. *On Fire: The (Burning) Case for a Green New Deal.* New York: Simon & Schuster.

Kubiszewski, I., R. Costanza, C. Franco, P. Lawn, J. Talberth, T. Jackson and C. Aylmer 2013. Beyond GDP: Measuring and Achieving Global Genuine Progress. *Ecological Economics* 93:57–68.

Kuhn, T. 1970. *The Structure of Scientific Revolutions.* 2nd edition. Chicago: University of Chicago Press.

Lancaster, K. 1966. A New Approach to Consumer Theory. *Journal of*

Political Economy 174, 132–57.

Layard, R. 2005. *Happiness*. London: Penguin.

Layard, R. 2020. *Can We Be happier? Evidence and Ethics.* London: Pelican.

Le Guin, U. (trans.) 1997. *Lao Tzu: Tao Te Ching – A Book about the Way and the Power of the Way*. Boulder, CO: Shambhala (reprinted 2019).

Lebow, V. 1955. Price Competition in 1955. *Journal of Retailing* 31(1): 5–10.

Locke, J. 1689. *Second Treatise of Government*. Online at: https://www.gutenberg.org/files/7370/7370-h/7370-h.htm.

Lustig, R. 2014. *Fat Chance: The Hidden Truth about Sugar, Obesity and Disease.* London: HarperCollins.

Lustig, R. 2018. *The Hacking of the American Mind: The Science behind the Corporate Takeover of Our Bodies and Brains*. London: Penguin Random House.

Luxemburg, R. 1913. *The Accumulation of Capital*. London: Routledge & Kegan Paul (reprinted 1951). Online at: https://www.marxists.org/archive/luxemburg/1913/accumulation-capital/.

Maathai, W. 2006. *Unbowed: One Woman's Story*. London: Penguin.

Maathai, W. 2010. *Replenishing the Earth: Spiritual Values for Healing Ourselves and the World.* New York: Doubleday Religion.

Mair, S., A. Druckman and T. Jackson 2020. A Tale of Two Utopias: Work in a Post-Growth World. *Ecological Economics* 173. Online at: https://doi.org/10.1016/j.ecolecon.2020.106653.

Margulis, L. 1981. *Symbiosis in Cell Evolution*. New Haven: Yale

University Press.

Margulis, L. 1999. *The Symbiotic Planet: A New Look at Evolution*. New York: Basic Books.

Marmot, M., J. Allen, T. Boyce, P. Goldblatt and J. Morrison 2020. Health Equity in England: The Marmot Review 10 Years On. London: Institute of Health Equity. Online at: http://www.instituteofhealthequity.org/resources-reports/marmot-review-10-years- on.

Martinez-Alier, J. 1991. *Ecological Economics: Energy, Environment and Society*. Oxford: Wiley-Blackwell.

Marx, K. 1867. *Das Kapital*, Volume One. Chapter 24: Conversion of Surplus-Value into Capital. Online at: https://www.marxists.org/ archive/marx/works/1867-c1/ch24.htm.

Maslow, A. 1943. A Theory of Human Motivation. *Psychological Review* 50(4): 370–96.

Maslow, A. 1954. *Motivation and Personality*. New York: Harper.

McAfee, A. 2019. *More from Less: The Surprising Story of How We Learned to Prosper Using Fewer Resources – and What Happens Next*. New York: Simon & Schuster.

McCloskey, D.N. 1990. Storytelling in Economics. In C. Nash (ed.), *Narrative in Culture: The Uses of Storytelling in the Sciences, Philosophy and Literature*. London: Routledge.

McFague, S. 1988. *Models of God: Theology for an Ecological, Nuclear Age*. Philadelphia: Fortress Press.

Meadows, D.H., D.L. Meadows, J. Randers and W. Behrens III 1972. *The Limits to Growth: A Report for the Club of Rome's Project on the

Predicament of Mankind. New York: Universe Books.

Meagher, M 2020. *Competition Is Killing Us: How Big Business Is Harming Our Society and Planet – and What to Do about It*. London: Penguin.

Mill, J.S. 1848. *Principles of Political Economy*. Online at: https://www.gutenberg.org/files/30107/30107-pdf.pdf.

Mill, J.S. 1861. *Utilitarianism*. Online at: http://www.gutenberg.org/files/11224/11224-h/11224-h.htm.

Mill, J.S. 1873. *Autobiography*. Online at: http://www.gutenberg.org/ files/10378/10378-h/10378-h.htm#link2HCH0005.

Morris, W. 1890. *News from Nowhere or an Epoch of Rest: Being Some Chapters from a Utopian Romance*. Online at: https://www.marxists.org/archive/morris/works/1890/nowhere/index.htm.

Newfield, J. 1969. *RFK: A Memoir*. New York: Nation Books(reprinted 2003).

Nietzsche, F. 1882. *The Joyful Science*. Online at: https://www.gutenberg.org/files/52881/52881-h/52881-h.htm.

Nietzsche, F. 1883. *Thus Spake Zarathustra*. Online at: https://www.gutenberg.org/files/1998/1998-h/1998-h.htm.

Nietzsche, F. 1886. *Beyond Good and Evil*. Online at: https://www.gutenberg.org/files/4363/4363-h/4363-h.htm.

Nietzsche, F. 1901. *The Will to Power*. Online at: https://www.gutenberg.org/files/52915/52915-h/52915-h.htm.

Norris, P. and R. Inglehart 2019. *Cultural Backlash: Trump, Brexit and Authoritarian Populism*. Cambridge: Cambridge University Press.

Nussbaum, M. 2004. Mill between Aristotle and Bentham. *Daedalus* 133 (2): 60–8.

Nussbaum, M. 2006. *Frontiers of Justice: Disability, Nationality and Policy Design.* Cambridge: Cambridge University Press.

Packard, V. 1957. *The Hidden Persuaders.* New York: I.G. Publishing (reprinted 2007).

Peston, R. 2017. *WTF: What Have We Done? Why Did It Happen? How Do We Take Back Control?* London: Hodder & Stoughton.

Pfefferbaum, B. and C.S. North 2020. Mental Health and the Covid-19 Pandemic. *The New England Journal of Medicine* 383: 510–12, https://www.nejm.org/doi/full/10.1056/NEJMp2008017.

Philipsen, D. 2015. *The Little Big Number: How GDP Came to Rule the World and What to Do about It.* Princeton: Princeton University Press.

Piketty, T. 2014. *Capital in the 21st Century* (trans. A. Goldhammer). Cambridge, MA: Harvard University Press.

Piketty, T., E. Saez and G. Zucman 2016. Distributional National Accounts: Methods and Estimates for the United States. NBER Working Paper no. 22945, National Bureau of Economic Research. Online at: http://www.nber.org/papers/w22945.

Porritt, J. 2020. *Hope in Hell.* New York: Simon & Schuster. Prigogine, I. and I. Stengers 1984. *Order Out of Chaos.* New York: Random House.

Raworth, K. 2017. *Doughnut Economics: Seven Ways to Think Like a 21st-Century Economist.* London: Penguin/Random House.

Ridley, M. 1994. *The Red Queen: Sex and the Evolution of Human Nature.* London: Penguin Books.

Ridley, M. 2015. *The Evolution of Everything*. London: Harper Collins.

Robeyns, I. and R. van der Veen 2007. Sustainable Quality of Life: Conceptual Analysis for Policy-Relevant Empirical Specification. Report to the Netherlands Environmental Assessment Agency. Online at: https://www.pbl.nl/en/publications/ Sustainablequalityoflife.

Rorty, R. 1979. *Philosophy and the Mirror of Nature*. Princeton: Princeton University Press.

Rossi, A. 1970. Sentiment and Intellect: The Story of John Stuart Mill and Harriet Taylor Mill. In A. Rossi (ed.), *Essays on Sex Equality*. Chicago: University of Chicago Press.

Roszak, T. 1992. *The Voice of the Earth: An Exploration of Ecopsychology*. New York: Touchstone.

Rousseau, J.-J. 1762. Émile. Online at: http://www.gutenberg.org/files/5427/5427-h/5427-h.htm#link2H_4_0003.

Sagan, C. 1996. *The Demon-Haunted World: Science as a Candle in the Dark*. New York: Random House.

Sagan, D. (ed.) 2012. *Lynn Margulis: The Life and Legacy of a Scientific Rebel*. New York: Chelsea Green Publishing.

Sagan, L. 1967. On the Origin of Mitosing Cells. *Journal of Theoretical Biology* 14: 225–74.

Sapp, J. 2012. Too Fantastic for Polite Society: A Brief History of Symbiosis Theory. In D. Sagan (ed.), *Lynn Margulis: The Life and Legacy of a Scientific Rebel*. New York: Chelsea Green Publishing.

Sattelmeyer, R. 1988. *Thoreau's Reading: A Study in Intellectual*

History with Bibliographical Catalogue. Princeton: Princeton University Press.

Schlesinger, A. 1956. The Future of Liberalism: The Challenge of Abundance. *The Reporter*, 3 May: 8–11.

Schumacher, E.F. 1974. Buddhist Economics. In *Small Is Beautiful: Economics as If People Mattered*. New York: Harper & Row.

Schwartz, S. 1999. A Theory of Cultural Values and Some Implications for Work. *Applied Psychology* 48(1): 23–47.

Schwartz, S. 2006. Value Orientations: Measurement, Antecedents and Consequences across Nations. In R. Jowell, C. Roberts,

R. Fitzgerald and G. Eva(eds), *Measuring Attitudes Cross-Nationally: Lessons from the European Social Survey*. London: Sage.

Sen, A. 1984. The Living Standard. *Oxford Economic Papers* 36: 74–90.

Sen, A. 1990. *Development as Freedom*. Oxford: Oxford University Press.

Sewall, R. 1980. *The Life of Emily Dickinson*. Cambridge, MA: Harvard University Press.

Shaw, G. 1921. *Back to Methuselah: A Metabiological Pentateuch*. Online at: http://www.gutenberg.org/files/13084/13084-h/13084-h.htm.

Shiller, R. 2019. *Narrative Economics: How Stories Go Viral and Drive Major Economic Events*. Princeton: Princeton University Press.

Smith, A. 1776. *An Inquiry into the Nature and Causes of the Wealth of Nations*. Online at: http://www.gutenberg.org/files/3300/3300-h/ 3300-h.htm.

Smith, M. 1992. *Rowing in Eden: Re-Reading Emily Dickinson.* Austin: University of Texas Press.

Smith, M. 2002. Susan and Emily Dickinson: Their Lives, in Letters. In W. Martin (ed.), *Cambridge Companion to Emily Dickinson.* Cambridge: Cambridge University Press.

Smith, Z. 2020. *Intimations: Six Essays.* London: Penguin.

Solomon, S. 2015. *The Worm at the Core: On the Role of Death in Life.* New York: Allen Lane.

Standing, G. 2011. *The Precariat: The New Dangerous Class.* London/ New York: Bloomsbury.

Sterling, P. 2020. *What Is Health? Allostasis and the Evolution of Human Design.* Cambridge, MA: MIT Press.

Stillinger, J. 1961. *The Early Draft of John Stuart Mill's Autobiography.* Urbana: University of Illinois Press.

Storm, S. 2017. The New Normal: Demand, Secular Stagnation and the Vanishing Middle-Class. INET Working Paper no. 55, May. Online at: *https://www.ineteconomics.org/uploads/papers/WP_ 55-Storm-The-New-Normal.pdf.*

Streeck, W. 2016. *How Will Capitalism End? Essays on a Failing System.* London and New York: Verso.

Stuckler, D. and S. Basu 2014. *The Body Economic: Eight Experiments in Economic Recovery from Iceland to Greece.* London: Penguin.

Sumaila, U.R. et al. 2017. Investment to Reverse Biodiversity Loss Is Economically Beneficial. *Current Opinion in Environmental Sustainability* 29: 82–8. Online at: https://www.sciencedirect.com/ science/article/abs/pii/

S0168159106001018.

Summers, L. 2014. US Economic Prospects: Secular Stagnation, Hysteresis, and the Zero Lower Bound. *Business Economics* 49(2): 66–73.

Teilhard de Chardin, P. 1968. *Science and Christ.* New York: Harper & Row.

Teulings, C. and R. Baldwin (eds) 2014. *Secular Stagnation: Facts, Causes and Cures.* London: Centre for Economic Policy Research. Online at: https://voxeu.org/content/secular-stagnation-facts-causes- and-cures.

Thich Nhat Hanh 2007. *The Art of Power.* New York: HarperCollins.
Thich Nhat Hanh 2016. *At Home in the World.* London: Penguin.

Thoreau, H. 1849. *On the Duty of Civil Disobedience.* Online at: *https://www.ibiblio.org/ebooks/Thoreau/Civil%20Disobedience.pdf.*

Thunberg, G. 2019. *No One Is Too Small to Make a Difference.* London: Penguin.

Trebeck, K. and J. Williams 2019. *The Economics of Arrival: Ideas for a Grown-Up Economy.* Bristol: Policy Press.

Turner, A. 2015. *Between Debt and the Devil: Money, Credit and Fixing Global Finance.* Princeton: Princeton University Press.

Tyson, T. 2017. *The Blood of Emmett Till.* New York: Simon & Schuster.

Varoufakis, Y. 2017. *Talking to My Daughter: A Brief History of Capitalism.* London: Penguin.

Victor, P.A. 2019. *Managing without Growth: Slower by Design, Not Disaster.* 2nd edition. Cheltenham: Edward Elgar.

Victor, P.A. 2021. *Herman Daly's Economics for a Full World: His Life and Ideas* (forthcoming). London: Routledge.

Vigano, E. 2017. Not Just an Inferior Virtue, Nor Self-Interest: Adam Smith on Prudence. *Journal of Scottish Philosophy* 15 (1): 125–43.

Washington, H. (ed.) 1871. *The Writings of Thomas Jefferson*, *Vol. 8*. Charleston, SC: Nabu Press (reprinted 2010).

Waters, M.-A. (ed.) 1970. *Rosa Luxemburg Speaks*. London: Pathfinder Books.

Webster, K. 2016. *The Circular Economy: A Wealth of Flows*. Cowes: Ellen McArthur Foundation Publishing.

Welby, J. 2016. *Dethroning Mammon: Making Money Serve Grace*. London: Bloomsbury.

Wilber, K. 1996. *A Brief History of Everything*. Revised edition. Boston: Shambala (2000).

Wilhelm, R. (trans.) 1923. *I Ching or Book of Changes*. London: Arkana (reprinted 1989).

Wilkinson, R. and K. Pickett 2009. *The Spirit Level: Why Equality Is Better for Everyone*. New York: Bloomsbury Press.

Wilkinson, R. and K. Pickett 2018. *The Inner Level: How More Equal Societies Reduce Stress, Restore Sanity and Improve Everyone's Wellbeing*. New York: Allen Lane.

Williams, T. 1955. *Cat on a Hot Tin Roof*. In *Cat on a Hot Tin Roof and Other Plays*. London: Penguin (reprinted 1998).

Wolf, M. 2015. *The Shifts and the Shocks: What We've Learned – and Have Still to Learn – from the Financial Crisis*. London: Penguin.

Wolff, C. 1986. *Emily Dickinson*. New York: Alfred A Knopf.

Young-Bruehl, E. 2004. *Hannah Arendt: For Love of the World*. New Haven: Yale University Press.

致　谢

文化也包括个人文化。1968年6月4日,加利福尼亚的总统初选日,那天是我11岁的生日。(这就是为什么)第二天早上8点半左右(洛杉矶的半夜),消息传来时,我还在睡眼蒙眬地吃早餐,准备去上学。年纪大的人足以感受到其中的恐怖,尚且年幼的则无法理解这件事的意义。但它就这样发生了,就在我们客厅里的那台小小的黑白小电视中。又一次毫无人性的枪击。依然记得,我在茫然中度过了这一天,希望这次会有不同的结局。但并没有,这让我感到一种悲伤,但这种悲伤已麻木。罗伯特·肯尼迪是第一个。当然这本书中所有的人物都以不同的方式影响了我的生活。有时是个人生活,有时是职业生涯,有时两者皆有。对于他们对我产生的影响,我无比感激。同时庆幸有这样一个小小的机会表达我的感激之情。

几年前,我的朋友和同事乔纳森·波里特写了一本书,书名是《我们创造的世界》(*The World We Made*)。这本书的故事写的是从2050年回顾过去,一个可持续发展的社会的转型过程。2019年,剧作家贝丝·弗林托夫(Beth Flintoff)受命将这本书搬上舞台。她巧妙地通过多个角色讲述了这个故事,他们的声音推动着整个剧情的发展。本书的整体设计显然受到了这一手段的启发。我非常感激这些人:制片人贝基·伯切尔,导演索菲·奥斯汀,演员莱恩·奥卡西,汤姆·罗斯·威廉姆斯和艾玛·卡特尔,当然也感谢乔纳森本人，给了我从这个项目中学习的机会。

本书的另外两个特别的灵感来源也值得一提。第一个是意外地从英国政府那里受到委托，委托我撰写一份2019年全球战略趋势回顾：一种定期的水平扫描分析，以发现影响地缘政治稳定性的潜在威胁。委托撰写这篇报告的人最感兴趣的是经济增长很快将不复存在的可能性。该报告是本书中一些观点的孵化器，特别是第2章中的论点。

第二个灵感来源是与一位名叫贝诺伊特·奥斯特（Benoit Ost）的年轻企业战略经理的偶然相遇。我遇到他的那天是2018年年初，他刚刚公开宣布辞职。辞职的主要原因是他读到了我的《无增长的繁荣》一书，这让他确信他的工作是在浪费时间。如果没有他的老板邀请我参加一个关于可持续发展的座谈会，让我提些建议，以便改善一下现状的话，我跟他的交集大致也就如此了。正是他说服我把后增长时期的这种想法传递给更广泛的受众。说实话，这项任务比我想象的要困难得多。但每当我犹豫不决时，只要想起这次谈话，我就会继续坚持下去。

一路走来，给予我帮助的人甚至比本书中提到的人物还多。我特别感谢赫尔曼·戴利、克里·肯尼迪和亚当·沃林斯基提供的关于1968年事件的第一手资料；感谢加比·霍克和卢卡斯·洛克伍德对呼吸在交感神经和副交感神经反应中的作用的见解；感谢吉莉安·奥尔罗提醒我林恩·马古利斯工作的重要性；感谢皮特·斯特林就健康神经生物学进行的精彩的交流；感谢罗文·威廉姆斯提醒我注意安全需求在人类生存中所起的关键作用。

与可持续繁荣理解中心（Centre for the Understanding of Sustainable Prosperity，简称CUSP）同事的合作也为本书思想的形

致　谢

成作出了巨大贡献。我感谢艾米·伊沙姆（Amy Isham）和比吉塔·盖特斯勒本对心流主题的研究；感谢凯特·伯宁翰伯宁翰（Kate Burningham）、布朗温·海沃德（Bronwyn Hayward）、阿纳斯塔西娅·卢基亚诺夫（Anastasia Loukianov）、西尔维亚·尼森（Sylvia Nissen）、凯特·普伦德加斯特（Kate Prendergast）和苏·维恩（Sue Venn）对人们对美好生活的渴望的探索；感谢本·格兰特（Ben Gallant）和西蒙·梅尔（Simon Mair）与我们一起对后增长时期经济所做的研究；感谢克丽丝·考利特·沃克（Chrissy Corlet Walker）和安吉拉·德鲁克曼（Angela Druckman），我们讨论过无增长时期社会福利面临的挑战；感谢安德鲁·杰克逊（Andrew Jackson），多年来，我们就金融和货币问题进行过多次讨论；感谢罗杰·科沃德（Roger Coward）和保罗·汉娜（Paul Hanna），感谢我们在冥想科学方面的分享。我要感谢玛莱卡·坎宁安（Malaika Cunningham）和马里特·哈蒙德（Marit Hammond），我们对后增长时期政治体中创新的重要性具有共同的看法。我与彼得·维克托（Peter Victor）在发展后增长宏观经济学方面长期合作，虽未直接提及，但其影响在书中也时有体现，他的支持一直非常重要。

我非常感谢英国经济和社会研究理事会，它为可持续繁荣理解中心提供的财政支持（Grant: ES/M008320/1）对完成所有这些工作都是必不可少的。作为可持续繁荣理解中心院长，我感到无比荣幸。但是，如果没有我的两位副院长凯特·伯宁翰（Kate Burningham）和费格斯·里昂（Fergus Lyon）提供的专家支持，以及我们出色的行政团队格玛·伯凯特（Gemma Birkett）、凯瑟琳·亨特（Catherine Hunt）和纽拉·尼兰（Neula Niland）的支持,尤其是在写作这本书期间对我的支持,我几乎不可能完成理事会的工作。

感谢政体出版社的所有工作人员,这本书得以面世还要归功于他们。特别感谢路易丝·奈特(Louise Knight)对这个项目的热情和共鸣,感谢贾斯汀·戴尔(Justin Dyer)敏锐而细致的文案编辑,感谢伊内斯·博克曼(Inès Boxman)对我在设计每章引言部分时所给的中肯建议。

一如既往,感谢扎克(Zac)、蒂尔(Till)和莉西·杰克逊(Lissy Jackson)。他们不仅是我写作动机的巨大动力,而且在《无增长的繁荣》出版后的几年里,他们具备了良好的见地,想成为有思想、有创造力的成年人;他们通情达理,教会我很多东西,比我教给他们的更多。在这本书的写作过程中,每一个人都以不同的方式与我相遇相知,有的贡献了真知灼见,让我反思、给我精神上的支持、陪我打乒乓球或转移我的注意力,帮我走出自我斗争,令我欣喜。

同样,与我父亲里奇·杰克逊(Rich Jackson)的交谈,常常不知不觉地就解开了困扰自己的心结。隔离期间,我们俩的深夜电话,成了衡量时间流逝和手稿进展缓慢的方式。

最后,我要对我的爱人琳达表示最深切的感激。她全心全意的支持以及对我完成项目能力的坚定信心经常是支持我完成这部书稿的唯一原因。她的校对工作提升了书稿的写作质量。

在记忆中最不平凡的一年里,品味着季节的缓慢变化,我们一起度过的时光,调节了我的情绪。她永远是我最棒的"隔离"拍档,没有之一。